正說元朝十五帝

解密歷史真相
走出「野史」誤區

章愷◎著

目錄

元寧宗　懿璘質班

元惠宗　妥懽貼睦爾

帝國餘暉

引言 蒙古淵源的歷史與傳說

蒙古地區，自古以來是諸游牧部落的活動場所。自夏、商以來，大大小小的部族和部落出沒在這塊廣闊的草原地帶，各部族和部落的興衰、更替的歷史，直到十三世紀初才告結束，最終形成了穩定的民族共同體——蒙古民族。而在這個偉大的民族中也產生了一個偉大的黃金家族。蒙古人建立了中國第一個少數民族統一的政權，大元帝國的疆域在中國歷史上是空前絕後的，而了解蒙古起源的歷史對於了解中國歷史上版圖最大的王朝——元朝有重要的意義。蒙古族在中國歷史上，甚至在世界歷史上都是赫赫有名，聲震天下。

在蒙古人的眼裡，他們是上天所賜，是吉祥的象徵，是不可戰勝的。蒙古人可追溯的最遠的祖先，是從成吉思汗上溯到二千年前的揑古斯和奇顏。傳說中的揑古斯和奇顏，可能是遠古時代兩個氏族的名稱，他們在額爾古涅・昆生息繁衍四百年，從原氏族群體中分出七十個分支——斡孛黑（**蒙古語的氏族**）。蒙古人的斡孛黑，是出自共同男祖先的人們所組成的血緣集團。每個斡孛黑都保持血緣上的絕對純潔性，有明確而詳細的世系族譜，世代相傳。親族間不能互為婚姻，只能與外族通婚，這種古老的族外婚制在蒙古保留了十分長的時間，在十二世紀的蒙古社會中依然能看到此種跡象。

民族的歷史起源

根據史學家考證，我們現在可以大致得出這樣的結論：蒙古人的祖先是東胡，與匈奴、鮮卑、烏桓等具有同一族源，他們曾與匈奴人發生過大的流血衝突，但被打敗四散奔走，形成幾種名稱不同的部族。西元前五至前三世紀，東胡各部還處於原始氏族社會發展階段，各部落過著依水草而遷徙，居無常處的生活。西元前三世紀末，形成東胡人的部落聯盟與匈奴為敵，不斷向西侵襲。冒頓單于（前二〇九～前一七四年在位）時，匈奴遂強，東襲東胡，破滅東胡各部，大掠其民眾及牲畜。東胡各部均受匈奴人統治達三個世紀之久（西元前三世紀末至西元一世紀末）。西元四十八年，匈奴分裂為南匈奴和北匈奴，勢力衰落。烏桓、鮮卑乘機而起。

烏桓、鮮卑是東胡人的後裔。西元前二〇九年，冒頓單于破滅東胡以後，一部分東胡人居於遼河流域的烏桓山，一部分居於潢水流域的鮮卑山，故稱烏桓、鮮卑。據《後漢書》記載，東漢和帝永元年間（八九～一〇五年），漢朝擊破匈奴，北單于出走他地，鮮卑人轉徙到該地居住。匈奴餘者十萬餘，皆自稱鮮卑。鮮卑至此便強盛起來，到二世紀中葉，即檀石槐統治時期，據《三國志》描述：盡據匈奴故地，佔據東西萬二千餘里，南北七千餘里的廣大地區，建立起一個空前強大的鮮卑部落軍事聯盟。各部首領割地統禦，各有分界。檀石槐死後，鮮卑部落軍事聯盟也隨之瓦解。

根據考古發掘與漢籍中記載的有關鮮卑人的風俗習慣和語言，也基本證明蒙古人與鮮卑人有淵源關係。

四世紀中葉，鮮卑人的一支自號契丹，生活在潢水和老哈河流域一帶。居於興安嶺以西（今呼倫貝爾地區）的鮮卑人則稱為室韋。室韋，始見於《魏書》，作失韋。室韋與契丹同出一源，以興安嶺為界，南者為契丹，在北者號為失韋（《北史》卷九四《室韋傳》）。六世紀以後，室韋人分為南室韋、北室韋、鉢室韋、深末怛室韋、大室韋等五部，各部又分為若干分支。文字記載蒙古之稱謂，始見於《舊唐書》，稱作蒙兀室韋，是大室韋的一個成員，居住在額爾古納河以南地區。「蒙古」者，即長生的或永恆的部落。這和拉施特《史集》記載的蒙古歷史傳說也基本吻合。

民族的神話傳說 傳說距今大約兩千年前，古代被稱為蒙古的部落與另一些突厥部落發生戰爭。這些部落戰勝了蒙古人，對他們進行大屠殺，使他們只剩下兩男兩女。這兩家人逃到了一處人跡罕至的地方，那裡四周唯有群山和森林，除了通過一條羊腸小道，歷盡艱難險阻可達其間外，任何一面別無途徑。在這些山中間，有豐盛的草原和良好的氣候。這個地方名叫額爾古涅・昆。額爾古涅・昆意指額爾古納河以南的山林地帶。

但到了唐朝中期，蒙古族在山林中日益繁衍，地盤日益狹窄而無法容納，因而他們想向外發展。由於草木叢生，當年祖先進來的通路已經被堵塞，他們想了各種辦法，最後找到了一處鐵礦。他們準備了大量的木材和煤，又捕殺了七十頭牛馬，剝下整張皮做成鍛鐵的風箱，然後七十個風箱一起鼓風助火將鐵熔化，不僅得到無數鐵，而且開闢了一條通路。從此蒙古人離開了那片狹小的土地到廣闊的草原去游牧，逐步西遷。

這個優美的傳說一直在蒙古部落中廣為流傳，許多部落都自稱「曾拉過風箱」，成吉思汗的黃金家族也沒有忘掉這段美好的往事，在他們的氏族部落中有一種習俗：在除夕之夜，準備好風箱、煤、鐵，把少許鐵燒紅錘打，以此來紀念當初祖先解放部落的偉大功績。

另外，在《蒙古秘史》中的神話，蒙古人的祖先是上天降生的一隻蒼狼和一頭來源不明的白雌鹿。這對夫妻離開一個不為人知的地區，越過同樣不知名的海或湖，然後佔據了不兒罕合勒敦周圍的地區。不兒罕合勒敦是一座山，現在認為即是鄂嫩河與克魯倫河河源附近肯特山脈的大肯特山。在這兒，他們的唯一子嗣巴塔赤罕降生。他是一位男性，是所有的眾多蒙古部族的始祖。我們獲知，巴塔赤罕的第十一代孫名叫朵奔篾兒干，娶了豁里剌兒部的一位年輕女子阿闌豁阿。在她丈夫在世的時候，她給他生了兩個兒子。朵奔篾兒干死後，她與駕著月光的神人又生了三個兒子。三個兒子中最小的叫孛端察兒，是孛兒只斤斡孛黑的創建者，這是蒙古氏族中最古老的氏族。鐵木真，即後來的成吉思汗，就出生於此氏族。

雖然成吉思汗早期祖先的譜系充滿了奇異和神秘的成分，但它仍透露了蒙古社會結構的一些有趣特點與歷史內涵。首先，巴塔赤罕與成吉思汗之間的聯繫並不是人們所想像的，只是建立在唯一的父系血統基礎之上。根據蒙古人自己的「官方」記載，阿闌豁阿這個婦女，是虛構的歷史血緣系統鏈上的一個關鍵環節。她在其他均為男性的血緣線中的重要性和尊貴位置清楚地表明了蒙古社會中婦女的崇高地位，預示了她們後來將要在帝國崛起和鞏固中扮演重要角色。其次，部落和氏族有著虛構的祖先。雖然從理論上講，蒙古部落和它的高貴氏族孛兒只斤的所有成員都有親緣關係，但每個部落或氏族的成員都包括非男性親屬的群體。外來成員——他們是出於政治目的而聯合起來的依附氏族或群體——的融合，僅僅用朦朧的傳說「發現」共同的祖先這一權宜之計而實現。這樣，正如我們先前所探討的，部落和氏族在很大程度上是人為產生的，是用編造系譜、用神話傳說的祖先給血統上無關的各部落提供虛構的血緣親屬關係來實現的。這樣的做法使無關的種族群落間有了後來製造出來的共同血統，它是草原游牧部落間國家形成過程中的一個共同與必要的因素。

成吉思汗的祖先 在成吉思汗的祖先中，海都似乎是史料最齊全的第一人。在老一輩世系中，他是孛端察兒的玄孫。根據波斯史學家拉施特保存的材料，海都在幾個蒙古氏族之中實行了鬆散的宗主權力而且成功地使一個沿克魯倫河從事游牧生活的部落——札剌亦兒處於他的控制之下。雖然沒有提供確切的時間，但海都顯然在遼王朝（九一六～一一二五年）的最後幾十年中都很活躍。然而，人們通常認為海都的曾孫合不勒建立了最初的蒙古「國家」。他使用可汗的稱號而且統治著所有的蒙古人。拉施特告訴我們，在合不勒時代，蒙古人和女真人之間的緊張關係加劇了，女真人顯然把蒙古團結一致的發展看作對他們安全的威脅。為了緩解來自這方面的危險，女真人決定通過談判使蒙古人向他們納貢。他們邀請合不勒來宮廷，但外交行動失敗了。這個蒙古首領，在一次盛宴上飽餐一頓之後酩酊大醉，在激動之餘，他用手抓住皇帝，揪了他的鬍子，接著被人制服。最初，金太宗完顏晟決定寬恕這一魯莽行為，允許合不勒回去。然而出於另外的考慮，他又派官員去追趕，想要把這個自命不凡的首領抓回宮廷進行嚴懲。合不勒殺死來使後起兵抗金，蒙古與金朝進入僵持的局面。

史集

合不勒死後，女真人和蒙古人之間的仇恨持續不減。不久以後，蒙古人通過他們與弘吉剌部的婚姻關係，捲入了與塔塔兒人的嚴重糾紛。女真人向塔塔兒人提供支援以削弱和分化他們桀驁不馴的鄰居。面對這些難以對付的敵人，蒙古人迅速地召開忽里勒臺（**蒙古語的會議**），選舉俺巴孩作為他們的新汗。作為泰亦赤兀惕兀氏族的建立者，俺巴孩是海都的第二個兒子察剌孩領忽的孫子，他也是已故合不勒的堂弟。他的統治時期很短暫，當他被塔塔兒人捕獲並移交給金廷後，被釘在木驢上緩慢而痛苦地死去。之後，蒙古人選定合不勒的第三個兒子忽圖剌作為俺巴孩的繼承人。汗位回到孛兒只斤氏族，這使得俺巴孩的子孫泰亦赤兀惕兀氏族產生了怨恨，這是日後兩氏族之間深仇大恨的根源所在。忽圖剌統治時間，我們僅僅知道他為了報復塔塔兒人參與害死俺巴孩而對塔塔兒人開始了一系列不成功的進攻。忽圖剌死時周圍的環境和是否有繼承人都沒有被提及。蒙古人力量和團結的衰落與瓦解，不管是否由於他的死亡而引起，可以相當肯定地是在十二世紀六〇年代，即鐵木真出生的那十年。

雖然在合不勒、俺巴孩和忽圖剌統治下達到的暫時統一構成了向國家形式邁進的第一步，但這只不過是一個不穩定的試驗性階段，是一個意義易被誇大的階段。這三個人從本質上講，是在戰爭期間被推舉的部落軍事首領或汗。他們並不是永久性的皇帝或可汗，而且，甚至沒有恰當的證據顯示這個時候出現過任何類型的行政機構或者獨立的、與傳統的血緣結構相對立的權力系統。對這一短暫統一的經驗和回憶也許對蒙古民族的團結有益，但對於後來蒙古帝國有關制度方面的基本原則來說，它沒有留下任何遺產。初步的工作必須從頭開始。而這個歷史重任就交給了一代天驕——成吉思汗。

元太祖成吉思汗

當蒙古外有強敵金兵壓境，內有各部落、氏族互相吞併，無休止的戰爭和殘殺把漠北諸部人民推進貧因、災難和死亡深淵的時代裡。於是產生了客觀的歷史要求：誰能統一諸部，制止掠奪和殘殺，結束混亂和無序的狀態，誰就會贏得人民的擁護，誰就能成為順應時代發展、推動歷史前進的偉大人物。成吉思汗鐵木真就是在這個歷史使命面前應運而生，最終成為統一漠北、振興蒙古的偉大人物。

成吉思汗對於整個歐亞大陸，無疑是一股悲喜交加的龍捲風，其席捲之威力幾乎是空前絕後的。他那銳利的目光往四周一「望」，「天狼」則為之瑟瑟發抖、不寒而慄。高加索山脈以西的「歐城」為之塗炭就是明顯的例證，而無際的草原和游牧文化的特質正是造就一個善於奔突的民族的主要原因。

草原戰國的終結：「四大戰役」建立大蒙古國

一一六二年，鐵木真出身於迭里溫・孛勒答合（今蒙古國肯特省達達勒縣境內）。他的家族屬於蒙古部中的乞顏部，其父名也速該，是該部領袖。史載：鐵木真「初出母胎，頭角崢嶸，雙目炯炯有光」，而且「手握凝血如赤石」，此即言貴人自有「吉祥預兆」。恰在這天，其父生擒兩名塔塔兒部人，其中一將領名鐵木真，遂以名子，藉以紀念這一勝利。鐵木真九歲（亦說十三歲）時，其父被塔塔兒部人所害，家產被洗劫，由於氏族的眾叛親離，連牲畜也被叛離者帶走，僅餘九匹馬。鐵木真的母親訶額侖夫人不得不放棄游牧生活，靠拾果子、挖掘野菜養活兒子們，艱難度日。期間鐵木真還一度被叛部泰亦赤兀惕兀氏的奴隸主捕獲負枷示眾，後趁夜機智地潛逃回家，全家即遠遷不兒罕山（今肯特山）。鐵木真兄弟稍長，在斡難河（鄂嫩河）邊捕魚以奉養母親。困境中，訶額侖夫人經常告誡兒子們要為父親報仇，恢復祖業。

也速該死後，首先懼怕鐵木真成為後患的是泰赤烏部的塔里忽台・乞鄰勒禿黑。該部於十二世紀末發展成為蒙古諸部中最強大的部落，擁有眾多的屬民和軍隊。

成吉思汗

也速該死後，許多部落都脫離了蒙古部。塔里忽台為稱霸蒙古，視幼年的鐵木真為後患，武裝襲擊並追拿了鐵木真。鐵木真為了重振家業，認識到必須尋求更強大勢力的庇護。他與弟弟合撒兒和別里古台一起找到他父親的至交克烈部首領王罕（脫斡里勒汗），向他奉獻禮物並尊其為父表示依附。幸得王罕全力暗中相救才免一死。少年時的磨難和挫折，自幼所負的重託，再加上母親出色的教育，造就了鐵木真異常剛毅的性格和極其過人的膽識與謀略。

鐵木真在絕境中一再奇蹟般地脫穎而出。在最艱難的時期，鐵木真曾到克烈部脫斡里勒汗營地求援，希望得其支援和幫助。脫斡里勒汗答應並協助了他；通過脫斡里勒汗，鐵木真又得到了札木合的支援。藉此相助，鐵木真於一一八五年消滅了篾兒乞部。這成就了鐵木真在蒙古諸部中的威望，各部首領，尤其是鐵木真家族，把統一、復興蒙古的希望都寄託在鐵木真身上。一一八六年春，鐵木真從斡難河中游的札木合營地遷到怯綠連河上游的桑沽兒河獨立建營。鐵木真不問出身，善於容眾，吸引了很多弱小的氏族，被大家擁戴為領袖，表示願為他去「砍斷逞氣力者的頸項，劈開逞雄勇者的胸膛」。有二十多個部落的人馬緊隨其後，他們向鐵木真盟誓願擁戴他為汗。一些原來有名望的乞顏貴族也向鐵木真靠攏。忽圖剌汗之子拙赤汗和阿勒壇，也速該之弟答里台斡惕赤斤，兒捏坤太石之子忽察兒等人不願過寄人籬下的生活，挾其部眾回到鐵木真身邊。他們在部族長聯合會議上，共同推舉擁有較強勢力的鐵木真為可汗並表示服從。早期的這些人，後來都成為鐵木真的親信。

一一八九年，二十七歲的鐵木真經貴族會議推舉為可汗，鐵木真隨即成立了怯薛軍組織，並著手整頓和擴充軍隊以鞏固自己的統治地位。他任命最早追隨他的親信那可兒博爾朮和折里為總管，並分設了帶弓箭、管修造車輛、管家內人口、管帶刀、掌馭馬、負責遠哨和守衛宮帳等多種職務。擔任這些職務的人員除其弟外，幾乎全是他的親信。通過這套制度，鐵木真組成了一支以那可兒為核心的精悍隊伍。他制定並實施嚴格的紀律和制度，以便使他們更適合於大兵團活動，從而為統一蒙古奠定了組織基礎。

鐵木真的迅速崛起，引起了對手們的強烈反應。雄踞一方、窺視汗位已久的蒙古貴族派人物札木合更是坐立不安，直至劍拔弩張。魏源《蒙兀兒史記》卷二十載：札木合雄勇有大志，能用其民，時人以為賢，稱之曰薛禪。也速該死後，泰赤烏、豁羅剌思等諸部均依附於札木合，而札木合與脫斡里勒汗之間又有著親密關係。此時，札木合要打敗鐵木真奪其汗位的確勝券在握，於是又一場汗位爭奪戰一觸即發。

說來也巧，戰爭的起因純屬偶然。札木合之弟跆察兒帶領人馬到鐵木真營地搶劫，盜走了鐵木真屬部拙赤答兒馬剌的馬群。拙赤答兒馬剌跟蹤並射死了跆察兒將馬群奪回。札木合乘機組織泰赤烏、亦奇烈思等部三萬人馬向鐵木真進攻。鐵木真聞訊也立即組織了十三個古列延（漢譯為翼），共三萬人馬前去應戰。雙方在答闌巴勒主惕發生激戰，史稱十三翼之戰。在這次戰役中，成吉思汗出師不利，撤退到斡難河以南的哲列捏狹地。

十三翼之戰，札木合雖然取得勝機，但因性情殘暴、軍紀不嚴，使各部首領紛紛離他而去，歸附於鐵木真。其中兀魯特、忙忽惕尤為勇敢善戰，遂成為鐵木真手下的主力軍。十三翼之戰後，蒙古草原的政治形勢發生了重大變化，出現了以札木合為首的反鐵木真聯盟。

一一九三年，金朝章宗皇帝派遣丞相完顏襄帶兵鎮壓塔塔兒部首領篾古真薛兀勒圖的反抗。鐵木真為乘機報世仇，聯合脫斡里勒汗截擊正在潰逃的塔塔兒部首領及殘部，殺死了薛兀勒圖，並獲得大量戰利品。金朝賞其功，封鐵木真為札兀惕忽里（招討或百戶），封脫斡里勒汗為王汗。至此，塔塔兒部失去了在蒙古諸部中的優勢地位。鐵木真出兵幫助金朝夾攻塔塔兒部，又接受金朝的冊封，從而緩和了蒙古與金朝的矛盾，防止了來自金朝的軍事壓力。塔塔兒部原為金朝駐守興安嶺防線，在金朝的挑動下經常進攻蒙古克烈部。塔塔兒部的叛變及其失敗，使金朝在蒙古領屬已無勢力，此鐵木真後來的統一大業創造了有利條件。

一二〇〇年，鐵木真派人前往恃強中立的尼倫蒙古哈答斤、撒勒只兀惕二部加以勸說：若謂蒙古人同類異族諸民，今已悉來親附，隸我旄纛之下。可是，該二部首領卻於一二〇一年聯合弘吉剌、亦奇烈思、塔塔兒等共十一部，商議推舉札木合為古兒汗。不久他們在忽蘭也爾吉舉行正式會議，推舉札木合為古兒汗，決定共同討伐鐵木真和王罕，兩大聯盟的決戰由此開始。

以札木合為首的聯軍，沿克魯倫河向鐵木真營地進發，企圖趁其不備一舉殲滅。鐵木真即邀王罕共同迎戰。當鐵木真和王罕率軍至赤忽爾忽時，與札木合聯軍遭遇。鐵木真見對方人多勢眾，戰則必敗，

成吉思汗騎射圖

決定退到闊亦田。不亦魯黑汗率軍緊追不捨，但因大風雪使許多兵卒牲畜墜落到澗中而死，不戰而潰。隨之札木合趕來，見聯軍死傷甚多，便慌忙向額爾古納河下游退卻。王罕追擊札木合一直到額爾古納河，札木合因無力抵抗，向王罕投降。闊亦田戰役後，以札木合為首的軍事聯盟潰散解體，蒙古內部的汗位之爭宣告結束。鐵木真為了徹底掃清道路，決定向塔塔兒部等殘餘勢力發動進攻。

決定性的戰役是在西元一二〇二年春進行的。決戰前，成吉思汗給部隊約法三章，禁止將士在奪取全勝以前繳獲戰利品。他認為只要奪取了全勝，就會有充足的時間來共分戰利品。此外他規定，如果第一次進攻被對方擊退，必須不惜一切代價再次發起衝鋒，「退而不翻身力戰者斬」，塔塔兒人在成吉思汗大軍的猛攻下崩潰了。成吉思汗立即指揮全軍圍殲，把敗退之敵包圍在阿勒灰河和失魯格勒只惕河流域。從此，這種包圍戰術成了蒙古軍隊的著名戰術。塔塔兒部落全部被消滅，官兵幾乎無一漏網。

隨著共同敵人的不斷消失，鐵木真汗與王罕之間的關係卻變得日益複雜起來。此前，他們彼此能夠坦然相待，皆有感激之情。王罕在兩次奪取克烈部的汗位過程中，均得到鐵木真的幫助。而鐵木真的創業，更是多次得到王罕的支援和幫助。鐵木真近來對王罕卻不能不存有戒心，如一一九八年冬，鐵木真與王罕聯合征討北乃蠻時，在回師途中與南乃蠻軍相遇，兩軍因天黑暫時對陣紮營。是夜，王罕在營地虛燃篝火，實際已遷移他處。一二〇二年年，鐵木真曾向王罕提親，但遭到王罕父子拒絕，這更加重了鐵木真的疑心。年事已高的王罕見諸子無能，深怕自己百年之後，政權落入鐵木真之手，因而對鐵木真逐漸產生了敵意，並開始蓄謀暗害之。

札木合勢力衰敗後，在蒙古草原上形成了鐵木真、王罕、太陽汗三足鼎立的局面，這更引起了王罕的不安。而投靠王罕的札木合又在一旁進行煽動，並表示願佐君討伐鐵木真，企圖借王罕之手消滅鐵木真。王罕之子桑昆也極力煽動父親討伐鐵木真，保存江山。於是在一二〇三年春，王罕父子以答應婚約為名，邀請鐵木真前來赴宴，企圖乘機將其殺死。鐵木真雖有疑心，但還是信以為真。鐵木真正率十騎赴宴時，幸遇蒙力克中途勸阻。王罕發覺事已敗露，決定次日清晨舉兵先發制人。但其謀又被阿勒坦的弟弟的兩個牧馬人探知，連夜馳奔告訴鐵木真。鐵木真率軍倉促上陣，雙方戰於卯溫都爾山附近。經過一天激戰，終因雙方力量眾寡懸殊，鐵木真的隊伍潰敗，只好向東轉移到哈拉哈河附近。

這次戰役，雖然使鐵木真蒙受重大損失，但與王罕再次較量的決心並未改變。鐵木真一方面遣使指責王罕的忘恩負義和言行不一，重申自己沒有絲毫侵佔王罕領地之意，表示願意繼續與王罕和好；另一方面則收集潰散的部隊，休養生息，準備再戰。一二〇三年夏，鐵木真將營帳從統格黎河附近遷往巴勒渚納河的巴勒吉布拉格，準備與王罕進行較量。鐵木真與追隨者那可兒❶共飲巴勒渚納河水，仰天盟誓：使我克定大業，當與諸人同甘苦，苟渝此言，有如河水。這一舉動在蒙古族歷史上被傳為佳話，史稱巴勒渚納同盟。參與者還有札八兒火者、鎮海、別的因等十九人。

王罕方面雖然取得了勝利，但王罕陣營內部開始分裂，勢力漸衰。面對此種形勢，鐵木真準備

---

❶蒙古汗國和元朝時，貴族領主「那顏」的親兵和伙伴。

再次進攻王罕。他們遣使向王罕偽稱拋棄舊惡，重結同盟。王罕信以為真，派遣亦圖爾堅約定會盟。鐵木真派出的兩個使臣回來稟告：王罕毫無提防，正在金撒帳裡舉辦宴會；如果日夜兼行，可以掩襲。鐵木真於是派兵經過日夜行軍，在哲哲額爾溫都爾山將王罕團團圍住。王罕手下勇將合答黑巴特爾率眾頑強抵抗，苦戰三天三夜，未能獲勝，只得向鐵木真投降。王罕和桑昆逃入乃蠻境內，王罕被乃蠻人所殺，桑昆繼而逃奔西夏，西夏不留，後被合剌赤部人處死。

鐵木真擊敗王罕後，蒙古與乃蠻接壤。乃蠻國地大民眾，而且反對鐵木真的殘餘勢力、札木合等都聚集到乃蠻太陽汗處，兵勢頗盛。可是太陽汗年幼無能，沒有指揮才能。另外札木合等人並不與太陽汗一條心，只圖利用乃蠻的勢力消滅鐵木真，其聯合只是權宜之計。汪古部原與乃蠻部有姻親關係，此時太陽汗想利用這一層關係，遣使約汪古部共同討伐蒙古部。汪古部首領阿剌忽失十分清楚鐵木真在力量上佔據著優勢，因此他不但沒有接受太陽汗的盟約，而且將其使者囚禁，並遣使向鐵木真告急，奉酒六樽。鐵木真在圍獵處接見來使，以寬厚待之。當使臣返回時，饋贈牛馬，相約為盟，共同討伐乃蠻部。

鐵木真得悉乃蠻出兵的消息後與眾臣共商出兵之策。諸臣以方春馬瘦為由，不同意出師，待秋高馬肥時再出師也不為遲。但鐵木真的弟弟鐵木哥斡赤斤和別里古台不同意諸臣意見，主張立即進攻乃蠻。別里古台說：彼恃其國大而言誇，苟乘其不備而攻之，功當可成也。鐵木真當即同意，準備出征。

不久鐵木真便祭旗出師，逆克魯倫河西上，以哲別、忽必來二將為先鋒。先鋒部隊首先到達撒阿里客額兒後，與乃蠻哨兵相遇，太陽汗率五萬餘士兵向鐵木真部隊進攻。太陽汗見蒙古軍勢甚感畏懼，遂向札木合詢問其各隊將領的情況，聽後使太陽汗愈加不敢迎戰，只有步步退卻。而札木合見鐵木真的軍隊軍容整肅，也不戰而逃，其他首領隨其逃走。同時札木合還遣人告訴鐵木真：乃蠻軍已沒有鬥志，太陽汗驚恐萬狀。結果鐵木真的先鋒部隊把乃蠻軍逼到了納忽昆山前後，兀魯兀惕部和忙忽惕部趕來，從兩翼包抄，其主力一直衝到乃蠻軍的大本營，將乃蠻軍逼進兩邊山勢陡峭的山谷裡。至夜，乃蠻軍被層層包圍，企圖突圍，由於天色漆黑，墜崖死者不可勝計。第二天，餘眾紛紛來降。太陽汗負重傷而死，豁里速別赤頑強抵抗而陣亡。至此南乃蠻被鐵木真軍隊全部佔領。

一二〇四年冬，鐵木真在阿爾泰山之陽休兵養息之後，於次年春，越過阿爾泰山，向北乃蠻發動進攻，在兀魯黑塔黑（即阿爾泰山）俘虜了布亦魯黑汗。就這樣，乃蠻部被鐵木真汗全部征服。札木合也被人被押送給鐵木真，並被賜以自盡。

經過十多年的戰爭，鐵木真成為蒙古草原上一支強大力量。從一二〇〇年起，他經過四次大戰役，於一二〇五年統一了蒙古氈帳百姓，佔領了東起興安嶺、西迄阿爾泰山、南達陰山的廣大地區。鐵木真的勢力稱雄於蒙古草原。

拉施特《史集》記載：一二〇六年春，鐵木真召集

鐵木真攻打乃蠻部落圖

貴族及諸那顏（官員）在斡難河（鄂嫩河）源舉行忽里勒臺，建九腳白旄纛，會上一致推選他為大汗，號成吉思汗。敬獻這個汗號的是晃豁壇人闊闊出。闊闊出，蒙古人稱他為帖卜騰格里（通天使者）。他平日常說：神在和我談話，我在天上巡遊。他對鐵木真說：神命你為普世的君主。忽里勒臺之日，他對鐵木真說：如今，被稱為古兒汗的這個地域上的君主，已被你一手征服，你已取得了他們的領地，你可以像他們那樣地採用一個同樣意義的尊號：成吉思。闊闊出加重語氣，繼續說道：神降旨曰：你的名字必須如此。蒙古語成吉思乃浩大強盛者也，成吉思汗義同古兒汗，皆有偉大至上的君主之意。

鐵木真即成吉思汗位　右為窩闊台、朮赤

成吉思汗建立的國家稱為伊克蒙高勒兀魯思（大蒙古國），俗稱蒙古汗國。從此蒙古高原及其相鄰地區群雄林立、互相爭伐的局面得以結束，近百個諸部都統一在成吉思汗的麾下，按照統一的法律和軍事行政機構組合起來。這樣蒙古也由一個部落（群）的稱謂變成蒙古高原各部落的總稱，漸漸形成了統一的蒙古民族共同體。

成吉思汗構建新帝國

一位西方學者說，西方人最關注的中國古代英傑人物是成吉思汗和努爾哈赤。在中國燦若星漢的歷史人物中，不乏像秦始皇、漢武帝、唐太宗、宋太祖這樣的傑出帝王，而他們為什麼更鍾情於成吉思汗和努爾哈赤？主要原因可能是成吉思汗與努爾哈赤都是少數民族，由少數民族入主中原，統治以漢族為主、人口眾多的多民族國家，不能不說是個奇蹟。作為一個新時代的開創者，成吉思汗對元代歷史產生了原生性的影響：既播下了蒙古帝國的種子，也埋下了帝國分裂、敗亡的基因。

成吉思汗建國以前，蒙古人還沒有文字。成吉思汗俘獲畏兀兒人塔塔統阿後，因他精通本國文字，就命他教子弟學習。其後又有不少畏兀兒人被用為蒙古貴族子弟的教師，他們對蒙古文的創制做出了貢獻。

成吉思汗建立蒙古汗國之前，蒙古沒有成文的法規，人們遵行的只是傳統慣法。汗國建立後，創制畏兀兒蒙古文，成吉思汗就用它發布命令、登記戶口、制定了具體的法律條款，稱為《大札撒》（漢譯作《成吉思汗法典》、《成吉思汗大法》）、記錄所辦案件等，成為加強統治的重要輔助手段。一二〇六年，成吉思汗任命其養子失吉忽圖忽為大斷事官。由大斷事官專門負責掌管民戶的分配。成吉思汗又命失吉忽圖忽審斷刑獄詞訟，負責懲治盜賊、察明詐偽、施以刑法。大斷事官實際上是蒙古國的最高行政官，相當於漢族官制中的丞相。大斷事官之下還有若干斷事官作為僚屬。此外諸王、貴戚、功臣有分地者，也各置斷事官治其本部百姓。

成吉思汗將薩滿教定為國教，委任兀孫老人為掌管宗教的別契。別契那顏（起初是成吉思汗千戶長名號）兼管天文、挑選吉祥年月等事務，享有很高地位。他騎白馬，穿白衣，坐在眾人的上面。在成吉思汗建國初期，沒有固定的都域。一二二〇年確定哈拉和林作為首都，但因戰爭爆發沒有興建成功。成吉思汗加強集權統治的措施，構建蒙古帝國基本架構的兩項基本制度則是千戶制度和分封制度，這為他在更大範圍內進行擴張戰爭奠定了基礎。

千戶制度　成吉思汗即位後，成吉思汗建立了從中央到地方的一整套政權組織機構。其中十進位軍政管理體制，即十戶、百戶、千戶和萬戶制，效用頗高。在嘉泰四年（一二〇四）整頓軍馬、建立千戶制的基礎上，將全蒙古百姓劃分為九十五千戶，分別授予共同建國的貴族、功臣，任命他們為千戶長，世襲管領。汗國的最高行政長官為札魯忽赤（也寫作達魯花赤，即大斷事官），掌管民戶分配和訴訟司法等，擁有至高權力。成吉思汗委任其義子失吉忽圖忽為札魯忽赤；委任忽必來為最高軍事長官（軍事那顏）。

千戶多數是由不同部落的門戶混合編組起來的，其中也有一小部分是由同族門戶組成。有的部落百姓因戰爭而失散各處，其首領歸附成吉思汗後戰功卓著者，准許他們把散亡各處的氏族成員重新召集起來，組成千戶。除此，成吉思汗還分配給母親和幼弟斡赤斤一萬戶，長子朮赤九千戶，次子察合台八千戶，三子窩闊台和幼子托雷各五千戶，稱為忽必（領地）。在授予忽必的同時，還委派了諸多那顏。各千戶的戶數並不完全為整數，它是以戰時提供千名戰士為條件組織的。千戶制度是蒙古國家政治體制中最重要的一環，千戶作為統一的基本軍事單位和地方行政單位，取代了舊時代的部落或氏族結構。通過編織千戶，全蒙古百姓都被納入嚴密的組織之中，由汗委任的千戶長管領，在指定的牧地範圍內居住，任何人不得擅自離開所屬千戶。國家按千戶徵派賦稅和調撥軍隊。所有民戶都應在本管千戶內「著籍應役」負擔差役，不分貴賤皆不得免。凡十五歲至七十歲的男子都要服兵役，隨時根據命令自備馬匹、兵仗、糧草，由本管千戶長率領出征。「上馬則準備戰鬥，下馬則屯聚牧羊」。蒙古政體已轉變為封建的領主分封制，這其中卻暗含著令蒙古帝國瓦解的因子！

千戶制度是成吉思汗防止舊貴族復辟的重要措施。任何千戶長不管地位多麼尊崇，都是皇室的臣僕。千戶長構成的那顏階級是成吉思汗「黃金家族」統治人民的支柱。在一二〇四年乃蠻戰爭的前夜，成吉思汗按十進位組建了他的軍隊，同時建立了一支私人衛隊（怯薛）。最初組建時，這支衛隊包括七十人的白天護衛、八十人的夜間護衛和一千名勇士（把阿禿兒）組成的特殊隊伍。怯薛作為一個機構，出自於成吉思汗在十二世紀八〇年代晚期最初組建的家族統治體制。它的全體成員，像家族體系的成員一樣，從他的那可兒中徵募。從編制方面而言，他們既作為護衛（怯薛歹）兼可汗私人的保衛者，同時又作為照顧他個人需要與照看他財產的家庭管理者而效力。

隨著權力的擴大，為確保至高無上的汗權，成吉思汗建立了一支更強大、由大汗直接控制的常備武裝。他將護衛軍擴充至一萬名，由一千名宿衛、一千名箭筒士和八千名散班組成。其主要責任是保護大汗的金帳和分管汗廷的各種事務，同時也是大汗親自統領的作戰部隊。成吉思汗掌握著這樣一支最強悍的親信軍隊，足以制約任何一個在外的諸王和那顏。各級那顏的子弟被徵為護衛軍，等於「質子」。這有助於成吉思汗更牢固的聯繫和控制分布在各地的那顏，使他們效忠於自己。這不僅僅是出於安全和威信的考慮，更主要是用來滿足新生蒙古帝國不斷增長的行政需要。而且由於怯薛世家體制既提供了個人服務，又提供了運轉機構，通過它們，成吉思汗管理著他迅速增長的屬民、領土和經濟收益，故而無論他去哪裡——去戰鬥或圍獵，這一體制總是伴隨著他。早期蒙古國家的「中央政府」，實際上是帝國護衛軍，處於其統治者選擇落腳的任何地方。

分封制度

蒙古國的最高統治集團是成吉思汗的「黃金家族」，全蒙古百姓都是他們的臣民。按照分配家產的體例，成吉思汗將百姓分配給諸子、諸弟。他的四個兒子朮赤、察合台、窩闊台、托雷是汗國宮廷的四根棟樑。長子朮赤掌管狩獵；次子察合台掌管《札撒》（即法律），既管審判，又管對犯法者的懲處；三子窩闊台治理朝政；幼子托雷負責軍隊的組織和指揮及兵馬的裝備。

同時成吉思汗對於他的親族，以及那些跟隨他出生入死、浴血奮戰多年的部眾們，都予以封賞。對於他的親族而言，封賞不僅是財產、權力的再分配，以供他們享受。而且成吉思汗希望通過封賞，來避免親族之間為了爭奪各自的利益而產生不必要的分裂。對於他的功臣們來說，封賞既是一種早已許諾的報酬，也是使這些人今後更加忠誠的為他效力的保證。

成吉思汗族旗

得到成吉思汗封賞的親族，大致可分為三部分。

第一部分，是那些有權繼承其財產的兒子們，包括朮赤、察合台、窩闊台和拖雷。其中拖雷的封地為蒙古帝國的中心所在，也就是當年的成吉思汗大斡耳朵（**意為宮帳或宮殿**）所在地。其他三子，長子朮赤的封地在最西面，佔有海押立、花剌子模等廣大地區。次子察合台的封地在朮赤的東南，佔有畏兀兒國西北至撒馬爾罕和不花剌等地。三子窩闊台的封地則介於諸兄弟之間。因成吉思汗三子的封國皆在蒙古大帳之西，故而被統稱為西道諸王。

第二部分，是成吉思汗的弟兄們，因成吉思汗諸弟的封國皆在蒙古大帳之東，故而被統稱為東道諸王。成吉思汗這些受封的弟兄、子侄們，在自己的封地內建立了相應的汗國，又稱為「兀魯思」。他們在封國內擁有極大的自主權，汗位也由子孫世襲。而仍尊奉成吉思汗為最高統治者。建立這種獨立性極大的封國，雖然免去了親族之間的財產紛爭，卻也為此後蒙古帝國的分裂留下了隱患。

第三部分受封賞的親族，則是成吉思汗的后妃及其外戚家族。這些貴族，大多數保有原來的地盤，只有少數重新分配封地。由於他們的地位及勢力遠遠不能和前面兩部分人相比，故而未能產生獨立的汗國。其封地稱之為「頭下」或「投下」。得到成吉思汗封賞的功臣，主要有十家，他們是戰功卓著的木華黎、博爾朮、博爾忽、赤老溫（**合稱「四傑」**）、忽必來、者勒篾、哲別、速不台（**時號「四**

南宋、金、西夏、蒙古之間形勢圖

狗」）、畏答兒、朮赤台等。封地內的民眾由政府管轄，僅向受封者納貢一定數量的財物，從而使受封者的權力受到較大限制。這種用於封賞的「投下」，隨著蒙古帝國對外戰爭的延續而不斷有所增加，受封的人數在不斷增加，並得以長期保存，遂成為蒙古帝國及元朝頗具特色的一種制度。新帝國的建構漸趨成型，成吉思汗便開始實現他世界帝國的偉業。

逐鹿中原：攻夏滅金

一二〇六年，成吉思汗只統一了蒙古氈帳百姓，北邊的林中百姓尚未統一，西鄰之畏兀兒、西夏還未歸附，一旦出兵金國，它們很可能成為後患。成吉思汗為了解除後顧之憂，決定首先向北、西方向進軍。一二〇七年，成吉思汗派其長子朮赤帶領右翼軍征服了林中百姓。

成吉思汗此時的國土早已與西夏接壤，而且蒙古與金很早就是仇敵，成吉思汗早已謀劃進攻金國。但西夏乃金之附屬國，成吉思汗直接向金發兵，其右側必然會受到西夏的威脅，有兩面受夾擊的危險。如先征討西夏，金因政權內部不穩定並懼怕蒙古，不敢輕易出兵援助西夏，勢必引起西夏與金之間的不和；如能征服西夏，則可切斷金的右翼力量。所以征討西夏有著重要的戰略意義，同時還可鍛鍊蒙古騎兵在平原地帶作戰的本領，積累軍事作戰經驗。因此他採取了先攻西夏掃清周邊的戰略，党項貴族建立的西夏政權成為蒙古人征服的第一個目標。

一二〇五年三月，成吉思汗滅乃蠻後，藉口西夏接納王罕之子桑昆，率軍第一次侵入西夏，攻破邊境城堡力吉里寨，毀其牆壘，西夏桓宗李純佑被迫稱臣納貢。但此次主要的目的是掠奪財富。一二〇六年，李安全奪取西夏王位後，斷絕了與蒙古的貢賜關係，請封於金國求其援助。一二〇七年秋，成吉思汗以西夏不肯納貢稱臣為由，第二次侵入西夏，攻破兀剌海城，四出擄掠。西夏彙集右廂諸路軍抵抗，蒙古軍不敢深入，於次年春天退回。一二〇九年秋，成吉思汗第三次入侵西夏。蒙古軍擊敗西夏五萬大軍，俘虜了副統帥高令公。接著又在兀剌海城虜獲其太傅訛答，進而包圍西夏都城中興府（今銀川市），李安全投降並納女請和，每年向蒙古納貢。西夏因向金求援遭到拒絕，遂轉而採取臣服蒙古向金國進攻的政策。

經三次征討，使西夏成為蒙古帝國的附屬國。成吉思汗征討金國的準備工作已告結束，蒙金之戰即將開場。這場戰爭從西元一二一一年成吉思汗侵金開始，到西元一二三四年窩闊台滅金結束，前後用了二十三年時間。蒙金戰爭可以分為三個階段，西元一二一一年至一二一六年為成吉思汗侵金階段，西元一二一七年至一二二七年為木華黎侵金階段，西元一二二七年至一二三四年為窩闊台侵金階段，以金朝滅亡而告結束。

成吉思汗在解除伐金後顧之憂和訓練軍隊的同時，又通過長城外的汪古部人和畏兀兒商人摸清了金國的經濟、交通和城堡、關卡等情況。一二一一年二月，成吉思汗在克魯倫河誓師，禱告於天，請求神助，誓為被金所殺之祖先報仇。三月，成吉思汗做好了伐金的一切準備，他命脫忽察兒率領兩千騎兵留守後方，自己親率大軍向金國進發，至陰山汪古部駐地，休兵避暑。七月，主力部隊沿撫州——宣德府——居庸關路線向中都（今北京）方向前進。抵達塔勒湖後，命哲別率先頭部隊打前陣，先後佔領了烏沙堡、烏月營。金軍統帥千家奴被撤職，由參知政事完顏胡沙繼任。蒙古軍乘勝追擊，完顏胡沙不敢迎戰，東走宣平（懷安縣東北）。八月，蒙古軍追至宣平附近之會河堡，大敗金軍。一二一三年胡沙虎以玩忽職守受責，竟發兵入都，殺永濟，另立完顏珣（金宣宗，一二一三～一二二四在位），自為太師、尚書令。元帥右監軍朮虎高琪又下手殺掉了胡沙虎。金朝統治一片混亂。

窩闊台率領的西路軍向西攻打西京（今大同市）。自一二一一年十月起，他們先後攻克了雲內、東勝、武州、朔州、豐州（今呼和浩特市東）。西京留守棄城東走，由他人代為留守。哲別至宣德府後，成吉思汗命其攻打居庸關，因金軍防守嚴密，久攻不克。哲別採取突然撤退的戰術，誘金軍出關至雞鳴山，結果三十萬金軍戰敗，哲別順利進入居庸關，進抵中都。成吉思汗亦隨之入關，駐蹕龍虎台。蒙古軍幾乎侵掠了黃河以北的大片土地，只有中都和真定等十一城未受侵掠。一二一三年，蒙古軍在中都附近的大口會合。一二一四年三月，金宣宗納貢求和，將完顏永濟的女兒岐國公主獻給成吉思汗，並獻金帛、童男童女五百人、馬三千匹，由丞相完顏福興陪

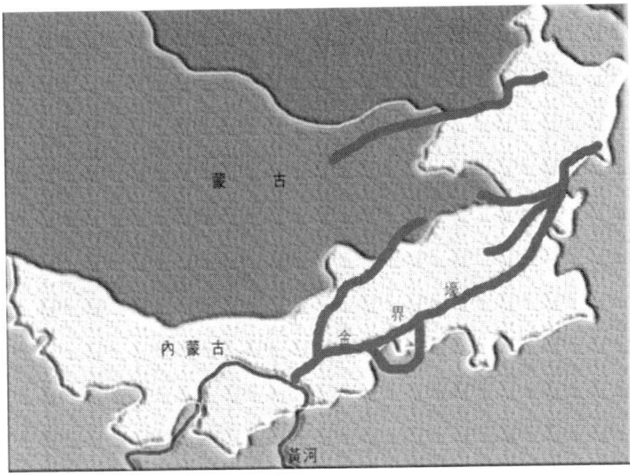

金朝為防禦北方蒙古各部的攻勢而修建的界壕分布示意圖

成吉思汗出居庸關。成吉思汗駐紮於魚兒濼（今達里湖）。

成吉思汗為了聯宋滅金，於一二一四年派主卜罕去南宋進行聯絡，中途被金扣留。五月，金遷都南京（今開封市），命右相完顏丞暉等輔佐皇太子完顏守忠留守中都。六月，成吉思汗遣伊里值為使詰責金宣宗：既和而遷，是有疑心而不釋憾也。成吉思汗決定再次征討金國。一二一五年五月，攻佔中都。同年，耶律留哥覲見成吉思汗，敬獻金幣九十車、金銀牌五百面。七月，成吉思汗遣伊里值為使詔諭金國主：獻出河北、山東未下諸城，取消帝號改為河南王，金宣宗不從。成吉思汗則命史天倪南征，授予右副都元帥官職。正當金兵節節敗退時，金都督蒲鮮萬奴在開元自稱天王，立國號大真，改元天泰，於一二一六年投降蒙古，以其子鐵哥入侍，既而又叛，稱東夏國，割據遼東。

一二一六年春，成吉思汗回到克魯倫河行宮。八月，封木華黎為太師國王，賜金印，又賜象徵大汗的白色大纛旗一面，並告諭諸將：木華黎建此旗以出號令，如朕親臨也。成吉思汗把經略中原的全權交予木華黎，以便自己全力準備西征。一二一七年，成吉思汗在漠北圖拉河畔，對從軍多年的將士論功行賞，同時改編部隊，深得成吉思汗信任的木華黎被封為國王。

木華黎在燕京、雲中分別設置行省進行管理。此時金朝國土僅剩五分之一，敗將殘兵縮集潼關——洛陽——開封這一東西狹長地帶。如蒙軍繼續攻擊，席捲河南，攻克汴京並非難事。但正在這時西域又出了事，發生了花剌子模邊將襲殺蒙古商隊事件，促使成吉思汗率主力移師西征。八月，封木華黎為太師、國王、都行省、承制行事，將經略中原之事完全託付給這位愛將。木華黎雖大權盡握，但所率軍隊卻是一支偏師。他統帥的親軍，有汪古騎兵一萬、兀魯兀惕部四千、混合兵卒一千、孛禿駙馬率領的伊奇烈思兵兩千、蒙可・哈勒札率領的忙忽惕兵一千、木華黎的兄弟岱孫率領的札剌亦兒兵一千，總計約兩萬人。要經營黃河以北廣大地區，對付金朝尚存的幾十萬軍隊，木華黎的力量顯得薄弱了許多。對金朝來說，這正是重整河山、收復失地的大好時機。但昏庸苟且的金宣宗，竟把金軍主力調去南下侵宋，貪圖小利，在大局上又輸一著。

木華黎按照成吉思汗的部署，「召集豪傑，勘定未下城邑」，「建行省於雲、燕，以圖中原」。他改變了蒙古以往秋來春去、掠城不守的作戰方針，注意佔領域邑，招募漢族民兵和官員，安定百姓，將作戰指導轉為奪地安民，長久經營，以圖入主中原。在這個階段所進行的蒙金戰爭，出面交戰的很多都是依附雙方的漢族民兵，而蒙金皆成為背後的駕馭者。一二一八年秋，木華黎自西京攻佔太原、平陽等地以及忻、代諸州，先定山西，次定河北。一二二〇年進軍山東，在黃陵岡擊潰金軍二十萬。翌年四月及後年秋，金帝兩次派使者赴西域向成吉思汗求和，都未達成協定。至後年年底，木華黎遣軍攻潼關、擊鳳翔（今陝西鳳翔縣）、爭奪關西，打了一個多月，未能攻克鳳翔。一二二三年三月，一代蒙古名將木華黎病逝於鳳翔之戰，享年五十四歲。《元史》卷一一九《木華黎傳》記載，臨終前木華黎說：我為國家助成大業，擐甲執銳垂四十年，東征西討，無復遺恨，第恨汴京未下耳！汝其勉之。木華黎姓札剌亦兒氏，性格沉毅，足智多謀。手臂抵膝，擅長射箭，可挽兩石強弓。木華黎功勳卓著，英名遠播。後來成吉思汗親自攻打鳳翔，並對諸將說：要是木華黎在世，我就用不著來此督戰了。

不久，金宣宗也病亡，金哀宗完顏守緒繼位。金朝加強了對蒙軍的作戰。依附金朝的漢族民兵一度活躍起來。金軍陸續收復一些失地。木華黎的兒子孛魯繼承了父親的遺志。他率軍擊退了金軍在河北地區的反攻，旋即轉戰山東，一二二六年完成了對山東全境的佔領。這年蒙古滅西夏，金國朝野震驚。木華黎制定的奪地安民為經久之計的方針，在這種有利條件下得以順利實施，為窩闊台最後滅金奠定了基礎。

遠征歐亞：掀起黃色風暴

一二一九年，成吉思汗揚鞭策馬踏上西征之路。在遠征歐亞之前，成吉思汗還搞了一次後方大掃除行動。消滅篾兒乞惕部的殘餘勢力、鎮壓闊闊出政變和禿馬惕部的叛亂，使其統治更為鞏固，後方也得以安寧。

一二一八年，成吉思汗令哲別率領兩萬騎兵征討西遼的古出魯克（即屈出律）。蒙古軍順利進入西遼都城八剌沙袞（今吉爾吉斯布拉多內吉城），西遼各地領主相繼歸附，西遼國滅亡。西遼地處蒙古和花剌子模中間，既是交通要道，又是戰略要地。西遼的滅亡，使蒙古和花剌子模之間的交通暢流無阻。

在蒙古鐵騎向西挺進的征程上，首當其衝的是地處中亞的花剌子模國。花剌子模是中亞古國之一，位於阿姆河下游，其王號花剌子模沙（波斯語，意為王）。它擺脫了西遼和塞爾柱帝國的統治之後，發展成為伊斯蘭世界最強大的國家。成吉思汗攻入金國的消息傳到中亞後，花剌子模國國王摩訶末為證實這一消息並探聽蒙古實力，在一二一五年底派遣以巴哈・阿丁・吉剌為首的花剌子模使團到達中都，親睹了戰爭帶來的慘狀。當時成吉思汗並無征服西方的計劃，只是著意於通過貿易獲得異國物品。他曾頒布一道札撒（法令）：凡商人至其境者，將保證其安全營業；凡有貴重物品，需先送到成吉思汗那裡由他選購。那麼兩國交戰的起因又是什麼呢？

花剌子模使節巴哈・阿丁・吉剌晉見成吉思汗，其目的是為了了解蒙古征服金國後的真實情況。成吉思汗盛情款待了使團成員並表示：朕為東方的統治者，（花剌子模）國王就成為西方的統治者吧。我們雙方保持和平友好的關係，要讓商人自由通行。一二一六年，成吉思汗派使者和商隊回訪花剌子模國。一二一八年春，摩訶末在不花剌接見了蒙古使者，同意成吉思汗的提議，雙方締結了和平通商協定。可是事後不久，雙方就發生了兩起傷害友好關係的事件。第一件是邊界糾紛和武裝衝突。速不台消滅以忽都為首的篾兒乞惕殘餘勢力，正待勝利回師時遭到摩訶末的追擊，一直追到今天的葉尼塞河。速不台前去勸說摩訶末，希望雙方不要交鋒，但摩訶末不聽其勸告，仍然襲擊蒙古軍，挑起武裝衝突。在衝突中摩訶末險些被俘，幸被札蘭丁護救脫險。此後當哲別受命消滅西遼時，花剌子模又搶先佔領了原屬西遼的領地，挑起了兩國間的邊界糾紛。

再者就是一二一八年蒙古大商隊遇害事件。根據志費尼《世界征服者史》記載：成吉思汗根據蒙古和花剌子模兩國達成的通商協定，派出由四百五十人組成的大商隊，用五百頭駱駝馱著金、銀、絲綢、駝毛織品、海狸皮、貂皮等貴重商品，帶著成吉思汗給花剌子模沙的信前往花剌子模。成吉思汗在信中寫道：吾人應使常行的和荒廢的道路平安開放，因之商人們可以安全地和無約束地來往。商隊行至錫爾河上游的訛答剌城後，因守將亦納勒出黑貪財將商隊扣留，並派人報向摩訶末稟商隊中有成吉思汗的密探。摩訶末在沒有弄清事情真相的情況下便下令處決商隊成員，並沒收其全部財物。亦納勒出黑遵照摩訶末的命令，殺害蒙古商隊成員，其中只有一人從牢裡逃出得以倖免，向成吉思汗報告了商隊遇害經過。

成吉思汗發誓要為死者報仇。但他還是希望雙方能夠通過和平方式解決爭端，於是派遣巴合剌為首的使團前往花剌子模索要肇事者。使團向摩訶末轉達了成吉思汗的原話：君前與我約，保不虐待此國任何商人。今遽違約，枉為一國之主。若訛答剌虐殺商人之事，果非君命，則請以守將付我，聽我懲罰，否則即備戰。摩訶末對此置若罔聞，不僅殺害了巴合剌，而且將兩名副使的鬍子剃光趕回。鬍鬚對伊斯蘭教徒來說是權力的象徵，割掉它是奇恥大辱，而不斬來使、不殺說客是國家間交往的慣例。摩訶末這些不足取的作法是產生事端，引起惡感及仇報、猛襲的原因，使和平安寧遭到破壞。

蒙古軍西征花剌子模之前，當時成吉思汗面臨來自三方面的挑戰，一是與金國長達九年的戰爭，二是西夏的反叛，三是斬其使臣、屠其商隊的花剌子模。成吉思汗權衡利弊，採用穩住西夏，牽住金朝，全力西征花剌子模的策略。一二一九年六月，蒙古大軍從克魯倫河畔出發，朮赤、察合台、窩闊台、托雷及大將速不台、哲別、大斷事官失吉忽圖忽等隨行。總計兵力十至十五萬，成吉思汗對外號稱六十萬大軍。一二一九年秋，經別失八里、西行渡伊犁河向花剌子模挺進。雙方在訛答剌發生激戰，經過五個月的苦戰，蒙古軍隊終於攻破城防。守將亦納勒出黑率餘部繼續抗擊，最終被生俘。蒙古軍殺掠之後夷平了訛答剌城，亦納勒出黑被送往駐屯在撒馬爾罕的成吉思汗處。成吉思汗下令往愛財如命的亦納勒出黑的眼睛和耳朵裡灌注熔化了的銀液將其殺死，給死於非命的商人報了仇。蒙古大軍攻下花剌子模訛答剌城後兵分四路：察合台、窩闊台率師繼續進攻訛答剌地區；朮赤率師征氈的、養吉干諸城；塔孩率五千騎兵征戰忽氈等城；成吉思汗與托雷取中路，渡錫爾河，向西南橫渡紅沙漠直逼不花剌城。

一二二〇年二月，成吉思汗與拖雷率領人數最多的中軍進攻中亞的大城市不花剌。一二二〇年三月，朮赤等三路軍馬佔領了錫爾河兩岸全部的城市，成吉思汗的中路軍也讓不花剌城煙火沖天。佔領了伊斯蘭教的文化中心不花剌城後，完全切斷了花剌子模新都撒馬爾罕和舊都烏爾根奇之間的交通。一二二〇年五月，蒙古四路大軍在撒馬爾罕城下會師，合圍撒馬爾罕。經過六天的苦戰才得以攻克撒馬爾罕城。當時撒馬爾罕城守軍約十一萬。城破之前摩訶末已逃跑，成吉思汗遂命耶律阿海留守城內，哲別、速不台率三萬騎兵追擊摩訶末；窩闊台率朮赤、察合台進攻烏爾根奇；成吉思汗和托雷向阿富汗推進。

一二二〇年七月，窩闊台率領的五萬兵馬攻打烏爾根奇。城內守將是忽馬爾，統帥著十一萬大軍日夜堅守。該城防衛工事十分堅固。蒙古軍在城周圍安營紮寨，一面遣使召諭居民投降，一面忙於做攻城前的準備。待攻城的器械齊備後，蒙古軍立即向城內發動了全面進攻，當日即破城。士兵進入街區後到處燒殺，由於居民的頑強抵抗，襲擊阿姆河橋的三千蒙古兵無一生存，蒙古軍不得不轉入巷戰，經過七天的激烈戰鬥才佔領了全城。志費尼說：烏爾根奇的十一萬守軍全部陣亡。工匠、婦女和兒童被當作俘虜運送到蒙古。烏爾根奇的失守使河中地區（阿姆河與錫爾河之間）全部被蒙古軍佔領。

成吉思汗攻滅花剌子模後，一路攻城奪地，燒殺擄掠，將版圖擴展到了中亞和南俄。另外還有一路軍拉開了遠征西歐的序幕。一二二一年，成吉思汗軍隊征戰中亞大國花剌子模，佔領河中地區時，哲別、速不台兩位蒙古大將奉命統帥約三萬人繼續向亞塞拜然長驅直入。亞塞拜然君主月即別向蒙軍求和，送去大量金銀財寶和牲畜，哲別、速不台接受了月即別的求和，改向喬治亞進軍。

喬治亞人民為捍衛首都提比里斯，組織成三萬人的軍隊以抵禦蒙古軍的入侵。當蒙古軍向都城發動進攻時，受到城內軍民的迎頭痛擊。蒙軍企圖採取佯敗誘敵的戰術將喬治亞軍全部殲滅，但通過提比里斯城的道路十分艱險，難以行軍。速不台只好移師東進，向高加索以北進軍。

一二二二年，蒙古軍到達了欽察人居住的伏爾加河流域，遭到了庫曼人和欽察人聯合軍團的迎擊。哲別為消弱對方的實力，以金錢財物收買及宣稱「同為氏族」的方法誘騙，使庫曼人離欽察人而去，結果被蒙古軍一一擊敗，庫曼人逃往羅斯。蒙古軍佔領了北高加索一帶。

蒙軍由欽察草原向克里米亞進軍，佔領了裡海港口蘇達克。蘇達克港由熱那亞城邦國所建，該國與西歐諸國有頻繁的貿易往來，蘇達克的失陷引起了全歐的震動。

欽察人逃奔羅斯國後向其求援說，如果羅斯坐視不救，欽察人就要遭屠殺，蒙古軍的鐵蹄就要踐踏整個羅斯國。為了抵禦蒙古軍的入侵，南俄加里奇大公姆斯季斯拉夫出面邀請了基輔大公等，在基輔召開了南俄諸公國會議，決定聯合起來共同抵抗蒙古軍。

一二二三年，羅斯各公國出兵向聶伯河下游集中。速不台派十名使者到羅斯國勸說不要出兵援救欽察人。羅斯大公不僅拒絕勸說、殺死了使者，而且命其軍隊渡聶伯河東進，殲滅了蒙古千人先頭部隊。戰鬥的勝利使羅斯國軍隊產生了輕敵思想，繼續窮追不捨。速不台則採取了誘敵深入的策略，將軍隊退出近二十天的路程，把羅斯和欽察人的八萬軍隊引到迦勒迦河東岸。由於羅斯公國軍隊內部行動不協調，姆斯季斯拉夫未通知其他公國，便帶領著幾個年輕大公和欽察軍與蒙古軍交鋒。蒙古軍首先衝向欽察軍，欽察軍戰敗而逃，引起羅斯軍的一片混亂，蒙古軍乘機向羅斯軍發起進攻。基輔大公及其他大公的軍隊就駐紮在附近的山崗上，他們目睹欽察軍的慘敗卻按兵不動。經過七天交戰，羅斯和欽察聯軍全部被殲滅。緊接著蒙古軍向基輔大公等發動進攻，激戰三天後基輔大公投降。這就是歷史上有名的迦勒迦河戰役。此後蒙古軍北上經過南俄草原，到達基輔公國的舊都諾夫哥羅德，居民高舉十字架出城投降。因蒙古軍人數有限，沒有在羅斯久留。一二二三年底，蒙古軍向伏爾加河推進，途經位於伏爾加河中游的保加爾王國。由於當地居民的英勇抗擊，蒙古軍不得不退卻。一二二四年，成吉思汗從中亞班師，並召回哲別和速不台。他們從裡海北岸東行，哲別在中途病故。速不台率軍返回，約於一二二五年初，在乃蠻境內與成吉思汗會師。

成吉思汗為求長生之藥，在西征途中就遣侍臣到山東萊州延請全真教宗師丘處機。丘處機經過一年多的艱苦跋涉，終於在一二二二年四月到達成吉思汗行營。成吉思汗當即接見，問道：「真人從遠方來，有什麼能使我長生的藥嗎？」丘處機指出：「長生之道，清心寡欲；一統天下，不嗜殺人；為治之方，敬天愛民。」成吉思汗派人翻譯並做了記錄。一二二三年二月，成吉思汗射獵時不慎落馬，險些喪生，丘處機勸告說：「你年事已高，少出獵為宜。出獵墜馬，是天的戒示。」成吉思汗說：「神仙所言甚是，朕為蒙古人，自幼喜愛乘馬狩獵，怕積習難改。」一二二四年，聞知西夏有變，成吉思汗決意東歸蒙古。

在這期間，成吉思汗為加強統治征服來的廣大國土，將其分封給了諸子：也兒的石河（今額爾齊斯河）以西，今鹹海、裡海之北，屬於朮赤；畏兀兒與河中之間，原西遼故地，屬於察合台；從葉密立（今新疆額敏）以北，包括今額爾齊斯河和阿勒泰山一部分的原乃蠻部地，屬於窩闊台。他們與先前分封的成吉思汗諸弟合撒兒、合赤溫、斡赤斤、別里古台等「東道諸王」相對，被稱為「西道諸王」。這三個封國即是後來的欽察汗國、察合台汗國和窩闊台汗國。分封諸子使他們各擁封土，為後來各系因爭奪汗位而產生的鬥爭埋下了種子，最終導致了大蒙古帝國的分裂瓦解。但是分封制對促進各地的封建化與經濟文化的恢復發展也具有正面效果。寶慶元年（一二二五）春，成吉思汗回到蒙古，持續七年的遠征結束。

一代天驕的遺產

一代天驕臨終遺策

一二二六年，成吉思汗以西夏接納仇人桑昆、不送質子和拒絕徵調為由，興兵大舉侵入西夏。由於成吉思汗在射獵野馬時再次落馬負傷，蒙古軍被迫駐營休息。年邁的成吉思汗忍著傷痛沒有採納皇子、大臣們暫時後撤的建議，決定先派遣使臣到西夏責其不派兵隨從西征且出言不遜之罪。接著蒙古軍攻西涼府，西夏主將力屈投降，遂進至河曲，取應里等縣。這時夏獻宗李德旺憂懼而死。西夏人立其侄南平王李晛為主。十一月，成吉思汗率蒙古大軍進攻靈州。李晛遣嵬名令公統率十萬軍隊來援。蒙古軍渡河進擊消滅西夏軍，西夏軍的屍體堆積如山。

鑒於西夏軍主力被殲已無法組織有效的抵抗，成吉思汗只留一部分軍隊攻打中興，並派察罕入城招降，他自己則於一二二七年正月率軍南下進入金境，攻陷臨洮府和洮、河、德順等州，另遣一軍攻入寧境擄掠。四月，駐夏於六盤山。六月，繼續向南進兵至秦州清水縣。一二二七年七月，就在西夏投降後，成吉思汗病倒在六盤山，一臥不起。一來是因為當時天氣特別熱，二來是因為成吉思汗年紀大了，體力不如從前，經不起連年作戰的勞累。

成吉思汗眼看病情一天比一天嚴重，他自知死期臨近，便招其三子窩闊台、末子拖雷於枕邊吩咐兩件大事：一是把帝位傳給誰並叮囑兄弟之間要親密相處；二是教他們如何治理國家，完成自己的事業。成吉思汗說：「我將立窩闊台為大汗，因為他雄才大略，足智多謀，你們其他人比不上他，只有他才能夠統帥全國軍隊，保衛我們的國土，只有他才能使你們過上幸福的生活，享受榮華富貴。如果你們同意，就要當著我的面立下文書：承認窩闊台為汗，聽他的命令，不許改變在我面前答應的事，也不許違反我的法令。」成吉思汗的兒子們立刻立下了由窩闊台繼承大汗位的文書。隨後成吉思汗又考慮如何治理國家的事，因為最大的敵人金朝還沒有滅亡，於是面授征服金國的策略：「金朝的精兵都在潼關，潼關地勢險要。易守難攻，你們不要從這個地方去進攻。宋朝和金是世世代代的仇人，你們要聯合宋朝，借道從宋朝出發，直搗開封，那樣一定能取得勝利。」後來，窩闊台按照這個方略，終於在西元一二三四年消滅金國。另外成吉思汗害怕西夏知道自己死了會不投降，就命令他的將領們不要讓西夏人知道，等西夏末帝李晛來朝見時殺掉他，並殺掉中興府裡所有的人。後來這些都按成吉思汗的計劃實行了。

西元一二二七年八月二十五日，「一代天驕」成吉思汗帶著他丰采多姿的功績結束了他的一生，終年六十六歲。遵照成吉思汗的遺囑，成吉思汗的兒子們和大將們護送他的屍體回蒙古故土，埋葬在斡難、怯綠連、土拉三河發源的聖山——不兒罕山（今肯特山）。陵墓向北深埋，以萬馬踏平。後人在鄂爾多斯（伊克昭盟）修建了「八門白室」，人稱成吉思汗陵。一二六六年元世祖忽必烈追謚成吉思汗為「聖武皇帝」；元至大二年（一三〇九），加謚為「法天啟運聖武皇帝」，廟號「太祖」。

百戰百勝與「大迂迴」戰略　十三世紀，成吉思汗的子孫們征服了歐亞大陸的大部分，這場規模空前的戰爭，奠定了蒙古兵學在世界軍事史的歷史地位。成吉思汗「仗劍以行」，率軍征戰四十餘年，金戈鐵馬畢其一生，積累了豐富的軍事鬥爭經驗，創造了一系列卓越的戰略戰術。成吉思汗「用兵如神」的高超藝術，為歷代兵家、史家所推崇。志費尼在《世界征服者史》中生動地評價道：「說實話，倘若那善於運籌帷幄、料敵如神的亞歷山大活在成吉思汗時代，他會在使計用策方面當成吉思汗的學生，而且在攻城掠地的種種妙策中，他會發現最好莫如盲目地跟著成吉思汗走」。明末清初的歷史學家顧祖禹說：「吾嘗考蒙古之用兵，奇變恍惚，其所出之道，皆師心獨往，所向無前。故其武略比往古為最高。」

成吉思汗的用兵思想可謂博大精深。更難能可貴的是在成吉思汗西征之前，蒙古族尚無文字。因此成吉思汗不曾熟讀兵書戰法，也沒有軍師的指導，他的軍事思想，除了學習前人有用的成功經驗之外，主要是靠他自己及其部屬在戰爭實踐中逐步摸索總結出來的。他在蒙古騎兵的建軍、治軍、練軍和用軍等各方面，繼承和發展了先人成功的實踐經驗，並有自己的獨創之處。在此僅以窺豹一斑的方式向大家詳細分析在戰略方面，成吉思汗有一套難能可貴的「大迂迴」戰略，其中蘊含了成吉思汗百戰百勝的奧秘。

一、大迂迴戰略源於蒙古族的圍獵，它的突出特點是在使用力量之前，先用計謀將對方制服。他們把圍獵中的技藝，嫻熟地運用到戰爭中，把許多堅固的城堡變成了他們圍困中的野獸。它不以擊潰敵人作為目標，而是用獵人那雙狡黠、深邃的眼睛盯著敵人的後方，以左右包抄的方式將敵人包圍，不給對方留下一條逃生的出路。即使留有一條生路，那也完全是一種戰術運用。這種大迂迴戰略與古代其他軍隊的進攻方式大相逕庭，它不直接對敵列陣挑戰，而是更講實際，手段更隱蔽。

並力圖在使用力量之前，先施「計謀」將對方制服，與孫子的「詭道」思想一脈相承。

成吉思汗遠征歐洲前，派速不台和哲別擔任偵察任務。他們穿過亞塞拜然，打敗了喬治亞的精銳團隊，隨後越過高加索的黑岩絕壁，來到伏爾加盆地。這裡已有一支很強大的軍隊正等著他們。蒙古軍隊的確太疲勞了，激戰一天勝負未決。第二天，他們帶著黃金和貴重的布、優良的馬來到庫曼人的營地，對他們說：「我們是同族，為什麼要和外國人聯合攻打你們的兄弟，他們給你們的好處，可以從我們這裡得到。」庫曼人帶著蒙古軍隊送來的厚禮離開他們的同盟者遠去。速不台卻乘機追擊並打敗他們，索回了剛贈給他們的全部禮品。如果要講仁義道德，速不台可謂犯了大忌，但他遵循的是戰爭規律。他們的偵察行動，促成了成吉思汗遠征歐洲十八年的計劃。

二、大迂迴戰略仰賴的是蒙古軍隊清一色的輕騎兵，克服了速度與距離的阻礙，創造了農業時代的「閃擊戰」。

大迂迴戰略的具體實現首先需要速度，沒有速度談不上戰爭的突然性，也難以對敵人達成合圍；其次需要長途奔襲，沒有遠距離奔襲，很難對敵產生威懾。可以

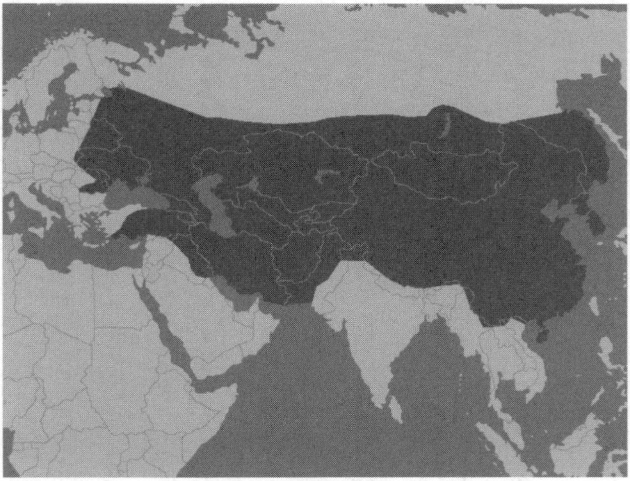

成吉思汗開創的帝國

說成吉思汗的軍隊都具備這兩個條件，這也是他能夠征服世界的奧妙所在。

十三世紀，歐亞等國的軍隊多以步兵和重騎兵為主，重騎兵防護性能好，機動性差，適合陣前對抗。而蒙古軍隊卻是清一色的輕騎兵。輕騎兵具有突擊力強、靈活多變的特點，適合遠端奔襲。蒙古軍的輕騎兵，恰如「二戰」中的機械化部隊，它常以絕對的速度優勢，迫敵解除武裝。這使成吉思汗所營造的戰場，有如颶風掃過。如果把它與「二戰」中德國的「閃擊戰」作對比，就會發現在成吉思汗指揮的戰爭中有與德國「閃擊戰」相似的內容。

農業時代的「閃擊戰」，其戰績在當時也是獨一無二的。蒙古西征軍在歐洲作戰時的集結非常快速，從揚子江北岸至保加爾邊境，部隊集結都是在二至三個月內完成的。部隊平均行軍速度達到每天九十至九十五公里。至於它的突擊速度：攻佔北俄羅斯，只用了兩個月又五天，平均速度達到每天八十五至九十公里；攻佔南俄羅斯，只用了兩個月又十天，進攻速度達到每天五十五到六十公里；攻佔匈牙利和波蘭，只用了三個月的時間，進攻速度達到每天五十八到六十二公里。成吉思汗正是利用輕騎兵機動性好的特長，打破了十三世紀呆板的攻防戰術，從而完全控制了戰場主動權。當時所向披靡的蒙古軍已引起歐洲人的惶恐，甚至像遙遠的城市，如呂北克（位於波羅的海南岸）和紐倫堡（位於德國巴伐利亞境內）都加緊防禦準備。就連當時的英國也提心吊膽，曾禁止船舶出海捕魚。

三、大迂迴戰略是將帥膽識和軍隊力量結合的產物，它不僅僅是方略，更重要的是實踐。成吉思汗獨特的軍事體制和治軍思想，造就了一支高素質的軍隊，從而使他的戰略思想得以實施。

研究蒙古兵學中大迂迴戰略的具體運用可以發現，大迂迴戰略不僅僅是個方略問題，更重要的是個實踐問題。做出大迂迴的決策需要雄才大略的統帥，執行大迂迴戰略任務需要一支訓練有素的軍隊，否則大迂迴戰略只能是紙上談兵。

成吉思汗是舉世公認的偉大戰略家，他成就霸業的原因諸多，而首要因素就是成吉思汗傑出的軍事天才。他從小生活艱苦，形成了堅毅、勇敢的性格。他生活的年代動亂、漂泊，耳濡目染使他對於行軍打仗非常熟悉。因此他能對複雜敵情做出正確判斷、果斷決策。

四、古人云：「兵馬未動，糧草先行。」大迂迴戰略離不開源源不斷的物資供應，蒙古軍隊之所以能在穿插、迂迴中屢建奇功，就在於它重視軍隊通訊聯絡、交通運輸的暢通無阻和後勤保障工作「羊馬隨征，因糧於敵」。

大迂迴戰略的實施一般要遠離後方，成吉思汗及其子孫的西征，基本上是脫離根據地作戰，因此資訊的暢通無阻和糧草的充足供應就成為亟待解決的問題。據史料載，他每到一處，便在距離五十里及一百里處各設一驛站，僅送信報息的驛站所備用的馬就達三十多萬匹。成吉思汗對修築橋樑、開山修路也非常重視。他出征花剌子模國渡過伊犁河時，墊木頭、鋪石子修的橋就達四十八座。察合台西征中渡過沙拉坦河時，就修了十八座橋使全軍安然渡河。除此以外，軍隊過山越嶺時也修了許多小路，從而對來往人馬、車輛、商賈、遊客創造了極為方便的路線。這樣兩大洲各國之間的來往聯繫也更加方便，路程也縮短了。同時蒙古軍隊以自己獨有的方式解決了軍隊的供應問題，而這種解決方法不像一般的軍隊讓士兵負重過多，或在隊伍後拖著很長的輜重隊，而是在蒙古民族千年以來所養成以馬羊為主的飲食習慣中，以最輕便的方式加以解決。他們食用的羊或馬，不需要特別的裝備運送，從而大大減輕了蒙古軍隊的負重，更有力量和能力大膽向敵人的縱深穿插迂迴，其距離的深遠常常使他們的敵人也難以置信。這就是為什麼蒙古軍隊攻下一個個城堡竟是那麼容易，因為這些城堡的守軍被突入其來的敵人嚇懵了，他們來不及做堅固的防禦。即使做了準備，但蒙古軍卻偏偏出現在他們尚未防守的地段，那些地段他們認為敵人是無法前來偷襲的。正如英國人李德・哈特在評論成吉思汗的軍事才能時說：「在中世紀裡，戰略的最好例證並不出在西方，而是來自東方。西元十三世紀，對於西方戰略的發展來說，是一個卓有成效的時代。」

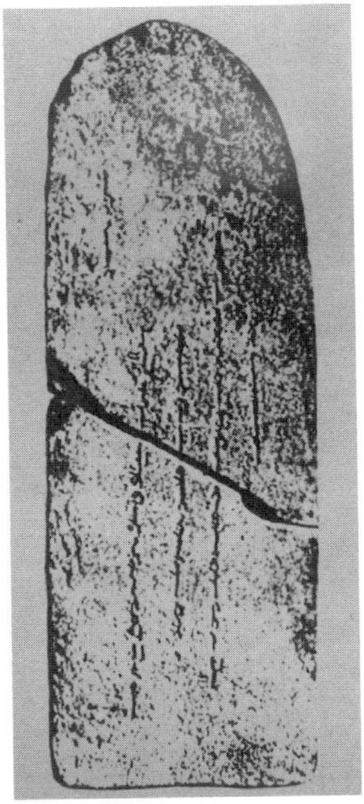

藏在聖彼得堡的成吉思汗石

毀譽紛紜

成吉思汗戎馬征戰一生，締造了東方乃至整個人類歷史的奇蹟。作為一名目光遠大、具有宏韜偉略的政治家，作為一位治軍嚴明、用兵如神的軍事統帥和復仇天神，他所建立的赫赫功業，對於蒙古人來說是空前絕後的。成吉思汗即帝位後，銳意進取，實行政治、經濟、軍事的全面改革，從而大大鞏固了已經建立的蒙古政權和各部統一的局面，也大大推動了蒙古社會的發展。在此基礎上，成吉思汗開始了無盡的南進與西征，踏上了漫長的征伐之路，直到病死在西夏軍營。《元史》評其曰：「帝（指成吉思汗）深沉有大略，用兵如神，故能滅國四十，遂平西夏。其奇勳偉績甚眾。」

為完成建立統一國家的歷史使命，成吉思汗首先建立了一支組織嚴密、具有鐵的紀律和富有戰鬥力的軍隊。頒布《札撒》，獎罰分明。對貴族將領與普通士兵幾乎一視同仁。對待部下，成吉思汗主張教導和獎罰並重。違犯《札撒》一二次者教育；三次以上者流放到遙遠的地方。在統一過程中，成吉思汗能寬厚待人，取得民心。成吉思汗成為人心嚮往的核心人物。

他任人唯賢，量才適用。他不僅打破蒙古內部的氏族部落界限和舊氏族貴族的特權，而且也打破了民族之間的界限。他所提拔重用的將領基本上都經過實際戰爭的鍛鍊，他們當中有貴族出身的人，也有平民、奴隸出身的人。成吉思汗的四大麾下：忽必來是八魯剌思人，速不台、者勒篾是兀良哈人，哲別是泰亦赤兀惕兀人；四傑的博爾朮是阿兒剌人，木華黎是札剌亦兒人，孛爾忽是許兀慎人，赤老溫出身泰赤烏部。

成吉思汗統一草原部落，為文化的發展創造了條件。一二〇四年，成吉思汗俘虜塔塔統阿後，命他教太子諸王畏兀兒文字以書國言，使蒙古人開始使用文字，一二〇六年成吉思汗決定以畏兀兒字為官方文字。同年，成吉思汗命令失吉忽圖忽用畏兀兒文字書寫《青冊》。一二五二年用畏兀兒文字寫成的《蒙古秘史》是蒙古族的第一部重要文獻。兩次《札撒》的頒布，開創了以法治國的道路。統一局面的形成，保障了社會生產力的發展。成吉思汗為了加強與鄰近地區和國家的經濟交往，曾詔諭在大道上設置哈剌赤（守衛），並頒布一條《札撒》：凡進入蒙古境內的商人，一律發給憑照，以鼓勵外商來蒙古經商。

成吉思汗統一蒙古諸部後，就踏上了對外擴張的道路。這為空前統一的中國，奠定了基礎。然而成吉思汗所發動的征戰，雖然最初皆以復仇開始，但進而討伐過之，甚至橫掃無辜，踐踏自安之邦。大規模的西征，掀起了西方歷史上一場黃禍風暴，尤其征戰南高加索和裡海草原，給各國人民帶來了深重災難。但同時，成吉思汗之對外擴張在客觀上頗有正面意義。成吉思汗西征之後，歐亞大陸正式串聯，東西方使節往來不斷，極大地促進了東西方經濟、文化的交流和發展。李思純在其《元史學》中說：蒙古西侵，乃將昔日阻塞未通之道途，盡開闢之，而使一切民族種姓，聚首相見。元人周致中也在他的《異域志》裡說，撒馬爾罕其國極富麗，城郭房屋皆與中國同。……繁富似中國，商人至其國者多不思歸。

在一些西方人眼中，「一代天驕」成吉思汗絕對是一個能征善戰，對待敵人毫不留情的好戰君王，蒙古軍隊征戰時的大肆殺戮，更是讓部分人將成吉思汗和「邪惡」畫上了等號。不過近年英國《每日電訊報》報導說，西方對於成吉思汗的功過評價正在發生變化：在BBC播出的最新紀錄片中，成吉思汗就被刻畫成了一個歷經種種磨難最終成就霸業的正面英雄人物，成吉思汗在文學、法律和文化傳播等領域內的貢獻更是得到了高度讚揚。

因為在很多西方人眼中，成吉思汗和匈奴的阿提拉大帝一樣，都是歷史上讓人感到恐懼的人物。但是很多人只是知道成吉思汗的名號，但對於他個人的歷史卻知之甚少。成吉思汗的歷史有很多不為人知的故事，而英國製作紀錄片的目的，就是要找出這些被隱藏的秘密。

在BBC的紀錄片中，成吉思汗堪稱蒙古帝國一位慷慨的君主，他將自己所有的財產都無私地和手下的人民分享，而他在征戰殺戮、積極擴張領土的同時，也在積極提升自己帝國的文化、法律和文學水準。成吉思汗還是一位積極吸收外來事物的開明君主，當時中原神奇的中藥就被他引進用來救治蒙古民眾。

在歐洲，成吉思汗幾個世紀以來一直遭人誤解誹謗，目前在西方社會中，想要為成吉思汗「正名」的，絕對不只BBC一家。一位名叫麥克•耶茨的英國人此前成立了一家名為「領袖價值」的公司，主要提供歷代領導人的資訊，他將成吉思汗視為一位「有遠見、有能力、有權力和有精力」的「四有」領袖。

耶茨說：「成吉思汗並不為大量物質財富所動，他和自己的忠誠支持者分享一切東西，他是一位慷慨的領袖人物。成吉思汗和同時代人相比，也體現了自由主義和寬容的品質，至少他沒有因為宗教原因而處決過任何人。」

《每日電訊報》表示，成吉思汗在統一蒙古各部後的對外征戰中，將蒙古帝國的版圖擴展到了從太平洋到黑海之間的廣闊地域，疆土面積之大從來沒有任何帝國能超越。至於成吉思汗在推進社會改革進程中的激進作用，此前更是被人忽視。現在人們終於發現，在成吉思汗征服一個新部落之後，他的習慣就是摧毀該部落的貴族階層，吸收同化他們的下層民眾。這就是成吉思汗口中的「機會應該給予大多數人，而不是一小部分人」。

很多歷史學家現在開始相信，成吉思汗在積極拓展疆土的同時，更是一位國家權力的堅定擁護者，正是他將蒙古的部落統治改造成了初步的官僚統治，而且他的統治也超越了民族主義的範疇，憑著他促進各民族相互融合的功勞，成吉思汗從某種意義上說，實在是一位促進歐洲融合的「先驅」。

成吉思汗將草原上落後、分裂的蒙古族融為一體，並成功地建立了地跨歐亞兩大洲的大帝國，重開了「絲綢之路」，推進了東西方以及阿拉伯各國之間的經濟、文化交流，他的巨大貢獻令世人矚目。在中國的歷史上，唐朝之後一直是處於分裂割據狀態，雖然北宋時期在中原建立了統一的政權，但遼、西夏、金國仍然各佔一方。蒙古國的建立，為今後中國的統一也創造了條件，在這方面也是有正面意義的。蒙古國對蒙古高原、中原乃至整個世界產生重大的影響，成吉思汗的成功之路充滿傳奇色彩，但他畢竟是時代的產物。十二世紀的蒙古草原，外受金朝的殘酷壓迫，內則部族紛爭不休，正處於「天下擾攘，互相攻劫，人不安生」的動亂之秋。成吉思汗稱霸草原，統一各部族，乃是順應民心和時代進步的要求。當然他個人的性格氣質、雄才大略和百折不撓的頑強意志，也是他事業成功不可缺少的內因。

成吉思汗陵壁畫

成吉思汗陵之謎　如前文所述，一二二七年，六十六歲的成吉思汗南征西夏時逝於軍中。傳說為了穩定軍心，蒙古軍隊秘不發喪，政事如常。使臣與外國商人依舊到他的帳外聽候傳喚，傳令來去，假裝這位世界帝王仍在發號施令。成吉思汗死後，他的諸子、諸將們遵囑滅了西夏，然後護送其靈柩北歸。流傳最廣的一種說法是在成吉思汗死後，他手下的將領遵照他死前命令，秘密將遺體運回蒙古。據說手下將領嚴守秘密，路上遇到行人一概殺之，以免走漏消息。據《蒙古秘史》記載，蒙古皇族下葬後，先用幾百匹戰馬將墓上的地表踏平，再在上面種草植樹，而後派人長期守陵，直到地表不露任何痕跡方可離開，知情者則會遭到殺戮。元末人葉子奇在《草木子》中說：蒙古諸汗葬後，以萬騎踏平墓地，當著母駱駝的面殺一隻小駱駝，然後以千騎守墓。等明年青草生長，守軍移去，草原上一望平野已無絲毫痕跡。要祭墓的話，把小駱駝的母親牽來，母駱駝來回悲鳴之所便是葬所。但待母駱駝死去，再沒人找得到陵墓所在。

按照習俗，元代帝王的墓葬都採用「密葬」形式，所以至今仍未發現一座元代皇家陵墓。多少個世紀過去了，世界各國的考古學家們為尋找成吉思汗的陵墓費盡心機：他們有的動用地雷探測器甚至衛星攝影技術，幾乎搜遍了整個蒙古大草原，雖然無一例外地空手而歸，可是前仆後繼者依然大有人在。一位蒙古專家預言：成吉思汗的陵墓裡可能埋藏著大量奇珍異寶，裡面的工藝品甚至比秦始皇陵出土的兵馬俑還要壯麗。更有考古專家稱：成

成吉思汗陵墓外景

吉思汗的陵墓一旦被找到，那將比特洛伊考古和和圖坦卡門陵墓的發現更激動人心。目前各國考古專家關於成吉思汗墓地確切位置的圈定，比較認同四個地點。一是位於蒙古國境內的肯特山南，克魯倫河以北的地方；二是位於蒙古國杭愛山；三是位於中國寧夏的六盤山；四是位於內蒙古鄂爾多斯鄂托克旗境內的千里山。

在《元史》中，成吉思汗及元朝皇帝們的埋葬處，被寫成「起輦谷」三字。一代代學者們推敲之後，擬音為 **Keluren** 谷，即元代漢譯中的「怯綠連河」。今天多用漢字「克魯倫」音譯——那是一條名河，河谷遼闊，地表上並沒有封土或其他陵寢遺痕。認為成吉思汗葬在寧夏南部（隴東）六盤山者，主要據那位大英雄猝死於對西夏國戰爭之中——可能虛張聲勢作向漠北送葬狀，其實已經就地埋了。另一種說法認為成吉思汗死於現在鄂爾多斯的千里山。

另外，位於伊金霍洛旗的成吉思汗陵很重要，這並不僅僅是成吉思汗的衣冠塚。成吉思汗的靈棺中有很多不能說的秘密。一九五四年大祭靈時曾開過棺，當時的內蒙古自治區主席烏蘭夫親眼看過，裡面確實有部分人骨。從蒙古人的習俗和過去信奉的薩滿教來說，祭奠先人主要是祭靈魂，不是祭屍骨。按照蒙古民族的習慣，人將死時他的最後一口氣——靈魂將離開人體而依附到附近的駝毛上。根據史料記載，吸收成吉思汗最後一口氣——也就是靈魂的駝毛，幾百年來就收藏於鄂爾多斯成吉思汗陵。

最近末代蒙古王爺奇忠義告訴我們成吉思汗死於現在鄂爾多斯的千里山，當時是夏季，氣候炎熱，遺體不可能運出很遠，秘葬在鄂爾多斯境內的可能性很大。他說了流傳在鄂爾多斯草原上的美麗傳說：當年成吉思汗率領軍隊西征西夏時，路經鄂爾多斯草原的包爾陶勒蓋，目睹這裡水草豐美、花鹿出沒的美景十分陶醉，留戀之際失手將馬鞭掉在地上，隨從要拾馬鞭時，被成吉思汗制止。大汗有感而發吟詩一首：「花角金鹿棲息之所，戴勝烏兒育雛之鄉，衰落王朝振興之地，白髮老翁享樂之邦。」並對左右說：「我死後可葬此地。」成吉思汗在六盤山逝世後，屬下準備將他的靈柩運回故地安葬，但靈車路過鄂爾多斯草原時，車輪突然深陷地裡，人架馬拉也紋絲不動。這時大家想起了成吉思汗生前的話，於是就地將成吉思汗安葬在了鄂爾多斯草原上，並留下五百戶達爾扈特人守護。日本侵略中國時，為保護成吉思汗陵寢，當時國民黨政府於一九三九年把成吉思汗靈柩先後遷移到甘肅省榆中縣興隆山、青海省湟中縣塔爾寺。一九四一年，侵佔包頭的日本侵略軍進犯鄂爾多斯，搶掠並燒毀了當時作為鄂爾多斯地區蒙古宗教文化中心的王愛召（王爺廟），大火燒了半個多月。一九五四年四月一日，中國中央政府將成吉思汗的靈柩移回鄂爾多斯，在伊金霍洛旗重新修建了陵園，並將散落在各地的成吉思汗遺物逐步集中到了成吉思汗陵。現在，成吉思汗陵還分別供放著成吉思汗的夫人、胞弟，以及成吉思汗第四子拖雷和其夫人的靈柩。在奇忠義心中鄂爾多斯的成吉思汗陵永遠是蒙古民族的聖地。

近十幾年來，尋找成吉思汗陵的活動不斷升溫，匈牙利、波蘭、美國、日本、義大利、德國、法國、加拿大、俄羅斯、土耳其、韓國等十多個國家都投入了大量人力、物力，競相展開了尋找成吉思汗陵的工作，但基本上都無果而終。其中日本人在七年前就開始實施尋找成吉思汗陵的龐大考古計劃，動用了先進的探測儀器，結果花費十幾億日圓，在肯特山附近發掘了兩三百座古墓，無有收穫。近三年來，美國富翁克拉維茲與蒙古國的考古人員合作利用能勘探到地下十公尺深處的先進儀器，也在蒙古國進行了大規模的尋找成吉思汗陵活動，並在蒙古國找到一個外面有一圈石牆的陵墓，起先考古隊認為是成吉思汗陵，其實那是一座匈奴墓，最終也是一無所獲。

也許正如奇忠義所說：我的祖先成吉思汗的秘葬地，對於世人來說一直是個謎，對於我們家族的人也不例外，但我們沒有必要違背祖先的意願去破解這個謎。位於中國內蒙古自治區鄂爾多斯市伊金霍洛旗的成吉思汗陵，一直是世人公認的成吉思汗的陵地，幾百年來，人們在這裡進行公祭活動，國內外的蒙古人每年也都到這裡來進行祭祀。鄂爾多斯成吉思汗陵，無疑是不可替代的成吉思汗祭祀地。鄂爾多斯的祭祀文化在蒙古族地區最為完整、最傳統、最有代表性。這種現象任何地區都不可替代。所以今天再去尋找成吉思汗的秘葬地，沒有意義也沒有必要。而且祖祖輩輩為成吉思汗守陵的達爾扈特人在感情上也不能接受。

成吉思汗小檔案

姓名：孛兒只斤・鐵木真

出生：一一六二年

卒年：一二二七年

享年：六十六歲

在位時間：一二〇六～一二二七年

諡號：初諡聖武皇帝，後加諡法天啟運聖武皇帝

廟號：太祖

父親：烈祖神元皇帝也速該

母親：宣懿太后訶額侖

最自豪：開創蒙古大帝國

最遺憾：攻西夏未果而亡

最鬱悶：十三翼之戰失敗

最擅長：南征北戰

元太宗窩闊台

窩闊台，成吉思汗第三子，作為成吉思汗的繼承人，在位十三年（一二二九～一二四一）鞏固並發展了成吉思汗開創的龐大帝國。窩闊台頗有自知之明。他曾評定自己在位時的執政得失，主要有四功、四過。

其四功為：一、攻滅金朝，拓寬疆域；二、設立站赤，成為定制；三、鑿井於沙陀無水處，以利居民；四、置探馬赤軍，以監臨四方，鎮戍邊遠各城。其四過為：一、沉湎於酒；二、偏信婦人之言；三、因私憾陰害忠義之臣；四、築界牆以圍獸，招致鄰部怨言。所云既無虛譽之言，亦無飾過之辭，尚稱公允。

正如許多史學家所認同的：在蒙古國的諸汗之中，其武功或不及成吉思汗之盛，然其文治之舉卻超過了乃父，而為諸汗之首。

繼位之謎

成吉思汗第一次面臨繼承問題是在一二一九年入侵花剌子模前夜。他的幼妻指出了在即將發生的戰役中他所面臨的許多個人危險，在她的勸說下，這位蒙古領袖決定立即解決這一緊要問題。在接下來發生的宮廷辯論中，一場激烈的爭吵很快就在兩個主要候選人，他的兩個較年長的兒子朮赤與察合台之間爆發。察合台為了實現他奪取汗位的願望，公開對朮赤的父親血統表示懷疑。他提醒眾人一件事，即他的哥哥是在孛兒帖被蔑兒乞人俘虜一段時間後逃出來不久出生的，朮赤肯定是蔑兒乞種，根本不是成吉思汗的兒子，無權成為大汗的繼承人。朮赤聞言大怒，拉住察合台要和他決鬥，好在被大將博爾朮和木華黎拉開。他們的父親看出他們的個人不睦很顯然是不可調和的，誰也不會接受對方繼承汗位。為了避免選出一個有爭議的繼承人，成吉思汗即而轉向他的第三個兒子窩闊台。這是一個折衷的候選人，而對他的其他三個兒子來說這個解決方案是可以接受的，他們都公開莊嚴地向他們的父親發誓他們將尊重這一決定，在窩闊台即位時，他們將毫不猶豫地效忠和支

太宗窩闊台

持他。為了消除對這一點產生懷疑的任何可能性，成吉思汗在他八年後臨終前又重新肯定了窩闊台繼承汗位的權利。

一二二七年七月，成吉思汗病死於第六次征西夏期間，本應遵照成吉思汗一二一九年的安排，由窩闊台繼任大汗之位，卻由拖雷監國達兩年之久，直至一二二九年窩闊台才得以正式即位。何以出現指定了繼承人卻又不能立即繼位的結果呢？這必須從蒙古選汗制度說起。

按蒙古人的傳統，幼子有優先繼承父業的習慣。一戶蒙古家庭長妻所生幼子，蒙語叫斡赤斤，意即守爐竈之主，是留守家業之人，而他的兄長成年則要另外成家。若循此習慣，成吉思汗的幼兒拖雷在繼任汗位上擁有極大優勢。然而成吉思汗憑著他的成就和威望打破了這一傳統，沒有以拖雷為繼承人，而是選定了窩闊台。

成吉思汗為何要如此做呢？據志費尼《世界征服者史》記載：成吉思汗從窩闊台的言談舉止中看出他是皇位的適當人選，並發現他治理朝政和衛國禦敵的才幹，而他的其他三個嫡出兒子卻沒有如此的才能和特長，於是成吉思汗經常把選定窩闊台的念頭銘刻在他諸子的心裡。成吉思汗之所以視傳統習慣不顧而選窩闊台為繼承人，實出於才能與特長的考慮。換言之，成吉思汗在擇立儲君的標準上做了大膽變革。而對於其他三子，他經過慎重考慮也做了適當安排：長子朮赤管狩獵，次子察合台掌法令，幼子拖雷統軍隊。

在四子中，汗位究竟誰屬？成吉思汗心中亦曾經猶豫過。事實上成吉思汗最寵愛的是幼子拖雷，每有戰爭必攜其俱往，且稱其為那可兒。就軍事才能而論，窩闊台亦自認不如拖雷，因此成吉思汗也曾想因循傳統傳位於拖雷，但最終他還是否定了這一選擇。為彌補拖雷失去汗位的損失，成吉思汗採取了一種折衷做法，即一方面將治理國家的重任交給了窩闊台，另一方面則將他的大斡兒朵的管理權和絕大部分軍隊的統轄權交給了拖雷。如此做的結果雖然在二子之間做了一定的平衡，緩和了其中的矛盾。但從長遠看，卻為後來窩闊台系和拖雷系之間的汗位之爭做了不平衡的實力分割。正是拖雷對這支軍隊的控制，對成吉思汗家族在以後的幾十年裡競爭日趨激烈的權力問題產生了深遠的影響。雖然拖雷曾被提出過作為另一位候選人，但他的奮鬥目標並不迫切。他被提為候選人很有可能不是為了對窩闊台進行一次正式的挑戰，而是為他今後的稱汗打下基礎。後來拖雷系之所以能從窩闊台系手中奪去汗位實有賴於其所握有的軍隊與財富。

對於汗位這敏感的問題，四子間形成兩大陣營，矛盾深伏其中。察合台和窩闊台為一黨，朮赤與拖雷為一黨。當成吉思汗向諸子透露他的選定時，朮赤與拖雷黨雖沒公開表示異議，但內心是不服的，其不滿情緒首先由朮赤表現出來。當成吉思汗命令除拖雷以外的三個兒子西征花剌子模的都城烏爾根奇時，朮赤與察合台發生衝突，致使攻城不下。朮赤遣使向成吉思汗請示：「如今俺三人要聽誰調遣？」繼位人選既已明確，為何還要請示以誰為首呢？這只能說明朮赤根本就是反對窩闊台為繼承人的，除此之外不可能有其他根本原因。後來在窩闊台的調解下，兩人委曲求全，三子暫時團結起來，終於攻克其城。察合台和窩闊台往塔里寒與成吉思汗會師，但是朮赤則違反父命逕赴他在也兒的石河（即額爾齊斯河）的營地。對此成吉思汗非常生氣，認為他反跡已明，派兵準備要親征，後因朮赤死訊傳來方才罷兵，朮赤的早亡使汗位之爭暫時平息下來。由此可見，那種認為諸子對成吉思汗的決定皆心悅誠服的說法是不符合實事的。

成吉思汗也察覺到諸子間為此事耿耿於懷，唯恐幾個兒子因此而結怨從而影響到帝國的統一大業，所以在臨終前特召諸子於帳前諄諄教誨，要他們團結一致服從窩闊台領導。他一再給他們講一箭易折，多箭合在一起難折，以及一頭蛇和多頭蛇的故事。後者是說在一個嚴寒的夜晚，多頭蛇想進洞禦寒，但諸頭相互反對、相互牽扯，結果哪個都沒進去，皆凍死洞外，另一條一頭蛇卻順利進洞。其用意再明白不過。

作為消除後代之間緊張與衝突關係的一項補充措施，成吉思汗在他去世前的幾年時間內，分配給他每一個兒子一份領地及屬民。在理論上，他們每人均要留在各自的領地內，但要承認成吉思汗所選繼承人的最高權力，積極與後者協力，進一步擴張帝國的疆界。按照蒙古的傳統習慣，長子朮赤於一二〇七年或一二〇八年的某一時間，第一個獲得了他的領地——額爾齊斯河地區。依據成吉思汗的命令，他的領地後來擴大，包括了歐亞草原西部地區和俄羅斯諸公國。其他兒子分授領地的時間不清楚，但極有可能是在十三世紀二〇年代初期。在這次分配中，察合台獲得突厥斯坦西部、塔里木盆地和天山地區西部；窩闊台獲得準噶爾和阿爾泰山西麓；最小的兒子拖雷，作為他們家庭的守護者，獲得蒙古本土。中國北部據我們所知並沒有被包括在那時的任何分配方案中；也許這是成吉思汗保留在其自身權力之下的領土之一，隨後傳給了他的繼承者。

造成汗位空虛達兩年之久的另一個根本原因是汗國當時仍殘存的原始民主制。成吉思汗雖然打破了幼子守業的習俗，卻把另一個可能直接對汗位順利交接產生重大影響的傳統保留了下來，這就是「忽里勒臺」。忽里勒臺原來是部落或者部落聯盟的首領參加的一種議事會議制度，也就是部落議會，是蒙古族在社會進化過程中軍事民主制的一種殘餘。早期的忽里勒臺主要用來商議推舉首領、決定征戰等有關諸部的重大問題，貴族們必須按時到會，不參加或遲到者要受到處罰。而且有法令規定：如果任何人由於驕傲，自行其是，想要當大汗而不經過諸王的推選，那麼他就要被處死，絕不寬容。這種會議形式在成吉思汗時期演化成為蒙古宗王大會，重要大臣同時與會。成吉思汗在遺訓中恰恰保留了忽里勒臺選舉大汗的權力。由蒙古宗王共同推選德高望重的黃金家族成員出任蒙古帝國的大汗，在理論上可以使所有人都服從會議決定，心悅誠服地接受新的領袖，這似乎是一種使國家長治久安的好辦法。但實際上這恰恰給子孫們爭奪汗位提供了一個合法的途徑，為蒙古帝國的內訌乃至分裂埋下了禍根。即使是成吉思汗也不能完全擺脫傳統的束縛和影響。所以窩闊台要正式即位，必須要通過忽里勒臺大會的推選。因為成吉思汗時期留下的種種隱患，使得從窩闊台到蒙哥乃至後來的元世祖忽必烈的繼位都頗費周折，宮廷鬥爭屢屢出現。

窩闊台即位圖

一二二七年成吉思汗出征西夏期間在六盤山病逝，幼子拖雷按照幼子守產的舊俗暫時攝政，全面管理蒙古帝國。按理，成吉思汗既然已經在生前確定汗位繼承人，監國攝政的拖雷就應該及早召集忽里勒臺，在大會上正式推舉窩闊台為大汗，履行一下法定的程序。但是直到一二二九年春天，在汗位虛懸了兩年後拖雷才召開忽里勒臺，使人不得不懷疑監國攝政並握重兵的拖雷在這二年當中是不是做了有利於自己的布置。按照拉施特《史集》的記載：一二二九年春天，拖雷召集蒙古貴族和重要大臣召開忽里勒臺。前三天大家歡飲娛樂，然後按照成吉思汗的遺詔，大家一致推舉窩闊台繼承汗位。窩闊台再三謙讓不成，終於接受了大家的擁戴，繼承了汗位。作為兄長的察合台支持他，自願居於臣屬地位；幼弟拖雷也極力推舉窩闊台為大汗。根據這條記載，窩闊台即位似乎非常順利，但實際上忽里勒臺一共開了四十天，除前三天用於狂歡之外，其餘三十七天都在討論選汗的事。既然大家都誠心擁戴窩闊台，怎麼可能費這麼多天呢？拉施特是拖雷後裔的臣子，他的記載明顯是在為拖雷美化。

其實，會議預定開四十天，前三天照慣例，大張筵席，狂歡濫飲。此後便開始討論汗位問題，經過三十七天的爭議，至八月二十四日仍「議猶未決」。時任監國的拖雷本就不願窩闊台即位，而他作為忽里勒臺大會的主要召集人和主持者，內心對忽里勒臺大會就懷有異意，所以他計謀拖延，不願交出大權。拖雷可能私下做了很多工作，所以許多親王在忽里勒臺上推選拖雷當大汗。但察合台系宗王和窩闊台系宗王都以成吉思汗已經選定窩闊台為繼承人，反對改立拖雷為大汗。兩方爭執不下，以致使大汗遲遲選不出來。拖雷手握重兵，又有幼子守產的習俗作依據，這使窩闊台自己也變得有些心虛，他不得不表示說雖然父汗的遺命是讓我繼汗位，然而還有很多叔伯和兄長更勝任此職。按照蒙古風俗，拖雷作為幼子理應是父親的繼承人。而且拖雷日夜侍奉父親，耳聞目睹和熟知成吉思汗的所有律令。既然叔伯兄長和幼弟都還不信服窩闊台，窩闊台怎麼能順利且安穩的繼承汗位呢？但是察合台等人堅決反對窩闊台放棄汗位繼承權，兩方面依舊爭執不下。耶律楚材深明其中奧妙，知道曠日持久的爭議可能會造成內訌，從而影響統一大業，故挺身而出，稟奏拖雷「宜早定宗社大計」。拖雷對曰：「事猶未及，別擇日可乎？」楚材以二十四日正是吉日，請求立斷，錯過「無吉日矣」。眾人一向敬服耶律楚材，聞此言紛紛附和，拖雷見人心所趨，自知敵不過眾人，只好退讓表示支持乃兄繼位。窩闊台循舊俗再三推讓，最後才表示同意。窩闊台就此正式登上汗位。拖雷為避免一場宮廷內亂主動退讓，是顧全大局之舉，但不等於他就此放棄了爭奪汗位。因為按照蒙古兄終弟及的原則，他仍然有機會做大汗，何況朮赤系宗王依然支持他，自己也大權在握呢？這些都為後來血雨腥風的鬥爭埋下了伏筆。

耶律楚材像

八大政策與南北分治

窩闊台即位後，召集諸臣參謀設計。在蒙古國家政權機構建設上做出重要貢獻，因而獲得窩闊台信任的非蒙古人官員主要有：契丹人耶律楚材、女真人粘合重山、漢人劉敏以及克烈部人鎮海。窩闊台格外重用功臣耶律楚材，耶律楚材在蒙古攻陷中都後，被成吉思汗招致，處之左右，任以文書巫卜之事。窩闊台即位後，遂見親任。《元史・耶律楚才傳》記載他條陳便宜十八事：「郡宜置長吏牧民，設萬戶總軍，使勢均力敵，以遏驕橫。中原之地，財用所出，宜存恤其民，州縣非奉上命，敢擅行科差者罪之。貿易借貸官物者罪之。蒙古、回鶻、河西（即西夏）諸人，種地不納稅者死，監主自盜官物者死。應犯死罪者，具由申奏待報，然後行刑。貢獻禮物，為害非輕，深宜禁斷。」這些意見，切時務之急，在某種意義上講，它也是蒙古國時期建制行政機構的綱領。窩闊台正是採取多方面措施，從而大大推進了蒙古國家政權的發展。

八大政策

定朝臣跪拜之禮　深受漢文化影響的契丹大臣耶律楚材深知，想樹立大汗至高無上的權威，先從禮儀開始。因此他為窩闊台即位制定了跪拜之禮，並要察合台率先示範，直性子的察合台因係窩闊合同黨，便爽快地同意。史稱「元朝尊屬有拜禮自此始」。

頒布大札撒　為了約束蒙古貴族的行為，窩闊台即位後兩次在忽里勒臺大會頒布大札撒（法令）。一二三四年他在達蘭達芭之地召開的忽里勒臺大會上，進一步重新申明條令，對諸如參加大會、出入宮廷、軍甲長的權限、妄議公事、軍官違禮犯罪和貴族的日常生活等方面都做出嚴格的規定。違者皆有一定的處理方法。這些法令維護了大汗的權威，鞏固了窩闊台的統治。

定賦役　窩闊台即位初，有人向他提議盡去漢人使華北空為牧地的主張時，楚材乘機進言道：以天下之廣，四海之富，何求而不得？因奏地稅、商稅、酒醋、鹽鐵、山澤之利。君臣開始商討稅利問題。規定：蒙古民有馬百者輸牝馬一，牛百者輸犢牛一，羊百者輸羒羊一，為永制；河北漢民以戶計，出賦調，由耶律楚材主持；西域人以丁計，出賦調，由麻合沒的滑剌西迷負責。

置倉廩　宮帳的需要、衛士的供給以及軍事器械、燕賞貢入的物資，均不可無專門的儲備。於是設倉庫，並選派司庫，司糧以任看守。

設驛傳　置郵傳命，本是立國的大計。在人跡稀少，居處無定的草原地區，驛傳的設置尤為緊要。它不單是行政的神經，而且也是商運的血管，因此窩闊台決定由諸王各派專職的官員負責。在各兀魯斯（諸王領地）內，根據需要開闢驛道，分設站戶。每站設馬夫二十人，每一百戶置漢車十具。站戶每年納粟一石以供使者膳食之用。使者必須持聖旨、牌符乘驛往來。如此聯絡帝國的信傳系統初步形成了，這對帝國的統一大業起到了非常重要的作用。

改進生產　接濟平民　窩闊台規定，百姓「每一百羊內，可只出一個井，接濟本部落之窮乏者。」蒙古許多地區無水，只有野獸，無人居住。如今召集百姓讓人教他們鑽井，以保證水源充足。窩闊台以政權的力量來用救濟貧乏，限制他們的過量榨取，並且採取積極措施，擴大對草原的利用，改善牧地的供水條件，以促進畜牧業生產的發展，從根本上來穩固並增強自己的統治基礎。

改官制　成吉思汗時期官制初創，非常簡陋。隨著窩闊台征服事業的發展，尤其是征服華北地區以後，原來的統治手段已無法適應需要，為此窩闊台採納耶律楚材等人的建議，開始關注官制建設。一二二九年設置課稅所，創建了專司賦稅徵收的主管機構。一二三一年，始設中書省，改侍從官名，以耶律楚材為中書令、粘合重山為左丞相、鎮海為右丞相。這樣中央最高行政機構已經從內廷中分離出來。

營建都城和林　窩闊台汗即位後，首先率軍攻滅了中原強大的金王朝。之後效仿歷代中原王朝之政體，在太宗七年（一二三五年）春天，開始在蒙古大草原上建立起第一座帝國的都城。窩闊台汗在確定都城的位置上是費了一番斟酌的。如果按照常理，都城的位置不用多考慮，就應安放在成吉思汗的大斡耳朵所在地。這裡既是整個帝國的中心位置，又是蒙古族賴以起家的大本營。然而成吉思汗生前曾把這裡分封給幼子

蒙古舊都和林

拖雷。拖雷雖然已經死去，但他妻兒一系的勢力依然十分強大。對窩闊台來講是絕不願意把都城設置於此的。

若是把都城安放在自己封國的中心城市葉密立，又偏離了整個帝國的中心，容易招致其他宗王的反對。窩闊台汗不得已乃將都城選在了和林（今蒙古共和國哈爾和林）。這裡既脫離了拖雷系所駐守的成吉思汗大斡耳朵，又與之相距不遠（**有十日的路程**），還不失為帝國的中心部位。同時，要想監視拖雷系的政治動向也比較方便。

一二三五年窩闊台正式在鄂爾渾河上游東岸的和林建城。作為蒙古國的帝都，該城富麗堂皇，雕樑畫棟，每邊寬約一射程。正中建有一座雄偉高大的宮殿，稱行宮，作為窩闊台的御位所在地，並令宗王權貴們在京城周邊營建邸舍，方圓約五里，初具帝都規模。雖然蒙古汗國時期，大汗始終保持四時遷徙的習俗，然和林城已逐漸負擔起固定的政治中心的作用。

大漠南北的異法分治

成吉思汗在一二〇六年建立大蒙古國之時，其勢力雖已遍及大草原，卻尚未擴張到漠南的中原地區。此後不久，他雖三次率蒙古軍馬南下攻金，兵鋒侵擾已達黃河一線，但其目的僅在於搶掠中原的財富、人口等，故而所到之處屠殺民眾、殘破邑舍、攻城掠地，旋即離去。直到攻佔金中都後，成吉思汗才開始有意要在中原地區站住腳跟，擴張其勢力。於是任命大將木華黎為國王、設都行省於燕京（即金中都），開始有計劃的攻奪金朝之城邑。木華黎在經略中原的過程中已經感覺到，如果仍然採用在大草原上那種搶掠財產、屠殺民眾的辦法，其對中原的征服將是十分困難的。而且即使能夠佔住這裡，也將一無所獲。於是木華黎採用了與大草原上的征服戰爭有所不同的方法，開始大批招降中原地區的地方割據武裝，將其勢力收為己用，利用他們來統治民眾。這一作法果然見效。經木華黎收降的史秉直父子等地方割據武裝為攻佔金朝城邑、安定當地百姓、鞏固蒙古帝國的統治起到了巨大的作用。

窩闊台汗即位後，調動大軍攻滅金朝，長江以北的中原大地基本上都已控制在蒙古帝國的手中。在這種情況下如何來統治一個經濟、文化的發展都有較高水準的地區就成為蒙古統治者面臨的一個重大問題。顯然僅僅依靠成吉思汗所創立的軍政合一的千戶制度，以及少數大斷事官的權力是遠遠不夠的。而且蒙古貴族對於中原無限制的強掠豪奪也是中原百姓所無法容忍的。而解決這些重要問題的辦法只有一個，那就是大漠南北的分治。即在中原地區借鑒前朝行之有效的統治方法來進行治理。當時人所謂的「以漢法治漢民」即指此。除此之外別無出路。

一二三三年，窩闊台以阿同葛等充宣差勘事官，首次對華北戶口進行檢括，得戶七十餘萬。滅金之後又多次檢括，得戶數約一百一十萬之多。在戶口調查的基礎上，耶律楚材重新規定了稅法，蓋仿唐之租庸調法，但因蒙古國時期無所謂田制，缺乏唐代稅制的基礎，因此難以實行。另外蒙古統治者此時亦開始建立自己所特有的民產戶籍制度。一二三七年，命朮虎乃、劉中考試諸略儒生，以論、經義、詞賦為三科，中選者得佔儒籍；同年又遣馬珍考試天下諸路僧道，通過者給牒受戒，許居寺觀，亦另立戶籍。

窩闊台在取得眾汗之汗的大位後立即下令，命中原人耶律楚材主持中原地區的財政。一二三四年滅金以後，窩闊台又進一步強化政權建設，任命失吉忽圖忽為中州斷事官，綜領華北地區的刑獄、財賦與軍事。由於其衙門設在燕京金海陵王所建的瓊林園內，所以人稱之為「司瓊林園之台人」，時人則曰「行台」。之後則以「燕京行尚書台」稱之。它實為蒙古統治華北地區的最高地方行政機構，與在和林汗廷的中書省相表裡。針對華北地區各路長吏兼領軍民財賦「往往恃其富強，肆為不法」的情況，耶律楚材提出，請以長吏專理民事，萬戶府總軍政，課稅所掌錢穀，各司其職。此地方政權三權分立的建政原則於是為窩闊台採納，成為定制。

耶律楚材還極力說服窩闊台改行文治路線，他進言說：「天下雖得之馬上，不可以馬上治之。」在他的主持下，一二三五年奏設編修所於燕京、經籍所於平陽編集經史。任儒生梁陟主管其事，王萬慶、趙著副之。一二三七年，窩闊台命朮虎乃、劉中分別考試各路儒生。中選者得入儒籍，並選充本籍貫議事官。為表示崇儒，詔以孔子五十一世孫孔元措襲衍聖公。耶律楚材乃大行「漢法」，統計中原民眾之戶數，制定戶籍；又選出能吏，設立十路徵收課稅使；並大力提倡儒學，設置編修所和經籍所等等。中原政局由此大治，百姓亦得其安。

當蒙古統治者佔領華北以後，對於被佔領的定居農戶，鎮守方式自然不能不與統治游牧部族的方式有所區相別。一二三六年，窩闊台始以五部探馬赤軍分鎮中原，從而構成蒙古對華北地區軍事統治的主要體系。同時由於疆域擴大、戰線延長，原有軍力已不足需要，為此窩闊台決定從各被征服民眾中徵兵。並正式建立了二十漢軍萬戶。這些軍事行為對後來蒙古統一中國無不有重要作用。

一二三六年完成了中州的戶口檢括後，窩闊台汗又在中原頒行分封之制，將中州人戶分給諸王、貴戚和斡耳朵，作為湯沐邑或采邑。習慣上，當時人通稱之為「投下」或「頭下」。這既是對諸王、大臣、將領在華北地區佔有民戶這一既得利益的承認，同時也是對其私佔人戶的限制。耶律楚材曾以尾大不掉之慮諫阻分封，不准，便退而建議，受封者在其投下只設達魯花赤（督官），而由朝廷任命官吏徵收租稅；規定投下民戶，每兩戶出絲一斤以供官用，五戶出絲一斤以與受封者；封戶之外，不得擅招民戶；五戶絲之外，封主亦不得額外徵收。因此此次分封與以前的分封實有很大的不同。

窩闊台汗死後，乃馬真皇后攝政，任用回回商人奧都剌合蠻主持中原財政，排擠耶律楚材，而實行西域「撲買」❶之法聚斂民財，致使怨聲載道，民不聊生。及貴由汗即位，乃將奧都剌合蠻罷職，重新起用熟悉「漢法」的牙老瓦赤，與漢官劉敏等，共同主持中原財政，悉除奧都剌合蠻之弊法，中原乃稍得安定。

---

❶宋元的一種包稅制度。對酒、醋、陂塘、墟市、渡口等稅收，由官府合計應徵數額，招商承包。承包者按定額向政府納稅，超額的部分歸承包人。

繼承父業：滅金伐宋

一二二七年，成古思汗病故前仍念念不忘滅金大業，並制定了滅金的戰略大計：金精兵在潼關，南據連山，北限大河，難以遂破。若假道於宋，宋、金世仇，必能許我，則下兵唐、鄧，直搗大梁。金急，必徵兵潼關，然以數萬之眾，千里赴援，人馬疲弊。雖至弗能戰，破之必矣。

聯宋滅金　窩闊台繼位後，決定遵行成古思汗上述遺策，親率大軍伐金。一二二九年太宗窩闊台遣克烈部人速哥出使金國，勸諭金哀宗向蒙古納歲貢，遭金哀宗拒絕。一二三〇年秋，窩闊台戰前視察軍隊，當他看到整兵儲餉已經完成，馬壯草肥，正是游牧民族出征的好時機，便決定偕同幼弟拖雷及拖雷之子蒙哥等人率師親征。入陝西，連破柵寨六十餘所，進取樂翔。金將完顏合達、移刺蒲阿奉命赴援，但聽說蒙古兵勢甚強，料非所敵，兵至半路乃停滯不前，轉而將軍隊帶往有天險之名的潼關，以固自保。金太子完顏守緒明知底細，卻也無可奈何。

次年五月，蒙古軍攻克鳳翔，完顏合達等決定棄守京兆，從此潼關以西非復金有。不久，窩闊台遷至官山九十九泉駐夏避暑，召集諸王將領商議滅金的部署。決定以戰略大迂迴，實施「聯宋滅金」的計劃，並決定兵分三路進軍。中軍由窩闊台率領，由鳳翔回軍河東，攻河中府，然後轉向洛陽；左軍由斡陳那顏率領，進攻濟南；右軍由拖雷率領，自鳳翔入寶雞，進入宋境沿漢水而下，達唐、鄧轉攻汴京，預計三軍於次年春會師於汴梁城下。

十月，窩闊台軍進攻河中府，金將完顏訛可以三軍兵力拼死拒守，別將以萬人來援，雙方力戰，至十二月，蒙軍方攻下河中府城。拖雷右軍南下取寶雞，九月攻克大散關進入宋境，攻破饒峰關，由金州向東南挺進，攻取房山，再揮師東下，兵鋒指向鄧州、汴京。金主聞訊，急派完顏合達、移剌蒲阿率部駐屯鄧州。十二月，金將楊沃衍率部八千，武仙率部萬人亦向鄧州靠攏，屯駐於順陽。時金軍在鄧州一帶防線的兵力達二十萬之多，由完顏合達、移剌蒲阿任總指揮，力圖與蒙軍決一死戰。

一二三二年一月，兩軍相遇於鈞州三峰山。此時，窩闊台已得知拖雷東下後轉而北上的消息，即遣塔思（木華黎之孫）與諸王阿勒赤歹、口溫不花先行渡過黃河，至三峰山與拖雷合兵。窩闊台本人則率軍由白坡涉渡黃河，進軍新鄭時天降大雪，拖雷揮師乘機擊佔，金軍大敗，合達逃走避鈞州，蒲阿就擒。窩闊台又乘勝進破鈞州，斬合達，又攻佔許州。三月。窩闊台與拖雷撤兵北還，留速不台圍攻汴京，令塔思與忽都虎統兵略定河南各地。

速不合率軍猛攻汴京十六晝夜．城內外金兵死傷以萬計。金國將師面對強敵無計可施，只好接受蒙古使者的和談條件，向蒙古請和。然而守城軍民卻誓死不降，抵抗到底，他們用

印度人繪製的蒙古攻城圖

「震天雷」和「飛火槍」對付蒙古軍，速不台軍遭到嚴重威脅，被迫終止攻城。

七月，窩闊台派唐慶為議和使，率三十餘人赴金，金王聞訊，託疾於床榻上召見唐慶。唐慶頗為不滿，出言不遜。當晚，金飛虎兵頭目申福襲殺唐慶一行，議和告終。窩闊台決定再次親征，自率師屯於居庸關，拖雷為援。金主聞後，立即讓各處勤王，然金軍不堪一擊。汴京又陷入極度混亂之中。事有湊巧，時窩闊台忽然患病，使搖搖欲墜的金都幾落幾起又得苟延殘喘。

再說金汴京無援，糧草告急，而蒙軍壓境之勢絲毫也沒減弱。金哀宗決計出走。遂召集手下，封官封爵以打氣壯威。但這些都已無法挽救金亡的厄運。十二月，哀宗逃往歸德。不久，汴京守將崔立發動政變投向蒙古，速不台隨即入汴京。

哀宗到歸德不久，蒙軍又至。蒙軍將領撒吉思卜華在歸德城北，臨城背水紮營。哀宗令準備火槍，乘夜劫營成功，蒙古兵退。哀宗認為歸德不可久留，決意逃往蔡州。

為了徹底消滅金軍，蒙古軍遣使至宋，約宋組成聯軍攻金，宋以復仇為謀，同意藉助蒙古勢力對付金朝，蒙宋一拍即合。一二三三年八月，宋軍由孟珙率領，蒙軍由塔察兒率領，聯合進攻蔡州。九月，蒙軍至蔡州城，築長壘作久困之計。十一月，孟珙以襄陽兵運糧三十萬石來會。十二月，敗武仙於息州。金軍雖仍有抵抗，但哀宗自度亡命在即，遂於一二三四年元月，慌忙傳位於元帥承麟。不久城陷，哀宗自縊身亡，承麟亦被亂兵誅殺。至此金朝亡於蒙古。

金國滅亡後，按照蒙、宋協約，蔡州以南歸宋、蔡州以北歸蒙古。於是蒙古大軍北還，留速不台鎮守河南。可是南宋淮東制置使趙葵卻建議乘蒙古撤軍之機出兵收復中原，這一建議得到宋理宗的允准，命趙葵率軍六萬取汴京，徐敏子西攻洛陽。速不台率軍擊退了宋軍的進攻，使南宋收復三京（汴梁、歸德、洛陽）的打算失敗。這次交戰成為蒙古決心討伐南宋的導火線。

三路侵宋 一二三四年五月，宋理宗以滅金事備禮祭告太廟，感謝祖先的保佑，滅國大仇終於報了，靖康之恥終於可雪了。但令宋室君臣意想不到的是前門才拒虎，後門又進狼。剛才還是盟友的蒙古轉眼間就對河南境內的宋軍發起了攻擊。

「唇亡齒寒」是中國古籍中常用到的辭彙，在儒學籠罩下的宋室君臣不可能不知道。那為什麼在蒙古軍屢次恩威並施，以武力攻擊為後盾要宋室支援或借路時，南宋決策層依舊做出助敵滅「友」的愚蠢決定呢？

應該說，南宋君臣對「唇亡齒寒」的結果是考慮到了。一二一四年金宣宗遷都汴京時曾要求南宋繼續交付歲幣，南宋政府不顧輿論的強大壓力，雖然未付歲幣，但依舊派使通好，同時也回絕了蒙古使臣「聯合滅金」的建議。這對於處在衰微危急之時的金朝無疑是一種支援，但是南宋政府的大度並未得到應有回報。一二一七年，金軍為彌補失地河北的損失，悍然發動對江淮地區的大規模進攻，南宋政府被迫迎戰。但由於南宋政府畏虜之病深入骨髓，在有利的條件下沒有必勝的信心，致使雙方戰爭成膠著、拉鋸狀態。南宋政府採納了與蒙古聯合的建議，蒙古人對議和向來是作為向他請降來看待的。既然投降就必須在蒙古出征時助兵助糧，所以才會出現拖雷出兵宋境，借道東進，實現戰略大迂迴的情況。

金哀宗南逃蔡州後曾派人對南宋說過「唇亡齒寒自然之理」，但此時的金朝已滅亡在即，不可救藥，與金合作抗蒙已經不可能。比較可行的辦法是加強戰備、固守邊境、坐觀成敗。如果不顧大局，徒然為報昔日滅國之仇出兵合攻，既要勞民傷財，又會透露自身虛實，直到使自己處在直接與蒙古正面對峙的狀態，實在不可取。在蒙使提出聯合滅金的建議時，權相史彌遠、大將孟拱為迎合愚蠢的宋理宗想收復中原建功立業的錯誤想法，極力贊成出師助蒙攻蔡州，他們的目的實際上是為了和蒙古和好，防止蒙古興兵討伐南宋。他們幼稚地認為和蒙古和好後蒙古就會放棄伐宋，從而使南宋政權可以繼續偏安一隅。但是蒙古軍隊並沒有那麼仁慈，在滅金的當年就對宋軍發動攻擊，由此展開了長達四十三年之久的蒙宋戰爭。在百餘年前北宋政府聯金滅遼反被金滅的教訓尚且記憶尤新之時，南宋的愚帝蠢臣又一次重蹈覆轍，引狼入室，做出了齒助唇亡的荒謬決策。

一二三五年，窩闊台汗在答蘭答入思召集「忽里勒臺」並宣稱：「先可汗成吉思汗創業垂四十年，今河西、女真、高麗、回鶻諸國皆已臣服，唯宋人尚負隅敗盟。」遂議決出兵宋朝。從此雙方拉開四十多年的戰爭序幕。

一二三五年六月，窩闊台決定兵分三路南下：西路軍由窩闊台次子闊端與塔海率領入蜀；中路軍由窩闊台三子闊出與呼圖克等指揮直驅荊襄；東路軍由口溫不花與降將史天澤統領，挺進江淮。三軍自四川至淮河間向南宋展開了正面攻勢。

西路軍首先進入大散關，經過幾次戰鬥，拔除蜀邊的宋軍據點，十月，西路軍攻克成都，分軍對蜀地縱掠。一二三六年一月之間，包括成都、利州、潼州在內的五十四州皆被攻破，所存僅夔州及潼川、順慶府而已。不久，闊端除留塔海繼續攻掠四川外，自率主力於一二三六年底離開四川。

中路軍一二三六年元月指向襄樊，三月宋京湖制置使趙范向蒙古軍獻襄陽倉庫投降，蒙古軍不戰而得襄陽，此後隨、棗陽等地皆被攻佔。不久，闊端死於軍中，此時江陵宋將孟珙救援，蒙軍失敗。此後數年，荊襄戰場，除小規模戰役外無大戰可言。

東路軍於一二三五年七月進取唐州後，為掩護中路向江淮方向進攻，於次年十月才開始向江淮方向發動攻勢。首先佔領淮西固始縣，淮安宋將呂文信、杜林等率數萬軍隊投降。十一月，蒙軍急攻合肥不下。次年冬，蒙軍攻光州，另掠黃州，為孟珙擊退，遂攻安豐，又被迫退兵，宋淮右以安。一二三八年九月，察罕率兵再攻廬州，又為杜杲所敗，東路軍遂引兵北還。此次三路掠宋，並未有據而有之之意，蓋因金朝初滅北方統治未穩，加之蒙軍主力西征，因此掠宋之舉主要出於對南宋收復三京之舉的報復。

歐洲之末日審判：千年王國的陰影

窩闊台在位時繼承成吉思汗的遺志，發動了兩次大規模的西征，震驚了整個歐亞大陸，歐亞諸國的歷史記憶被改寫，他們牢牢記住了自己所遭受的磨難和那個草原帝國的豐功偉業。

綽兒馬罕西征平定叛亂　成吉思汗征服花剌子模國後，恢復了對河中地區的治理。汪古部人成帖木兒作為朮赤的代表統治著河中地區。在阿姆河以南地區，成吉思汗令諸子各留一部分軍隊受成帖木兒的指揮。由於蒙古人佔少數，無力予以控制，使社會秩序一片混亂。窩闊台即位時，整個地區的騷亂尚未平息，又發生了花剌子模國太子札蘭丁的復辟活動。

札蘭丁逃到北印度後，組織了一萬餘人的武裝力量，圖謀復興。但他一面遭到蒙古軍的追擊，一面又遭到當地人民的反對，在北印度沒有能建立牢固的根據地；另一方面傳來消息說，殘餘軍隊依然擁護自己，希望他能回到本土復興。由於這些原因，一二二三年札蘭丁離開北印度向伊朗東南部的馬克蘭進發。因氣候惡劣，許多軍卒死於途中，他只帶領所餘的一部分軍隊於一二二五年佔領亞塞拜然首府帖必力思。一二二六年三月向喬治亞進兵，佔領其首府提比里斯，札蘭丁在喬治亞境內進行了大肆燒掠。

窩闊台即位後，令綽兒馬罕率三萬軍隊去波斯，整頓社會秩序，征討札蘭丁。同時他又頒布了一道旨意，命成帖木兒為副統帥；諸地區的長官和八思哈❶親自出征，受綽兒馬罕指揮。據拉施特《史集》和志費尼《世界征服者史》記載，綽兒馬罕首先來到呼羅珊，對叛逆者進行鎮壓，其結果反而使呼羅珊呈現一片騷亂狀態。他攻佔一些地方，置八思哈鎮守，但另一些地方尚未俯首臣服。叛軍和突厥人在四方出現給百姓製造騷亂，同時亂民和暴徒佔了優勢，使一個已經平定和歸順的地區，在災害和動蕩下重陷混亂。

綽兒馬罕於一二三〇年末抵達亞塞拜然，札蘭丁聞訊後驚慌失措，於當日半夜蒙古軍襲來時獨自逃走。綽兒馬罕率軍繼續向伊拉克進軍，到達底格里斯河兩岸，因軍卒不能適應當地的炎熱氣候，又轉向高加索山南地區，進攻亞美尼亞和小亞細亞。一二四〇年，亞美尼亞國王到蒙古帝國政治中心和林都城拜見窩闊台大汗，窩闊台命其仍統領原故地。一二四一年，綽兒馬罕逝世，拜住那顏繼任其職。拜住上台後，主要用兵於小亞細亞、敘利亞、伊拉克。第二年蒙古軍攻下今土耳其中部的錫瓦斯城，塞爾柱王朝向蒙古軍求和，願納歲貢四十萬金幣；敘利亞北部的阿勒坡亦求和納貢。下半年，蒙古軍開始向巴格達邊境進襲，首先摧毀了可兒別剌城。報達城哈里發木思丹昔兒—必剌黑派遣粘思丁・阿兒思蘭—帖斤前去援助，蒙古軍得知後決定撤軍。但蒙古軍的侵襲，使阿拔斯王朝的哈里發非常吃驚，他動員全國人民進行聖戰，在報達城周圍修築溝渠、架起投石機，做好迎戰準備。蒙古軍在報達城周邊大肆搶掠燒殺，哈里發木思丹昔兒出報達城，召集貴族和平民誓死奮戰。最後，蒙古軍在以札馬剌・忽失帖木兒為統帥的哈里發軍隊打擊下敗退。

長子出征與欽察汗國的建立　一二三五年，窩闊台在和林召開了忽里勒臺大會，決定遣軍西征，以完成其父未竟之西征大業。蒙古西征軍由四系（朮赤、察合台、窩闊台、拖雷）諸宗室長子為統帥，總兵力約二十萬人左右，諸王以拔都為統帥，大將速不台任副統帥。故史稱「長子出征」。

一二三六年春，各部諸王沿著烏拉山的南端、裡海北側向西挺進。至伏爾加河下游草原地帶後，拔都召開首次作戰會議，透過分析敵情，認為首先必須排除保加爾和欽察兩大威脅，再集中全

---

❶是蒙古汗在被征服地區的代表。

力擊破俄羅斯，而後向中歐挺進。

一二三六年春，西征軍在比里阿耳首戰告捷，隨即進攻欽察。欽察諸部中的八赤蠻部落酋長十分勇敢，造成蒙軍損失重大。速不台氣憤至極，遣大軍壓境擊敗八赤蠻，活捉其妻，然八赤蠻卻逃入裡海中一個小島上。蒙哥率軍乘大風水淺涉渡，生擒八赤蠻，比里阿耳等部被征服。

是年冬，速不台率軍進攻保加爾，盡降其眾。次年春夏之交，蒙古西征軍陸續到達伏爾加河畔，並迅速渡到對岸，對欽察進行猛烈進攻，蒙哥消滅欽察一部，另一部西逃，餘眾投降。

一二三七年十二月，蒙古西征軍在當地人的引導下，分三路沿著頓河和北頓涅茨河攻入俄羅斯。一二三八年，大軍進逼莫斯科城，經五天激戰攻下了莫斯科，然後大軍又向公國首都弗拉基米爾方向進攻。大公尤里二世責令其二子留守都城，自己則撤至伏爾加河上游組織抵抗。拔都鑒於此種形勢，

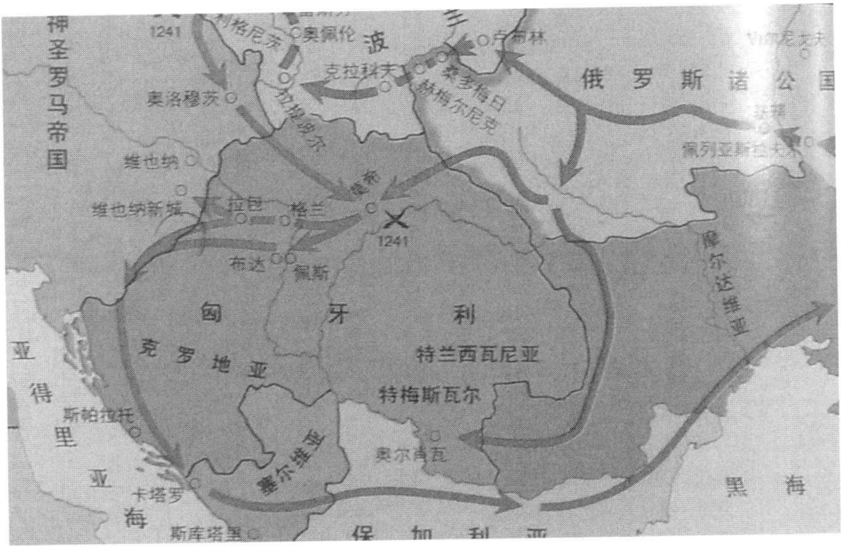

1237-1242年蒙古進攻歐洲圖

決定讓前鋒向北挺進，而由蒙哥率大軍猛攻弗拉基米爾城，六天後攻佔此城。不久，尤里大公在錫季河地區受到蒙古大軍的包圍，全部受殲。由於春天將至，冰雪融化對蒙軍作戰不利，故蒙軍及時做出決定：南下再次入侵欽察。欽察酋長霍都思罕逃入匈牙利，於是蒙軍所經之處無不紛紛獻城納款。

一二四〇年，蒙古軍經過休整後，決定再次西進。是年秋，蒙古軍連克兩城，直趨基輔，先遣使諭降遭拒絕，蒙古軍遂攻破其城，居民遭到屠殺。再西進至加利西亞，攻陷其都城弗拉基米爾－沃倫斯基城。然後再分軍二路，一路向南進攻加利奇；一路西北進攻霍爾姆。次年春，二城皆下。從此蒙古西征軍佔領了南俄羅斯全境，並集軍於加利西亞境內，休整後準備進攻波蘭和匈牙利。

一二四一年春，蒙軍分兵兩路，主力由拔都、速不合率領入侵匈牙利；另一路由拜答兒、兀良哈台率領入侵波蘭。一個月後，蒙軍大敗波蘭軍，乘勝南進。至波希米亞邊境遭到頑抗，蒙軍傷亡慘重，被迫退往匈牙利，與拔都軍會合。拔都所率主力三路入侵匈牙利，擊敗貝拉四世大軍，貝拉隻身逃走。夏秋之際，蒙古軍駐營多瑙河以東，分兵四掠。恰逢此時。窩闊台死訊傳至軍前，拔都由於內部汗位繼承問題而急於撤兵東還。歷時近七年之久的西征結束。

蒙軍在大敗波蘭軍的時候，德國諸侯震驚不已。在蒙軍進攻匈牙利，匈牙利國王遣使求援的時候，德皇因和教皇發生政教之爭難以分兵出援，只能派兵駐守邊境。蒙古騎兵在東歐縱橫馳騁，卻沒有遭到過激烈的抵抗，從而使歐洲人患上了「恐黃症」。在歐洲人眼中，蒙古人的到來預示著世界末日的來臨，上帝的世紀末審判即將開始，千年王國的領袖——魔鬼撒旦登基之日在即。這使很多歐洲人特別是教士們紛紛自殺，以逃避上帝的審判。蒙古西征所留下的可怕記憶後來為西方侵略者所利用，炮製出所謂「黃禍論」，至今陰魂未散。

蒙古人佔領匈牙利的時間頗短，但是俄羅斯南部草原和俄羅斯本土卻淪為蒙古人的藩屬長達幾個世紀。這些征服的受益者是拔都，他使其勢力伸到了黑海北邊位於伏爾加河河東的廣大地區。長子西征之後，拔都在欽察草原及其鄰近地區建立了一個大帝國，即欽察汗國（又稱作金帳汗國），它是蒙古帝國的四大汗國之一。這也可算是拔都西征的成果吧。

欽察汗國雖然是蒙古人佔統治地位，但其人數並不佔優勢，為了維護蒙古人的特權，拔都採取的是分而治之的政策。諸公國為了取得「全羅斯大公」的稱號而展開激烈爭奪，最終則全部聽命於欽察汗。但是這種做法在客觀上促進了分裂的羅斯公國逐漸走向統一。後來莫斯科公國的崛起在某種意義上講正是蒙古人統治結出的一顆碩果。如果沒有蒙古人居高臨下的統治，恐怕俄羅斯人在幾個世紀內仍不會走出自相爭鬥的泥潭。蒙古人的統治對俄羅斯民族的政治、經濟乃至民族心理都產生了重大影響。至今仍有人把俄羅斯落後於西歐的根源歸結於蒙古人的西征。

拖雷之死與窩闊台之死

拖雷的政治才能的確不如窩闊台，尤其在處理敵友關係和人事關係上，但軍事才能猶有過之，即使在成吉思汗時代也是很突出的。拖雷性子很剛烈，近乎殘暴。在西征中兵分三路，成吉思汗領一軍，拖雷獨領一軍，而他的三個哥哥卻是同領一軍，顯然在成吉思汗眼中，拖雷的軍事才能是在三個兄長之上的。拖雷在西征中很少吃敗仗，屢屢屠城，十分殘暴，但他剛毅果斷、鐵血無情的作風，卻是一名天才軍事家的特質。後來滅金之時使節為宋將殺害後，他橫掃川鄂，殘破無數城池，直打到十堰，進逼武當。如果不是窩闊台出於聯宋滅金的考慮命令拖雷停止進軍，天曉得他要打到什麼地方。

在討伐金朝的過程中，窩闊台得病後沒幾天便昏迷不醒人事，迷信者召巫師前來占卜。一天，窩闊台忽然睜開眼要水喝，又問巫師吉凶如何，巫師言道：可汗片得病癒，必須以親人代之。當時恰好拖雷來探病，請求代兄事神，巫師取來一碗施過咒語的水，拖雷飲畢立即死亡。拖雷之死，朝廷上下頗有議論，或言神祇顯靈，或言別有陰謀。史官記載此事時，一方面給拖雷之死蒙上一層神秘的色彩，一方面又都大肆渲染拖雷代死飲用咒水之事。

蒙古人極度迷信這一點是無庸置疑的。因此當時窩闊台病重而有透過巫咒之水來轉移病害，由其親人飲之代死的提議，道理上是說得通的。只是目前關於拖雷之死的爭議，主要在於拖雷當時飲下的所謂「巫覡祓除釁滌之水」到底是不是窩闊台乘機在其中下了毒，還是真的只是水質不乾淨導致拖雷死亡。

蒙古的巫師是怎麼做法我是不得而知的，不知道在與蒙古有關的史料中可否找到一些相關的記載？所謂「巫覡祓除釁滌

拖雷及其家人

之水」會比較髒是大有可能的。如有些做法是把燒衣紙後剩下的灰燼用水兌開了喝，燒的過程中如果含有雜質，經過氧化作用形成可溶於水的有毒物質，那當然是有可能讓人生病而致死的。另一方面，即使沒有什麼有毒物質，這樣的水含菌量想必也比一般的飲用水要高。拖雷長年馳騁戰場，體質當然是健壯的，但如果當時他本人也有點什麼傷風感冒的小病在身，身體的抵抗力下降，喝下不衛生的水而致死亦非奇事。對病學有所了解的人都會知道，越是平日不多病的體壯如牛之人，一旦病起來很容易就「一次玩完」，可能是因為平時少病而導致身體的免疫系統比較弱，免疫力缺乏多樣性。

另外西方的史書所載，卻是指拖雷死於飲酒過度而致的酒精中毒。蒙古人酗酒的情況很厲害，這是事實。這估計是因為大漠的苦寒天氣造就的民族性格，如現在的俄羅斯人酗酒之厲害也是舉世知名的。酗酒過多而導致突然發生酒精中毒而暴斃的情況，在醫學上也並非少見。蒙古上層貴族中似乎不少人都是這樣死的。當然，說一千道一萬，最大的疑問仍然是為什麼會這麼巧？怎麼會剛好就在這個時候拖雷暴斃？更由於聯繫到後來拖雷的後人奪權成功，也就更令史家不願相信這是意外，而容易入信於「謀殺論」，認為是人為的刻意安排。在拖雷死之前，最有可能說明拖雷有奪權之心的事件，就是上面詳細分析的拖雷監國達兩年之久才召開選舉大汗的忽里勒臺大會，而且大會持續了四十天之後才能達成共識。這讓人們很難相信手握重兵又有監國之權的拖雷不會對汗位有所覬覦，而且他的後代也是這麼做的。

另一方面，拖雷的死亡也許是歸於功高震主之禍，滅金之戰是他軍事生涯的顛峰。在三峰山一役，他獨自殲滅金國主力二十萬，當時的金國名將幾乎無一倖免。就是金軍被困三峰山，大勢將定的時候，有謀士勸說拖雷讓他緩兵一時，待窩闊台大軍來了之後再進攻，意思就是讓他把大功讓給皇帝，但拖雷出於兵法家的考慮，認為軍機不可懈怠，決意及時進攻全殲金軍，完成了成吉思汗滅金的遺願。當時蒙古人對金國的痛恨是難以想像的，所以滅金的意義對窩闊台來說遠遠勝過任何一次西征。窩闊台趕來後口頭認為拖雷的做法很對，但心裡卻十分不舒服甚至畏懼。

也許就是在這種背景之下巫師與窩闊台合作演了一齣戲，暗中在咒水中放了毒藥。拖雷飲咒水時沒有絲毫防備，幾天後中毒死去。拖雷死後窩闊台封鎖消息，直到返回蒙古草原後才予以宣布，這種舉動只能說明他心裡有鬼。拖雷臨死前說的幾句話無異於乞求窩闊台手下留情，不要再加害他的妻兒。窩闊台之所以利用薩滿巫師來毒殺拖雷，目的在於當時蒙古人都迷信薩滿教，不會懷疑他的死因。反之，如果窩闊台公開找藉口除掉拖雷，在當時拖雷新立大功，聲望正隆的時刻勢必招致譴責和反對，甚至有人會藉機發動武裝叛亂。窩闊台指使身邊的人在拖雷死後大肆宣傳拖雷為兄長獻身的精神，實際上是為了堵住眾人之口，也為了平息拖雷系的不滿情緒。以上的多種說法只是我們根據各種情況所做的分析和推測，畢竟沒有可靠的證據。要找可靠的證據大概只能等考古工作者在拖雷的封地內找到他的墓地時對他身體遺留的頭髮、指甲之類進行化驗了。

拖雷之死並沒有就這樣結束，他的妻子該登場了。拖雷的妻子唆魯禾帖尼是一位非常聰明幹練的女性，志費尼曾稱讚她說：「如果女人都像她，那女人就賽過了男子漢。」在她聽到拖雷的死訊後曾哭鬧道：「我那心上人，他為何犧牲自己？他為誰而死？」可見她是懷疑拖雷真正的死因。但是這位能幹的女性並沒有就此罷休，她苦心撫育四個兒子長大成人，並且留意收攬人心。她經常請客送禮、犒勞軍士，贏得了各方面的愛戴，使人心都歸向於她。窩闊台為控制拖雷一系，曾按照蒙古收繼婚的風俗，建議唆魯禾帖尼下嫁自己的兒子貴由，被她婉言拒絕。又一次，窩闊台擅自把拖雷屬下的三千戶軍士賜給自己的兒子闊端，拖雷部將領憤憤不平，紛紛要求唆魯禾帖尼向窩闊台要回這三千戶軍士。唆魯禾帖尼安撫他們說：「我們無所短缺，軍隊和我等都屬於大汗，大汗的職責是發布命令，我們必須服從。」眾人聽後默然作罷。她這麼處理使闊端大為感激，窩闊台弄巧成拙，未能削弱拖雷系的力量，反而把兒子推到敵方陣營去了，使拖雷系如虎添翼。面對這位聰明的弟媳，窩闊台只得放棄了削弱拖雷系力量的打算。

但是面對窩闊台毒殺自己丈夫的行為，唆魯禾帖尼是不會善罷甘休的。有種種跡象表明，窩闊台也是被唆魯禾帖尼以牙還牙，投毒致死的。

唆魯禾帖尼有個姐妹叫亦八哈，她的兒子是個廚師。按照唆魯禾帖尼的安排，亦八哈每年都要帶著兒子從她的駐地前去侍候窩闊台，為他安排宴席並在席間為他斟酒。在窩闊台即位後的第十三個年頭（一二四一），亦八哈像往年一樣攜子來充當窩闊台的上酒人，夜裡窩闊台因為酗酒過度而在睡夢中死去。到凌晨時，他的妃子、大臣都指控亦八哈和她的兒子，肯定在酒中下毒毒死了大汗。可窩闊台的族兄弟按赤台卻說：「這是什麼蠢話？亦八哈的兒子是上酒的寶兒赤（**廚師**），台罕（**指窩闊台**）則經常酗酒。為何我們要誹謗台罕，稱他死於他人之手？他的大限已到，不要再說這些話。」於是人們這才解除了疑慮。

雖然關於窩闊台的死因大多數史料都稱他是飲酒過度而死，但我們確實無法排除唆魯禾帖尼故意讓亦八哈的兒子長期潛伏，在得到窩闊台的充分信任後再下毒的可能性。歐洲使者也有傳言窩闊台是死於非命，這至少說明窩闊台系的大臣中有人懷疑窩闊台是被拖雷系的人毒死的。按赤台不准當時的妃子大臣懷疑，一是在於無證據，二來他大概清楚拖雷的死因，窩闊台被人以其人之道還治其人之身也算是報應。如果再追根究柢，二系冤冤相報，黃金家族勢必會嚴重內亂。為蒙古國的大計，既然窩闊台已死，那就一切都掩蓋掉算了。

雖說窩闊台被人害死的輿論也就逐漸銷聲匿跡了，但之後窩闊台系與拖雷系的鬥爭卻越演越烈。不過因為拖雷一系的兵力很強，而且拖雷在政治上比較恬淡，與兄長爭鬥較少，最後其後代蒙哥得到了拔都的支持成為了大汗，阿里不哥、忽必烈亦然。窩闊台一系的失敗，還是在於他本系兵力不夠，而且得不到朮赤系的支持。而且這時的大汗，仍帶有舊時部落聯盟共主的性質，諸王各承產業，據有自己的軍隊，大汗除代表整個黃金家族的共同利益、掌理汗廷朝政之外，凡屬征伐、審讞皇族成員等大事，都必須由忽里勒臺經諸王共商決議。諸王的私產，大汗無權支配。因此窩闊台在軍隊上，除了他從父親那裡承繼來的四個千戶外，對於其他諸王所有的蒙古軍也只是根據已存在的習慣，按照他的命令參加出征。戰事一結束，軍隊就散歸原屬，窩闊台對於蒙古國的軍隊只擁有徵調權而沒有領屬權。成吉思汗的四個兒子中，拖雷系和朮赤系的兵力最強，後來的蒙古內戰主要是這兩系和窩闊台、察合台系的戰爭，打得很慘烈。蒙古的君權之爭一直很有問題，蒙古衰落的直接根源正在於此，這也許是成吉思汗沒有預料到的吧！

窩闊台小檔案

姓名：孛兒只斤・窩闊台

出生：一一八六年

卒年：一二四一年

享年：五十六歲

在位時間：一二二九～一二四一年

諡號：英文皇帝

廟號：太宗

父親：成吉思汗鐵木真

母親：弘吉剌氏　光獻皇后

最自豪：攻滅金朝

最遺憾：因私人恩怨謀害忠良

最鬱悶：部落間不和

最擅長：文治天下

元定宗貴由

貴由，窩闊台並不十分寵愛的長子，一二四六年他登上汗位，在位三年（一二四六～一二四八年），使此前的汗位之爭暫時停止。但他在短暫統治的時間內推行強硬政策，消除異己勢力，卻樹立了更多的異己勢力；失烈門、闊端爭位不成，使窩闊台系內部產生裂痕；改立也速蒙哥，使察合台舊主哈剌旭烈產生不滿；出征拔都，造成貴由死後拔都恃強推舉蒙哥。這一切都為以後的汗位爭奪留下隱患，為拖雷系從窩闊台系手中奪走汗位準備了條件。也難怪在明朝修訂的《元史》中，他沒有單獨的本紀，而是附於其父太宗的本紀之後。雖號為定宗，其實他死後的蒙古帝國，並不太平安定。

脫列哥那稱制

按照蒙古的習俗，在大汗死後至他的後繼者經過忽里勒臺大會推舉就任之前，這段王位虛懸時間內由前王的未亡人來攝政。太宗窩闊台汗生前立有六個可敦（皇后），分守四個斡耳朵（宮帳）。他死後，按照傳統先例應由大皇后孛剌合真可敦繼守大斡耳朵，發號施令，召集百姓。不料太宗死後之次年，即一二四二年春，大皇后也隨之死去，於是六皇后脫列哥那可敦繼守大斡耳朵，稱制攝政。

太宗六皇后名脫列哥那，乃馬真氏，原本是蔑兒乞部首領忽都的妻子，成吉思汗消滅此部後將她賜給窩闊台為妻。脫列哥那在太宗在世時並不受寵愛，她之所以能在大皇后死後取而代之，主要在於她善用巧妙手段爭取人心，特別是贏得察合台的支持。察合台是當時成吉思汗諸子中唯一仍在世的嫡子，他的話具有公認的權威性。他認為脫列哥那是「有權繼承汗位的王子之母」，在召開忽里勒臺選汗大會之前，「正是她應指導朝政」。在脫列哥那暫時攝政後不久，察合台也病死了。

脫列哥那稱制後的首要任務是依照先汗的遺命召開忽里勒臺大會，選出新的汗位繼承人。太宗生前常有旨，將汗位傳給他所鍾愛的第三子闊出，未料闊出於一二三六年早死，於是他只好決定以闊出之子、皇孫

元定宗貴由

失烈門為汗位繼承人。脫列哥那臨朝，亟欲推翻窩闊台「以失烈門為嗣」的這一遺詔，準備改立自己的親生兒子貴由。這樣，汗位繼承上的矛盾更加複雜化。

首先，她的這一做法在黃金家族內部遭到反對。貴由是太宗的長子，他與拔都在征服欽察等部時，在一次宴席上曾經公開發生衝突，積怨甚深，所以拔都對改立貴由持反對態度。太宗第二子闊端，經略河西有功，也想要爭取汗位，只是因為身體羸弱難以如願，暫取中立態度，也對立貴由不表支持。

而這時，成吉思汗的幼弟鐵木哥斡赤斤趁太宗死後，率領左翼大軍前來報復舊怨，要求歸還被太宗生前刮取走的左翼部落人口。當左翼大軍往和林進發時，朝廷一片騷動，有人提議西遷避敵。在這緊急關頭，脫列哥那採納了耶律楚材的意見，耶律楚材說：「朝廷乃天下根本，根本一搖，天下將亂。」根據這一見解，脫列哥那派遣急使去詢問斡赤斤這次帶著軍隊、糧食和裝備出動的用意，並轉告他說：「我是你的侄媳，對你存有期望，一切問題都好說。」脫列哥那問明他的來意後善加安撫，及時歸還了被太宗掠奪的人口。斡赤斤的要求得到滿足，他於是改口說他是為奔喪而來，隨即引兵退去，就此使得一場風波遂告平息。

蒙古男式服裝

善於籠絡人心的脫列哥那，在抓緊時機爭取宗王、貴族對她支持的同時，也不放過對朝中大臣的拉攏。一二四三年，脫列哥那首先就儲嗣問題徵求耶律楚材的意見，精明的耶律楚材無意介入皇室之間的糾紛，並沒有直接表態。當時朝中外姓大臣為避免在汗位紛爭中惹來殺身之禍，多採取觀望態度，有的甚至自找門路離開朝廷，尋找其他勢力的庇護。如先朝重臣鎮海，這時便離開他擔任的中書右丞相的崗位，前去投靠在汗位爭奪中持中立態度的闊端。朝中大臣的進退，反映了這場汗位爭奪的激烈程度。

脫列哥那在爭取到鐵木哥斡赤斤等東部諸王和闊端的支持後，於一二四六年春召開忽里勒臺大會議立新汗。各路宗王、大臣全都遵命帶著部屬和侍從們趕來赴會，連漢地、西域、中亞等地也派了達官貴人和使臣前來參加。只有拔都大王例外，他藉口身體不好和腿病不肯前來赴會，僅派他的幾個兄弟出席。這次大會推翻了太宗的遺詔，認為失烈門尚未成年，不是治理國家的合適人選。貴由有參加西征的經歷，又是太宗長子，繼承汗位也是順理成章之事。脫列哥那之所以能夠實現改立貴由的意圖，在於當時客觀形勢對她十分有利。拔都雖然反對貴由繼位，但他的封地遠在帝國西陲，在脫列哥那控制汗廷的情況下，他也無法影響和改變汗廷局勢。托雷系在窩闊台統治時期雖曾多次與大汗發生利益衝突，但沒有其他強大實力支持，也難以奪取窩闊台系的汗位。至於其他親王，只要不危害他們的利益，無論由窩闊台的哪一個子孫繼位，他們都隨聲附和。這樣，貴由終於在一二四六年八月二十四日即帝位，貴由為籠絡人心，大賞眾人，諸王的隨從人員也意外地得到賞賜。貴由為了使自己的賞賜超過他父親當選大汗時的賞賜，特意購入七萬巴里失（**貨幣單位**）的貨物，左右覺得運載這批貨物時太艱苦了，勸貴由存入倉庫裡自用，貴由堅持把它全部賞給了臣下。凡是參加了忽里勒臺的人，包括服務人員都得到賞賜，但因貨物太多，依然沒有賞完，貴由索性下令讓眾人自己來取，想拿多少就拿多少。

脫列哥那自一二四二年春開始攝政，至一二四六年秋貴由即位，期間約有四年又四、五個月之久。貴由即位後「朝政猶出於六皇后」，她繼續參與朝政。直到脫列哥那去世前又有一年又六個月以上的時間，貴由汗實際在位一年又九個月。在脫列哥那稱制攝政前後的近六年裡，為了爭取人心，她沒有必要也沒有可能從事統治制度的改革和人事上的大調整。她繼續信用太宗朝的一些老臣，如代表漢人利益的耶律楚材仍在朝廷主管漢文文書和漢地公務；在窩闊台時以撲買中原賦稅而遭到耶律楚材反對的西域人奧都剌合蠻，繼續充任提領諸路課稅所長官；畏兀兒人鎮海返回朝廷後仍拜中書右丞相；一個自幼被蒙古軍俘養的漢人劉敏，擔任了主管漢地政事的燕京行尚書省長官。正像志費尼所說因為「外姓和親屬、家人和軍隊都傾向於她，順從她和愉快地聽她的吩咐和指令，而且接受她的統治」，所以大臣們「如以往一樣繼續擔任他們的職務，四方的長官也留在他們的位置上」。

脫列哥那作為蒙古帝國歷史上第一位稱制攝政的皇后，在皇族政治鬥爭中施展了非凡的才幹。她不僅在窩闊台去世後成功地控制了朝政，而且還按著她的意願順利地將貴由扶上汗位。脫列哥那的稱制，首開了蒙元時代皇后干政的先例，從此以後，皇后直接影響皇帝的人選甚至指立皇帝的事件層出不窮，這在中國歷代王朝中也是僅見的。

脫列哥那稱制正值蒙古帝國的窩闊台和察合台於同年相繼去世之後。當時蒙古帝國的四個主要部分中有兩個部分突然失去了君主，從而使得成吉思汗的所有繼承人，都在不同程度上捲入了皇族的政治鬥爭。在這種形勢下，不管是什麼人執政都難以挽回帝國的離心傾向。而脫列哥那在執政期間，為了爭取宗親、大臣的支持不斷滿足他們的利益和要求，甚至容忍他們的不法行為，這樣更難保證帝國事業沿著太宗時的軌道繼續下去。所以《元史》的作者評論說，自壬寅（一二四二）脫列哥那執政以來「法度不一，內外離心，而太宗之政衰矣」，這個結論應該說是有一定道理的。但若持封建男權觀念把所有的原因歸結到脫列哥那這個女人專政上，那就有失公允了。其實反而是貴由種種不適時宜的政策激化了蒙古帝國的分裂，窩闊台系因而喪失了汗位。

貴由奪權　樹立權威

被脫列哥那后扶上大汗寶座的貴由絕非聽人擺布的懦弱之輩，他素以執法嚴峻可畏而聞名。以他的個性是絕不會坐視母后的繼續干政，絕不會容忍諸王的違法行為而袖手旁觀。因此貴由即位伊始，必然採取強硬手段來掃除一切有礙他親政和樹立大汗權威的因素。

但貴由執政後，太后與汗王之間的矛盾逐漸顯現。貴由為了執掌大權首先取消了在脫列哥那攝政時諸王濫發的賦稅豁免令。然後他追認窩闊台時發布的一切法令，並將窩闊台在位時頒布的文件全部重新簽署生效。因為爭奪權力，貴由開始和母后脫列哥那發生磨擦。為收回掌握在母后手中的權力，貴由決定首先除掉太后的親信法迪瑪。

處決女巫法迪瑪，是貴由汗推行強硬政策的第一個行動。法迪瑪原是波斯的一名女巫，被俘後來到哈拉和林，太宗在位時便開始接近脫列哥那。脫列哥那攝政時，法迪瑪一變而為「機密的參與者，秘務的知情人」。她在太后攝政期間「權勢傾朝」、「任意發號施令」，她的行為早就為大臣們不能容忍。貴由汗即位後，她被告以砸木蠱害闊端。為了平民憤及廓清親政道路上的障礙，他決心藉機除掉脫列哥那倚為得力助手的法迪瑪。但是脫列哥那庇護法迪瑪，貴由多次遣使向脫列哥那索取法迪瑪均遭到拒絕，為此母子關係變得十分緊張。這時恰好王弟闊端生病，於是貴由暗中指使失刺狀告法蒂瑪用巫蠱之術加害闊端。失刺原來是阿拉伯哈里發阿里的後人，對法迪瑪很了解，他的揭發使法迪瑪無法為自己辯解。闊端原本體弱多病，不久病勢加重，終於不治而死。貴由藉機逼著母親交出法迪瑪，脫列哥那無可奈何，只得被迫將法迪瑪交給貴由處置，貴由汗堅持將法迪瑪處死了。在法迪瑪伏法以後，脫列哥那因為權力漸失又遭兒子厭棄，不久抑鬱而死。於是貴由汗便從他母親手中奪回了最高權力，他更可以放手地推行他的強硬政策了。

貴由接著嚴厲追究諸王違法事件，藉以約束諸王的行動以維繫汗廷的權威。窩闊台死後，諸王各自為政，擅自在轄境濫發敕令和牌符給各種人及一些違法的行為。這些行為在貴由繼位後依然存在，甚至有愈演愈烈之勢。制止這些不法行為，不僅有助於緩解民困，而且能夠樹立起法治和大汗的尊嚴。為此貴由嚴厲追究了那些犯有違法行為的諸王，迫使他們低頭認錯。在此基礎上，頒布了一項法令：窩闊台之律文不准任意損益增刪。

在以嚴厲執法手段安頓好汗廷的內部事務之後，貴由準備著手處理與汗廷有關的外部事務了。在這方面，他明顯地表現出輕視東方、偏重西方的傾向。在他短暫的執政期內，對東方的行動體現在兩個方面：一是以高麗歲貢不入為藉口，於一二四七年遣軍攻至江華島西北，一二四八年繼續遣兵侵入高麗北界。二是針對南宋，於一二四六年遣軍「分四道入蜀」，派萬戶史權等「耀兵淮南」，圍攻黃州。如果說對東邊的政策僅是稍稍告誡的話，貴由汗在西方的行動則帶有強烈樹立汗威的意圖。

蒙古武士俑

貴由汗攻擊察合台汗國並剝奪了其繼承人的權力。在以往的汗位爭奪中，察合台系諸王一直是窩闊台系諸王的忠實盟友，但這種親密的關係在窩闊台統治時期出現了裂痕。河中地區名義上是察合台汗國的領地，但卻是作為黃金家族的共同財產而由蒙古朝廷直接派員治理。察合台一直夢想將這塊肥沃的土地納入自己的統轄範圍。一次，他擅自任命了一個官員為河中一個郡的長官，河中地區長官牙剌瓦赤把此事報告給窩闊台，窩闊台嚴厲斥責了察合台的越軌行為，察合台被迫認錯。為了緩和兄弟間的緊張關係，窩闊台也做出了讓步，把那個郡贈送給了察合台。雖然這件事得到妥善處理，但察合台系諸王和窩闊台系諸王之間的關係已不像原來那麼親密無間了。

察合台生前雖然曾經支持脫列哥那繼守大斡耳朵，為貴由汗的登基創造了先決條件。但是在察合台死後，察合台系的某些宗王在派系鬥爭和好戰精神方面表現得最為激烈，這就不能不在貴由汗與察合台汗國之間撒下了長遠災禍的種籽。本來察合台臨終時，自遺命由他的孫子哈剌旭烈繼承汗位。但是貴由汗即位後卻不承認這個任命。他認為「有子怎能讓孫子當繼承人？」於是廢除哈剌旭烈的繼承權，另行冊命察合台的嗣子也速蒙哥為法定君主。他的這一做法，主要是想使他的侄兒、太宗皇孫失烈門失去奪權的藉口，同時也藉機消除了對自己有威脅的某些察合台系宗王的好戰因素。貴由汗在剝奪察合台汗國繼承人的權力後，硬把汗國交給「一個無用的浪子」也速蒙哥統治，結果使得整個汗國一度騷亂不安。察合台汗國易主，為貴由出兵攻打藐視大汗權威的拔都提供了跳板。但貴由此舉使察合台系諸王由此分裂，嚴重削弱了窩闊台、察合台兩系同盟的力量。哈剌旭烈等人為報復貴由轉而投入朮赤、拖雷系的陣營，給日後的汗位爭奪戰帶來嚴重影響。可以說，貴由的這一重大失誤已經注定了窩闊台系諸王掌握大汗權力的終結。

貴由之死

拔都，朮赤次子。因為長兄斡兒答自己覺得在智慧、才幹上都不如二弟，所以主動避讓，凡事以拔都為先。朮赤死後，拔都繼承了朮赤的全部領地和財產。在進行第二次西征時，拔都作為長兄，理所當然地做了西征軍的統帥，察合台、窩闊台、拖雷的子孫們隨從西征。長輩們之間的仇恨，在這些成吉思汗家族的第三代子孫繼承了下來。在西征進行過程中，拔都和貴由曾發生了一次激烈的衝突。

在欽察草原進行的一次宴會上，身為統帥的拔都自以為年長，所以先喝了酒，貴由認為這是把他看成低一等的人。貴由指責拔都是帶弓箭的婦人，有的王子甚至公然辱罵他們的伯父拔都是有髦的婦人，並用腳後跟順勢把拔都踢翻了。大將野里知吉帶的兒子台兒合孫也跟在貴由之後為虎作倀，聲言要給拔都帶個木尾巴。後來，貴由擅自離開了西征隊伍返回了蒙古，拔都把這種擅自離隊和對他的辱罵行為報告給叔父窩闊台。窩闊台對兒子貴由這種不顧大體的行為非常惱怒，決定把他流放到邊遠之地來為拔都出氣。但是窩闊台這麼做並不是出於真心，他只是為了避免事態擴大使自己處於不利地位才被迫使出苦肉計。所以在有人求情後他馬上順水推舟，改流放為口頭警告，責令他回到西征軍中向堂兄拔都道歉。台兒合孫以普通一員將官竟敢公然辱罵親王，理應當處斬，但窩闊台藉口若殺了他，人必說我偏心不予處置，責令同貴由一起回西征軍中效力，實際上等於救了他一條命。既然大汗都赦免了他，拔都自然沒理由再殺他。

拔都對於窩闊台這種陽奉陰違的表現大為不滿，也就更加忌恨貴由等人，兄弟之間從此結下深仇大恨。窩闊台死後，準備召開忽里勒臺選舉新大汗，拔都因為對窩闊台很不滿，藉口自己患病無法參加，而是集中精力管理自己的金帳汗國，做與窩闊台系控制的蒙古中央決裂的準備。因為他是長兄，長兄不到會，忽里勒臺根本無法召開，致使選汗工作屢次延遲。當拔都得知忽里勒臺準備選貴由為大汗的消息時非常生氣，更為堅決地拒絕回和林參加。拔都不回和林的另一個原因恐怕是擔心貴由等人乘他人單力孤之時暗害他，所以他只是讓自己的弟弟們趕去參加忽里勒臺，以便觀察形勢發展，他自己則緩慢向東行進。

大將速不台不願看到黃金家族骨肉相殘，極力想彌合他們之間的矛盾。他主動晉見拔都，請求拔都出席忽里勒臺，但是拔都仍未被說服，最後速不台只得一個人回到蒙古參加忽里勒臺。拔都的敵對態度，使貴由對他更為怨恨和疑懼。為防止可能發生的政變，貴由要求向他致敬的諸王發誓保證以後把汗位永遠保留在他的家族內。這還不夠，後來他又採取了進一步的行動。

貴由繼位後的第二年，即一二四七年，任命野里知吉帶為征西軍統帥，並下令從駐紮在伊朗地區的軍隊中每十人簽發二人參加遠征。同時還將經略台迷、谷兒只（喬治亞）、阿勒坡等地的全權交給野里知吉，不讓任何人干預這件事。自蒙古國建立以來除木華黎以外，再沒有第二個人擁有這樣大的權力。對於這樣的異常行動，有的史家認為這其實正是野里知吉奉有貴由密命的證明，他顯然是去逮捕拔都派駐在高加索地區的將領的。

就在一二四七年秋天，貴由汗「西巡」。一二四八年新年，他藉口他的封地葉密立的空氣和水土適合他養病，於是從駐地起程親率大軍浩浩蕩蕩地向西域諸城進發。拖雷之妻唆魯禾帖尼見他倉促出行別有用心，暗中遣使密告拔都，通報貴由已率大軍向彼方推進，可能不懷好意，要他做好迎戰準備。拖雷之妻疑心貴由西巡的真正意圖是去攻打拔都不無依據，不僅在西方史書上有所記載，就是在漢文史籍中也透露了「定宗皇帝征把禿（即拔都）」的消息。另外，傳教士喀爾平尼也曾聽到拔都率軍東進反對貴由的消息。種種跡象表明貴由此舉來意不善，而拔部也早有防備，兩軍相遇必有一番較量。

但是，一二四八年三月貴由卻突然在途中死於橫相乙兒之地（今新疆青河縣南），當時拔都正打著旗號，由他的駐地率大軍向東進發，準備去見貴由汗。他是在一處叫阿剌合只的地方聞其死訊的，該地距離貴由死地只有十天左右的路程。據一個後來曾經進入過貴由汗斡耳朵所在地的西方教士盧布魯克在他的《東行記》中記載，他聽到關於貴由的死因有兩種謠傳：一說貴由係吃毒藥而死的，「據估計投藥者是拔都的間諜」；另一說是拔都聽說貴由要他「表示臣服」而感到很害怕，便派他的兄弟司提堪前去見面，二人在喝酒時發生爭吵，結果互相把對方殺死。但每種說法都缺乏充分的證據，至今仍各持己見，莫衷一是。

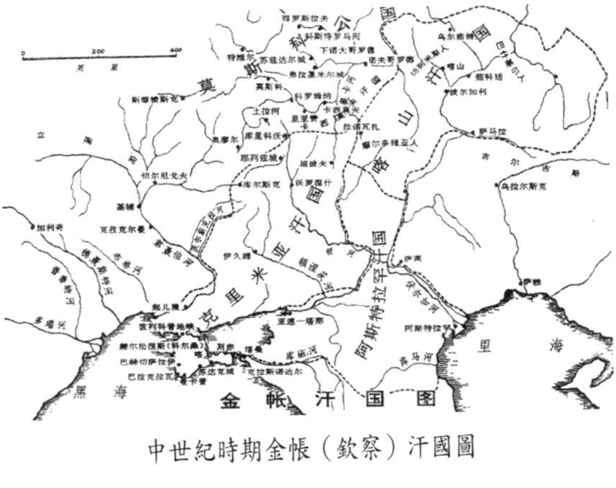

中世紀時期金帳（欽察）汗國圖

貴由小檔案

姓名：孛兒只斤・貴由

出生：一二〇六年

卒年：一二四八年

享年：四十三歲

在位時間：一二四六～一二四八年

諡號：簡平皇帝

廟號：定宗

父親：窩闊台

母親：乃馬真氏

最自豪：樹立汗威

最遺憾：死得不明不白

最鬱悶：異己勢力層出不窮

最擅長：強權政治

元憲宗蒙哥

蒙哥，拖雷長子。一二五一年，代表拖雷系從窩闊台系手中奪得了汗位。在位九年，是為憲宗。史稱蒙哥「剛明雄毅，沉斷而寡言，不樂燕飲，不好侈靡」，「凡有詔旨，必親起草，更易數四，然後行之」。「下令鳩括符璽，督察郵傳，遣使四出，究核徭賦，以來民瘼，汙吏濫官，黜責殆遍，其願治之心亦切也」。

但他固守蒙古舊制，不願變通。而任用管理漢地的主要官員仍然是貪殘之徒，又由於與忽必烈的利益衝突，撤銷了行之有效的幾個地方的改革，致使漢地的治理狀況未能改善。而他長期圍困合州，不知變更戰略，也是他軍事上的一大失策，更使自己葬身於一心想征服的南宋疆土之上。

輕鬆的政變

貴由一死，其遺孀烏兀兒黑迷失正式宣布攝政。黑迷失很想把王位傳給窩闊台系的一位王子，要麼是貴由的侄兒失烈門，或者最好是傳給她與貴由所生、當時還很年幼的忽察。但是作為成吉思汗家族之首的拔都在這些事情上起了主導作用，他決定排除窩闊台系。更準確地說，他與拖雷的遺孀唆魯禾帖尼聯合起來，在唆魯禾帖尼看來她家族的轉機來到了。她可以說服拔都提名她與拖雷所生的長子蒙哥為大汗。因此，大約於一二五〇年在伊塞克湖以北、拔都的阿拉喀馬克營地為此目的召開了忽里勒臺。

與會諸王初以拔都年長推舉他嗣位，拔都執意不從，因為他當時反對貴由，除個人宿怨因素外，更主要的還是為了保護自己在西方的汗國利益。與其去爭一個沒有實力基礎的大汗寶座，不如推舉一個能夠保護自己汗國利益的嗣君，而這個人選以拖雷系的長子蒙哥最為合適。在拔都看來，蒙哥不僅具有一個汗所必須擁有的秉賦和才能，戰功卓著、才智出眾，在窩闊台系和其他宗王眼中都受到最充分的尊重，而且他是手握重兵的拖雷系代表。成吉思汗死後，軍隊都交給拖雷，在十二萬九千人的帝國精銳軍中，拖雷領兵十一萬一千人，而且蒙古本土與東方領地也由他掌握。因此推舉蒙哥繼位，便可以實現由地廣人眾兵多、實力最強的拖雷、朮赤兩系諸王分據東、西帝國的計劃。會上拔都推舉和強加於大會的人選正是蒙哥。

然而，投票贊成蒙哥的只有朮赤和拖雷家族的代表。正如巴托爾德所指出的那樣，窩闊台和察合台家族的代表們或者是未出席這次集會，或者是在選舉前就離開了阿拉喀馬克。當他們得知蒙哥的提名後，他們拒絕承認這次選舉，理由是這次集會的地方是在遠離成吉思汗的聖地召開的，無論如何參加的人數很不充足。因此，拔都決定在斡難河或者怯綠連河畔的原蒙古聖地上再召集一次有更多人出席的忽里勒臺。

當蒙哥被議立為汗後，被西方史家稱為「世上最聰明的女人」的拖雷遺孀唆魯禾帖尼更是「用各種厚禮和恩惠來與百姓交往，使用種種手腕爭取族人和親友」。對於那些持觀望態度的人，她「送去友情和有益的忠告」。她恩威並濟，「時而誘導他們，時而加以威脅和恐嚇」，希望他們可以受到安撫和調解的約束，從傲慢和疏忽的睡夢中猛醒。經過一系列爭取說服，除失烈門、忽察、腦忽等諸王外，成吉思汗家族中的大多數人都同意參加在蒙古本土舉行的忽里勒臺，共推蒙哥為繼任大汗。

元憲宗蒙哥

拔都邀請窩闊台和察合台家族的成員們參加，當然他的邀請遭到了拒絕。不顧他們的反對，拔都委託他的弟弟別兒哥重新召集了一次忽里勒臺。一二五一年七月一日，東、西方諸王及大將聚會於斡難河的曲雕阿蘭大斡耳朵。在這次忽里勒臺大會上，諸王、大臣、將帥承認拔都主持召開大會議定的汗位繼承人，共舉蒙哥為大汗。蒙哥登臨大位後，按照傳統儀式設宴慶賀。這次政變相對而言是輕易地獲得了成功，其原因由以下事實可以說明：蒙哥是強者的典型，與他相比，正統的窩闊台諸王們既年幼又不受尊重。此外拔都作為成吉思汗家族的長者和長子之首，在王位空缺期間居於一種行使獨裁權力的地位。然而窩闊台家族被趕下王位和拖雷家族獲勝是對正統性的侵犯，主要受害者不可能不進行任何反抗就接受它。蒙哥繼位的宴飲作樂整整進行了七天，正當宴飲達到高潮時，失烈門、腦忽和也孫脫三王合謀，以慶賀為名帶著兵士和武器前來奔襲，不料為蒙哥部下的鷹夫克薛杰發現，並向蒙哥報告。蒙哥即命忙哥撒兒率兵出迎，一舉挫敗了蒙古皇族鬥爭的政變陰謀——三王謀叛事件。至此帝國的統治權最終從窩闊台家族轉歸拖雷家族。

蒙古帝國大汗之位在幾經周折後終於落入拖雷一系的手中。圍繞著王朝最高權力的競爭向來是封建國家政治鬥爭中的主要部分，但是像蒙古帝國這樣，每一次汗位交接都要經過一番勾心鬥角乃至刀劍相見的現象卻是絕無僅有的。歸根結柢，造成這種現象的主要原因還是成吉思汗，儘管他曾經大刀闊斧地對舊制度進行改造，但他始終也未能果斷地、徹底地撇棄舊制度、舊傳統，幾項直接關係到汗位爭奪的舊制度、舊風俗，如忽里勒臺制度、幼子守產風俗都被他保留了下來。汗位從窩闊台系轉到拖雷系，是蒙古建國以來的重大變化，它對蒙古帝國的發展產生了十分深遠的影響。黃金家族內部的裂痕已不可避免地擴大了，帝國內部獨立發展的趨勢增強了。一個原本就缺乏統一經濟基礎的龐大政治聯合體，不久將陷入四分五裂之中。

繼位後的蒙哥以三王謀反事件為藉口，趁勢展開了一系列鎮壓反對派、打擊及排斥異己、鞏固自己統治地位的鬥爭。

蒙哥的鐵腕統治

出身於拖雷系的蒙哥繼位以後，由於成吉思汗底下近百分之八十的蒙古軍是由他這一系所繼承，因此窩闊台時期大汗對絕大部分蒙古軍隊只有徵調權而無領屬權的情況就此改觀。大汗從此真正成為政權與軍權高度集中的最高統治者。

蒙哥汗即位後的第一件大事就是消除異己，鞏固其統治地位。為防備察合台、窩闊台兀魯思（蒙古汗國諸王的分地）聯合作亂，動用十萬大軍駐防於別失八里與哈拉和林之間，兩萬大軍駐防於吉利吉思、謙謙州地區。部署兵力之後，蒙哥嚴厲地懲罰了這些謀反的堂兄弟們。前攝政皇后烏兀兒黑迷失被剝去衣服受審，然後被縫入一口袋，投入水中淹死。蒙哥十分憎恨她，說她比一條母狗更卑賤。蒙哥的弟弟忽必烈把失烈門帶往駐紮在中國的蒙軍中而暫時救了他，但是後來他未能阻止蒙哥把這個可憐的年輕人投入水中淹死。貴由年幼的兒子忽察被放逐到哈拉和林以西的地區。蒙哥汗幾乎殺盡了宗室中的反對派及朝中之舊臣，並遣使至河中、中原追查窩闊台系黨羽，下令逮捕貴由派駐波斯的統帥額勒只帶那顏，將其交給拔都處死。

蒙哥汗剷除政敵後，又把窩闊台的封地分成數塊，分給窩闊台的子孫。合丹（六子）分得別失八里，滅里（七子）分得也兒的石河（今額爾齊斯河）一帶，脫脫（四子哈剌察兒之子）佔有葉密立，海都（五子合失之子）佔有海押立。蒙哥汗分散窩闊台汗領地的目的，是眾建諸侯而少其力也，使其子孫再無勢力與大汗逕相抗衡。但後來海都舉起窩闊台正統性的旗幟，給蒙哥的繼承者造成了很大的麻煩，也造就了窩闊台汗國的輝煌。

察合台族系中，反對蒙哥的首要人物是第五個兒子也速蒙哥，由於也速蒙哥反對蒙哥，貴由汗讓他君臨於察合台汗國。蒙哥即位後，便下詔讓哈剌旭烈統治察合台兀魯思，並命令將也速蒙哥處死。不幸的是，哈剌旭烈到達阿爾泰地區後便故去，其妻兀魯忽乃可敦處死了也速蒙哥，自己親自掌權達十年之久。由於察合台的孫子不里辱罵拔都，蒙哥汗將他交付拔都處死。

貴由汗死後，成吉思汗的《札撒》被廢棄，諸王隨意濫發敕令，並隨意徵收賦稅，造成蒙古帝國的法度不一、政出多門、財務混亂。這種局面嚴重影響著蒙古的統一和汗權的鞏固。因此蒙哥汗頒布一道聖旨：各宗王必須在自己封地內追查已發出的璽書和牌符，凡是成吉思汗、窩闊台汗、貴由汗頒賜的璽書和牌符均全部收回；今後各宗王未經朝廷批准，不得擅自書寫和頒發敕令，凡朝廷頒發的詔書，須經合罕（可汗）親自過目。為此，蒙哥命令孛魯合阿合擔任大書記官，書寫他的詔敕並抄寫副本。

蒙哥汗為了維護法制的一致性，任命忙哥撒兒為大斷事官，掌管一切有關案件的調查和百姓的訴訟。為了防止朝中官吏擅權亂法，規定他們不得逮捕人，並要把每人的案情立即上達聖聽。向各地頒發汗之敕令時，無論向什麼地方宣寫敕旨，都一併用該民族的語言和文字。就這樣，蒙哥汗把成吉思汗頒布的《札撒》作為他統治蒙古汗國的法律準則，使群臣擅權、政出多門的混亂局面結束；宗王、貴戚和各級那顏經商營私、行賄受賄的腐敗現象也被制止，恢復了帝國的正常統治秩序。

貴由汗及其諸王臣僚，與各國諸多商人來往密切，僅貴由汗就欠了五十萬銀巴里失的債務。商人仍可憑藉朝廷發的牌符，隨意騎用驛馬來往於各地，而且不交納任何賦稅。蒙哥汗即位後，禁止把牌符發給外國商人；不准他們擅自騎用驛馬；須入當地戶籍，承擔應納的課稅，不享有任何特殊待遇。為了限制外國商人隨意抬高物價，委派官員專理商務，負責替出售給官家的貨物估價，鑒定幣值。對汗國內部的各級那顏，蒙哥汗規定不得經商營利和營私舞弊，不准行賄受賄和放債。並且規定：派往各地使者所用馬匹，不得超過十四匹；不准在民家住宿和霸佔民家的馬匹；不得向當地百姓索取供物。為保障國庫有充足收入，建立了戶口登記制度，並規定了應徵稅額，老弱病殘者免稅。對稅吏有嚴格規定，即不得徇私偏袒，不得收受賄賂。蒙哥汗對自己也嚴加約束，如回鶻商人送其水晶盆、珍珠傘等物，價值銀三萬餘錠，蒙哥汗對商人說：方今百姓疲弊，所急者錢爾，朕獨有此何為。

蒙哥汗一方面出於統治各民族的需要，實行宗教平等政策，但在另一方面絕不允許各宗教干預帝國政務，甚至作為國教的薩滿教也無權干預。蒙古人信仰薩滿教，建國後薩滿教成為國教，蒙哥汗即位後，命阿忽察掌祭祀、醫巫、卜筮，阿剌布花輔之，是宮廷裡專管薩滿事務的那顏。其他宗教，如伊斯蘭教、佛教、基督教、全真教都享有同等地位，各民族有權信仰自己的宗教，而且在帝國都府所在地哈拉和林各宗教派別享有自由活動的權利。蒙哥汗本人曾親自到教堂聆聽過伏求聖神降臨的奠祭聖歌，接受牧師贈送的《聖經》和每日祈禱書，詢問《聖經》中插圖的意義等。蒙哥汗還鼓勵宗教之間展開辯論，從中求得真理所在。

為了加強對漢地的控制，蒙哥即位伊始，就命皇弟忽必烈南下駐於爪忽都（蒙古人對金北邊部族的泛稱）之地，總理漠南漢地軍國庶事。另一個弟弟旭烈兀則委以西部地方，「一如忽必烈出征的情況」。以宗王將兵，鎮邊領咽喉之地，遂成為有元一代的制度。

蒙古大軍第三次西征的狂飆：旭烈兀西征

蒙哥繼汗位後，決心繼續拓展疆域，命他的弟弟旭烈兀率軍遠征西亞。主要目標是征伐波斯地區尚未臣服蒙古的木剌夷和報達這兩個國家。其作戰構想大體是：先滅木剌夷，次滅報達（巴格達），而後擴張至敘利亞、埃及等國，在西南亞開建一個新的大汗國。據《多桑蒙古史》記載，蒙哥汗說：「此次征伐，對諸民族之自願歸順者善遇之，抵抗者則殄滅之。」蒙哥為組建西征軍，下令各宗王從所屬兵馬中抽調十分之二，由旭烈兀統帥。西征軍還隨帶千餘名漢人工匠，負責管理投石機弩和火器。西征軍先遣部隊一萬兩千人於一二五二年出發。旭烈兀統率主力大軍於翌年十月直指木剌夷。

木剌夷是伊斯蘭教伊斯瑪儀派的一個特殊宗教區。木剌夷人在裡海以南佔據了眾多的堡寨，實際上形成獨立的宗教國，位置在今伊朗西部。木剌夷人經常出外暗殺搶掠，不僅在波斯諸城市造成恐怖，而且曾多次劫掠蒙古商旅。蒙哥當年隨拔都西征，就對木剌夷之禍患深惡痛絕。蒙哥繼位後，首先考慮的就是討滅伊斯瑪儀教徒。西征軍先遣部隊在大將怯的不花率領下，於一二五三年進抵木剌夷境內。起初攻擊比較順利，憑著初戰的銳氣和先進的攻城火器，接連攻下幾座城堡，但越向前進越困難。木剌夷境內地形複雜，許多城堡建在半山腰，周圍鑿岩為壕，易守難攻。蒙軍在吉兒都苦堡受阻，直到旭烈兀率主力軍出征，這個城堡仍未攻下。但怯的不花的先遣部隊經過兩年的作戰，先後消滅木剌夷軍隊五萬多人，給其以重創。一二五五年秋，旭烈兀率西征大軍一路浩浩蕩蕩地到達撒馬爾罕，在此休整四十天後繼續開進。至碣石城，波斯行省阿兒渾前來迎接，旭烈兀在這裡派遣使者通知西亞諸王，與蒙古西征軍協同消滅木剌夷。翌年初，大軍渡過阿姆河，六月到達木剌夷境內。怯的不花所率先遣部隊歸建。旭烈兀詳細研究了怯的不花收集的情報和作戰經驗，認為強攻不是上策，制定了招降在先、逐步消耗木剌夷實力的作戰計劃。他按兵不動，派使者前去招降。木剌夷首領魯克賴丁見大兵壓境頑抗難以持久，就派他的弟弟前去求和。魯克賴丁並不是真心議和，只是想拖延時間，等到冬季嚴寒降雪，駐兵野外的蒙軍會被迫撤回。

十一月初，旭烈兀率軍進抵麥門底司堡。他一面將蒙軍分為北、南、中三軍和一支策應支隊，完成對城堡的包圍；一面親率諸將去偵察地形。當時已值冬季，糧草不足，旭烈兀決定立時進攻。旭烈兀將總指揮部設在附近最高山峰之上，蒙軍就近伐木製造投石機，架在四周的山頭上。各路軍發起進攻，守軍以弓弩頑強應戰。戰鬥持續數日，天氣異常溫暖，並未出現嚴寒。魯克賴丁兵弱計窮，終於開城投降。旭烈兀厚待魯克賴丁，表示絕不殺他，允諾將來仍讓他當國王。旭烈兀為避免勞師力戰，讓魯克賴丁寫下一道手諭，派使者分赴各城堡，各城守軍見國王已投降，紛紛開城聽命於蒙軍。一二五七年初，魯克賴丁請求入朝晉見蒙哥汗，蒙哥汗沒有接見他，但傳話讓魯克賴丁回國繼續執政。在返回的途中，他和一班文臣武將被蒙哥派的軍校殺了。在木剌夷，伊斯瑪儀教派的人大都被屠殺，倖存者流散於各國，木剌夷被完全消滅了。

旭烈兀滅木剌夷後，將大軍集結於哈馬丹附近休整，準備征滅報達（今巴格達地區）。一二五七年九月，旭烈兀派使者到巴格達，要謨思塔辛哈里發效仿木剌夷國王臣服蒙古，以避免兵戎相見。謨思塔辛看了旭烈兀招降的書信後，毅然拒絕。這時的報達國政治腐敗，巴格達城內雖有七萬軍隊，但疏於訓練，士氣低沉，遠不能同興盛的蒙古國和強大的蒙軍相比。旭烈兀令全軍備戰，準備進兵巴格達。

旭烈兀得知巴格達城駐兵很多，就將原駐西域的部隊調來以增加攻擊力量。翌年一月，蒙軍三路兵馬會合圍攻巴格達城。謨思塔辛動員全城軍民加固城防、修築街壘。巴格達城是黑衣大食的首都，也是整個伊斯蘭教世界的教城，它在底格里斯河和幼發拉底河之間，地處東西方交通要道，當時已是一個繁榮的商業城市。蒙軍在城外部署好兵力，就在河岸築壘，然後挖掘塹壕伸向城郭，在城外安置好火炮、拋石機。在各方面準備就緒後，蒙軍對巴格達發起攻擊。很快，城門的戍樓被火炮轟坍。巴格達城郊石頭少，蒙軍就砍伐椰樹代替炮石拋向城中。旭烈兀令

蒙古西征的狂飆

蒙軍不急於強攻入城，而是保持對城中的壓力。半個月後，報達投降，旭烈兀入城，把巴格達五百年積藏的金銀珍寶全部運走。蒙古兵在城中殺掠七天，旭烈兀才下令止殺。謨思塔辛被處以不出血而死。黑衣大食王朝，傳三十七代，五〇八年，至此破亡。

滅報達後，蒙軍乘勝向西進兵擴展千餘里。進至阿拉伯，又攻克、招降一百八十五座城池。一二五九年，旭烈兀率軍進至敘利亞，分軍三路進攻都城大馬士革，但沒能攻克。於是轉而北進，又敗巴爾幹諸國聯軍。期間，旭烈兀分出一支部隊，由漢人火炮專家郭侃率領，渡海進攻富浪國（即賽普勒斯島），使地中海諸國無不為之震驚。東羅馬朝廷及西歐許多信奉天主教的國家紛紛派遣使者求見旭烈兀想與蒙古國聯絡，表示願結聯盟，共同對付伊斯蘭教國家。旭烈兀率領大軍進至亞洲西南端時，準備再進攻埃及，正在這個時候，忽然傳來蒙哥汗去世的消息，旭烈兀命怯的不花鎮守敘利亞，自己率軍東歸，第三次西征逐告結束。忽必烈繼汗位後，將旭烈兀西征所征服之地，封為伊兒汗國。伊兒汗國統治的領域，南至波斯灣，北抵裡海，以高加索山與欽察汗國相鄰，東起阿姆河與察合台汗國為鄰，東南抵印度邊境，西至敘利亞。從此，伊兒汗國在波斯傳襲百餘年。

十三世紀蒙古人在波斯

出師未捷身先死

蒙哥為自窩闊台去世後幾乎停止的蒙古征服戰爭注入了新的活力。首先在一二五三年斡難河源處召開的忽里勒臺上，蒙哥決定由他的弟弟旭烈兀去征服報達和美索不達米亞的哈里發王朝，以此完成對波斯的征服，然後繼續去征服敘利亞。其次，蒙哥本人與他的弟弟忽必烈重新開始對中國宋朝的攻勢。蒙哥自從奪得大汗之位後，與受封於蒙古本土之西的察合台、窩闊台二支系後裔所建立的汗國之間的關係已經破裂。而對於支持他登上汗位的西部統帥拔都，出於各方面的考慮也不便侵犯其利益。故而將擴張的主要目標轉移到了南面唯一敵人宋朝，因此重新發動侵宋戰爭，並將其規模逐步升級，乃是蒙古帝國進一步發展的必然趨勢。

早在窩闊台汗攻滅金朝之後，蒙、宋之間的關係就已不斷惡化，由此而導致兩國之間的戰爭連年不斷。窩闊台汗派出皇子闊出、塔思等親臨前線，主持侵宋戰爭。到一二四〇年，窩闊台汗曾準備發動大規模的侵宋戰爭，乃調動漢軍八萬戶張柔等一齊出兵。未幾，因窩闊台病死，侵宋戰爭暫告中止。其後由於蒙古帝國對內爭奪汗位的紛爭連年不絕，對外又主要把軍力用於繼續向西擴張，故而

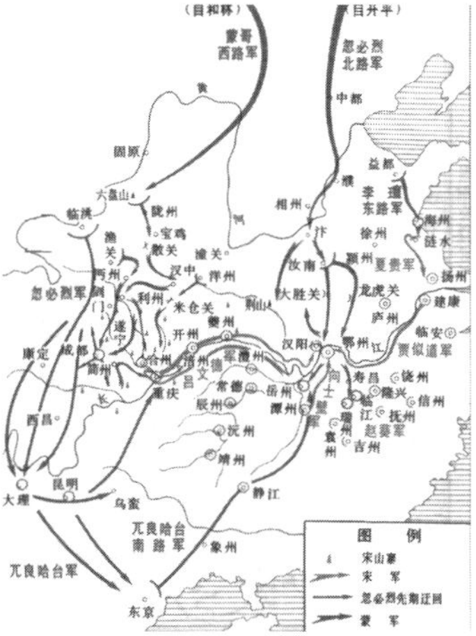

蒙哥攻宋圖

對宋朝之戰爭始終處於一種相持狀態。

蒙哥汗在即位後，一方面是要肅清身邊的政敵，以鞏固統治；另一方面則派出皇弟忽必烈率軍遠征西南的大理國，以便為迂迴包抄攻宋做好戰略準備。一二五二年六月，忽必烈受命率大將兀良哈台等遠征雲南。大軍越六盤山、經臨洮入吐蕃之東部，過大渡河、金沙江直取大理。至翌年冬，大理被征服，蒙古帝國完成了迂迴包抄宋朝的戰略部署。

而後，蒙哥汗又調集了蒙古諸王及漢軍諸萬戶的大批軍隊，於一二五三年秋親自出征，展開全面的攻宋戰爭。大將塔察兒進圍長江中游宋軍要塞樊城（今湖北襄樊），攻而未克。一二五四年春，蒙哥汗親率大軍四萬人進攻西蜀。兵分三路，宗王穆哥由洋州攻入米倉關，大將孛里叉由漁關入攻沔州，自率大軍由隴州攻入大散關。同時又命皇弟忽必烈率軍征鄂，大將塔察兒進攻荊山，以分散宋軍的防守力量。

蒙哥汗所率之軍，秋天進至漢中。初冬，攻克利州，渡嘉陵江及白水江，又攻苦竹隘、鵝頂堡、大獲山諸處，所至進展頗為順利。至憲宗九年初，乃大宴眾將於重貴山之北，並商議是否回師休整，諸將或言應回師避暑，或言應繼續攻宋。最後，蒙哥汗決意繼續攻宋，遂於二月進兵，渡雞爪灘，進攻合州（今四川合川縣）之釣魚山，然而在這裡卻遇到了出乎意料的頑強抵抗。自二月至六月，蒙軍雖多次發動猛攻並派人勸降皆不見效，就連蒙哥汗自己也被守城宋軍的飛石所傷。至七月，不得不中止無效的進攻，轉而進攻重慶，未幾，蒙哥汗因傷重身亡（一說為病故），眾軍無主，諸大將遂陸續率軍北歸。蒙古軍隊這次大規模的侵宋戰爭，至此以失敗告終。

蒙哥汗在被後世稱為「蒙古軍的絞肉機」的釣魚城下敗亡，其影響是十分巨大的。首先，它導致蒙古這場滅宋戰爭的全面瓦解，使宋祚得以延續二十年之久。進攻四川的蒙軍被迫撤軍，護送蒙哥汗靈柩北還。蒙哥死時，其弟忽必烈正率領另一支蒙軍從河北南下，圍攻長江中游湖北省漢口對岸的鄂州（今武昌）。同時兀良哈台離開雲南，前往廣西，他在廣西攻桂林，接著又到湖南攻長沙。當蒙哥去世時，宋朝已是北、西、南三面同時被圍，蒙哥的去世使它獲得了短暫的喘息。忽必烈確實希望騰出手來爭奪成吉思汗國的繼承權，他急忙與宋臣賈似道和談，或簽訂停戰協定——以長江作為兩個帝國的共同邊界線。忽必烈率軍返回河北，統一中國的歷史使命要待十數年後由忽必烈來完成了。

其次，它使蒙軍的第三次西征行動停滯下來，緩解了蒙古勢力對歐、亞、非等國的威脅。一二五二年，蒙哥汗遣其弟旭烈兀發動了第三次西征，先後攻佔今伊朗、伊拉克及敘利亞等阿拉伯半島大片土地。正當旭烈兀準備向埃及進軍時，獲悉蒙哥死訊，旭烈兀遂留下少量軍隊繼續征戰，而自率大軍東還，結果蒙軍因寡不敵眾而被埃及軍隊打敗，蒙軍始終未能打進非洲，蒙古的大規模擴張行動從此走向低潮。因此釣魚城之戰的影響已遠遠超越了中國範圍，它在世界史上也佔有重要的一頁。

其三，它為忽必烈執掌蒙古政權提供了契機，對中國歷史發展產生了重大影響。蒙哥汗是一位蒙古保守主義者，他所施行的仍然是傳統的政策。這種帶有濃厚的蒙古部族和西域色彩的政策，已極不適應統治廣大中原漢地的需要。而忽必烈則是蒙古統治集團中少有的一位傾慕漢文化的開明之士。蒙哥即汗位後，忽必烈受任掌理漠南漢地，他大力延攬漢族儒士，極力推行漢化政策，取得很大成效。但卻引起蒙哥汗及其保守臣僚的疑忌，忽必烈因而被罷了官，其推行的漢化政策也被迫取消。忽必烈登上大汗寶座後，繼續推行其漢化政策，逐步改變蒙軍濫殺的政策，使南中國的經濟和文化免遭更大的破壞。蒙哥汗曾留下遺言，日後攻下釣魚城，當盡屠城中之民，後來釣魚城降元，忽必烈卻赦免了其軍民。正是由於忽必烈的當政，使蒙古汗國這個邊疆政權轉變為一統中國的封建大王朝——元朝，在中國歷史上寫下了濃重的一筆。

釣魚城作為山城防禦體系的典型代表，在冷兵器時代，充分顯示了其防禦作用，它成為蒙古軍隊難以攻克的堡壘。蒙哥汗敗亡後，釣魚城又頂住了蒙軍無數次的進攻，直至一二七九年守將王立開城投降，釣魚城才落入蒙古之手。

釣魚城

蒙哥小檔案

姓名：孛兒只斤・蒙哥

出生：一二〇八年

卒年：一二五九年

享年：五十二歲

在位時間：一二五一～一二五九年

諡號：桓肅皇帝

廟號：憲宗

父親：拖雷

母親：唆魯禾帖尼

最自豪：為拖雷系奪得汗位

最遺憾：葬身釣魚城

最鬱悶：兄弟失和

最擅長：固守舊制

元世祖忽必烈

忽必烈，拖雷四子。一二六〇年在汗位爭奪戰中擊敗了自己的親弟弟，登上了汗位。在執政的三十多年裡，他繼承祖輩的遺志，繼續從事軍事征伐。他最輝煌的勝利是征服中國的南宋，在事隔三百多年後再次統一了全中國，奠定了日後中國遼闊的疆土。比起蒙古以前的戰爭，伐宋之戰需要更縝密的計畫和後勤，從而確保忽必烈作為蒙古人中一位偉大統帥的地位。而他在政治上的矛盾可能是令人印象深刻的，他希望使漢人相信他日益漢化的同時，本族同胞仍對他信任。他設立了進行統治的行政機構，在中原建設了一座首都，支持中原宗教和文化，並且為朝廷設計出合適的經濟和政治制度。然而他並未拋棄蒙古傳統，保持著大量的蒙古習俗，在政府和軍隊的關鍵位置上任用蒙古人，廢止南宋的科舉制度使他不致在政府職位上受制於漢人。忽必烈雖然仰慕中原文化，但他一生都在漢化與非漢化間徘徊，儘管在統治的最後十年中面臨著困難與失誤，忽必烈留給他的繼承者的是一個大體上穩定和繁榮的國家。

治理中原：漢化的忽必烈

忽必烈是托雷的第四子，蒙哥汗的弟弟。忽必烈以前輩的赫赫戰績為榮，並鑒其經驗與教訓，最終完成統一中國之豐功偉業，成為中國歷史上一位享有盛名的開明君主。蒙哥汗在取得大位後，對於蒙古帝國的統治仍採用南北分治的辦法，命皇弟忽必烈出至漠南，專門負責治理中原。

早在窩闊台汗時期就已投靠蒙古貴族的漢族知識份子竇默和姚樞等先後被忽必烈招聘重用。竇默為忽必烈講解「三綱五常」、「正心誠意」之說；姚樞為忽必烈講解儒家治國平天下之道。忽必烈在和林結識的僧人子聰（後賜名劉秉忠）是一個「論天下事如指掌」的人，由於他博學多能、善於出謀劃策，深受忽必烈重視。一二五〇年，他向忽必烈上萬言策，提出：「治亂之道，繫乎天而由乎人」，「以馬上取天下，不可以馬上治」。主張改革當時的弊政、減賦稅差役、勸農桑、興學校等。這些都給忽必烈非常大的影響，忽必烈許多政治方針就是在實現這些中原士人的經世理想。待到忽必烈主持中原政務，正好是學有所用，故而政績斐然，中原大治。

一二五一年，蒙哥即大汗位，一些流落的儒生和地方軍閥的門客陸續來到了忽必烈的帳下，大約十年間，在他周圍形成

元世祖忽必烈

了一個幕僚集團。忽必烈透過幕僚集團爭取到了漢人地主、士大夫的支持，他們了解到忽必烈的確舉良納賢，便禁不住製造輿論曰：「今日能用士，而能行中國之道，則中國之主也！」前來投靠者絡繹不絕。

在蒙古和金朝的戰爭中，金朝那些據地自雄的大地主軍閥紛紛投靠蒙古。蒙古統治者為了籠絡他們以加強自己的實力，一律因其舊而令官，授與行省、領省、大元帥之類的頭銜，讓他們世襲管轄原來的地盤，軍民兼管。忽必烈總領漠南漢地後，繼續採取拉攏和利用地方勢力的方針。而一批北方漢族民兵的頭目也對忽必烈忠心耿耿，無論在爭奪帝位、剷除政敵，或滅亡南宋的戰爭中都立下了顯赫的戰功，贏得了忽必烈的信用，所以他們都成了忽必烈手下的重要統軍將領。

蒙古統治者進軍中原，滅了金朝，長江以北的廣大地區都歸屬於他們的統治。長期的戰禍使人民傷亡慘重，倖存的百姓也多已逃亡。農田荒蕪、水利失修、生產凋零，如何使流散的人民安頓下來恢復生產是刻不容緩的大事。

忽必烈主管漠南漢地之後，採取了招撫流亡、禁止濫殺、屯田積糧、整頓財政等一系列措施，初步扭轉了危機局面。

他做的第一件事，就是將原來的稅制加以變更。早在窩闊台汗時，曾在新衛設立軍儲所，徵收山東、河北等地百姓的稅糧以助軍費，但以前官府為徵收、儲存及運輸的方便只收銀帛，故而百姓還要將糧食折換成銀帛然後上納，十分不便。忽必烈乃奏請蒙哥汗，在黃河邊築糧倉五座，允許百姓直接納粟，軍民兩便，深受百姓的歡迎。忽必烈又在開封設立經略司，調動屯駐在唐、鄧諸州的軍隊，於平時開墾農田，而由官府給予耕牛，並設屯田萬戶專掌其事。如果宋軍來侵，則出軍抵禦；宋軍不來，則耕田收糧以備軍用。兼掌其事者有史天澤、楊惟中等人。一二五三年，忽必烈得到蒙哥汗所賞賜之封邑，忽必烈即於該地設置京兆從宜府，負責在鳳翔開闢屯田。又招募百姓，用其所收之糧換取河東解州之鹽，軍民兩便。然後開闢嘉陵江之漕運以運糧供軍隊之需。忽必烈還在京兆設立宣撫司以負責日常之政務，關中大治。忽必烈又在京兆設立交鈔提舉司印製交鈔，以助商業之流通並補充日用之軍費。

一二五四年夏，忽必烈駐六盤山，命廉希憲代楊惟中為關西宣撫使，姚樞為勸農使。廉希憲等到任後「講求民病，抑強扶弱」，頗能注意民間疾苦。他還推薦許衡為京兆提學，教育人才，在郡縣建立學校。窩闊台時曾下令不得俘掠儒士為奴，京兆豪強多不奉行。廉希憲下令將俘掠之儒士一律釋放，「悉令著籍為儒」。

當然，特別能反映忽必烈「思大有為於天下」深謀遠慮的事蹟，則是他對於開平府的營建。當忽必烈受命主持中原政務之初，他就將藩府向南移動，並選中了桓、撫二州之間的金蓮川。開平府地處蒙古草原南緣，地勢衝要，既便於與哈拉和林的大汗相聯繫，又有利於對華北、關中漢人地區的就近控制。到一二五七年，在忽必烈重要謀臣劉秉忠的籌措下，一座新的城邑開始建造在灤水北岸的桓州，時稱開平府。經過三年的營造，宮室、城垣初具規模，這裡遂成為忽必烈統治中原的中心所在。忽必烈在治理漠南漢地的實踐中，充分認識到了中原傳統儒家學說的重要政治作用。他的種種舉措符合了當時中原的社會實際情況，故而取得了較好的治績，並為他此後爭得帝位、一統天

下、建立大元帝國打下了一個堅實的基礎。而在他的政治實踐中，中原眾多政治家的見解和行政措施，無疑地起到了巨大的輔助作用

但是，忽必烈並不把自己局限於作為幕僚和行政官員的儒士中，他的漢族臣僚不可能受到完全信任，而且他們也不能幫助忽必烈實現他的所有目標。例如在軍事方面，忽必烈依賴蒙古統帥的建議及輔佐，他把軍事行動都委託給蒙古人；他用畏兀兒人和突厥人做翻譯、地方長官和文書主管。所以一二五九年蒙哥去世時，忽必烈已經招募了代表不同地區、不同民族和不同職業的幕僚和官員。儘管他不是第一位從被征服的民族中尋找幕僚和助手的蒙古人——窩闊台和蒙哥在他以前已經這樣做過——但他是唯一擁有如此多志同道合的幕僚的蒙古人。

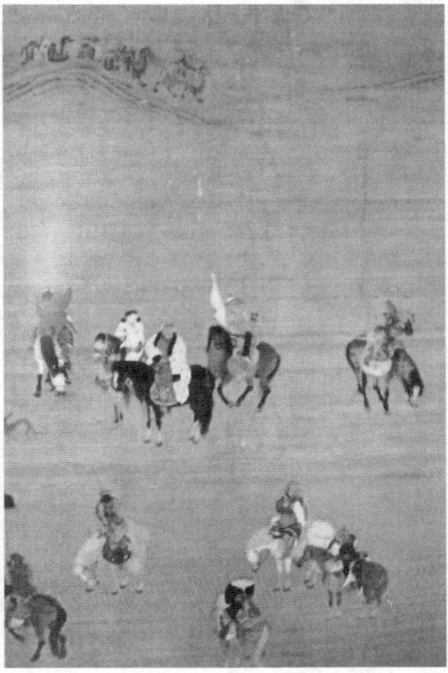

忽必烈出遊圖

蒙哥統治期間忽必烈的第一項重要任務是承擔一次軍事遠征。蒙哥希望繼續他的前任們的擴張政策，並命令他的弟弟旭烈兀把蒙古統治擴大到中東，而另一個兄弟忽必烈則受命率軍對現今雲南省內的大理王國遠征，對中國西南這一地區的控制可為蒙古人提供進攻南宋王朝的另一個基地。一二五二年九月忽必烈接受蒙哥發動遠征的命令，但是直到一二五三年九月他才向大理進軍。大理戰役的準備對他來講特別重要，因為這是他的第一項重要任務。在三十六歲時他終於得到一次進攻

極其重要的軍事目標的機會，他不希望浪費這次可以證明自己是軍事指揮家的時機。

一二五三年夏末忽必烈準備好完成蒙哥交給他的這項任務。他的軍隊從陝西出發向大理進軍。在發動進攻之前，忽必烈派遣三位使者要求大理投降，大理國王段興智以及在國王後面執掌實權的宰相高祥拒絕投降，並殺死了這三位使者，因此忽必烈向大理國發動三路進攻。他的軍隊打敗敵人，迫使敵人退回到首都。姚樞勸說忽必烈命令部下製作一幅帶有禁止殺戮字樣的帛旗，使城內的居民確信如果投降，他們的生命可不受傷害，由於這種保證，大理選擇了投降。忽必烈沒有食言：居民沒有受到傷害，他們的政府系統只有很少的改變，並且允許段氏家族和忽必烈指定的宣撫使分享權力。

忽必烈的第一次軍事遠征是凱旋而歸，他實現了蒙哥的願望。他的軍隊損失很小，並且他把蒙古的控制擴展到一個非常重要的地區——一個向中國南部發動進攻的基地和一條擴大與緬甸及印度貿易的通道。忽必烈透過領導一次成功的戰役向蒙古人證明了自己的能力，想要在蒙古貴族中得到認可必須顯示作為軍事首領的才能，現在忽必烈展現了自己的才能，確保自己在蒙古同胞中的形象。

目睹忽必烈的這些發展，蒙哥必然會對他的弟弟存有戒心。蒙哥的大臣們指責忽必烈避開傳統的蒙古法律採用漢人法律統治他的分地。一二五七年蒙哥派出兩位親信大臣調查忽必烈分地的狀況，揭露出他們聲稱的大量違法和越權行動後，他們逮捕和處死了幾位高級官員。這是典型的「殺雞儆猴」，不過清洗並未殃及忽必烈。幾個月之後，蒙哥為了征服中原最富庶的江南地區，他在一二五八年上半年安排了和忽必烈的一次會面，他們兩人重歸舊好。事實上他們都需要對方。

「農耕」抑或「游牧」：忽必烈與阿里不哥的汗位之爭

一二五九年蒙哥命喪釣魚城後，蒙古人在歐亞大陸上的征戰全部停頓下來。蒙哥的軍隊不再向前移動，也未和其他三支進攻宋朝的軍隊進行聯絡。在中東負責擴大蒙古西部疆域的蒙哥弟弟旭烈兀倉促地返回蒙古本土，只留下一支小部隊守衛新佔領的地區。蒙古帝國的這種混亂是由於缺少對汗位的有序繼承而造成的，具有最偉大軍事能力的領導者經常能取得勝利。

一二五九年在拖雷家族中展開了皇位爭奪。這不僅僅是一場兩個人之間的爭奪，因為他們各自代表著蒙古貴族中的主要派別。忽必烈受到被他征服的國家文明吸引並且尋求他的民眾的建議和幫助，他代表著受到農耕世界影響並且希望同他們和解的蒙古人。而他的弟弟阿里不哥則作為傳統蒙古方式及準則的捍衛者出現。對於阿里不哥來說，草原世界要比農耕世界更有吸引力，他不信任他的兩個哥哥旭烈兀和忽必烈，並且認為他們受到外來準則和觀點的腐蝕，由此引發了涉及到蒙古帝國未來方向的兄弟爭鬥。

一二五九年九月中旬，忽必烈透過他的異母兄弟派出的信使獲悉蒙哥的死訊，他的這位兄弟要求忽必烈返回蒙古本土選舉新的大汗。蒙哥死後，阿里不哥立即調動軍隊並且和有影響力的蒙古顯貴結盟，阿里不哥的一個盟友向開平城進軍。忽必烈堅守在後方的妻子察必立即派人將阿里不哥的計畫和行動通知他，忽必烈必須放棄對鄂州的圍攻，向北回軍迎擊阿里不哥。

一二五九年底，忽必烈與宋議和，自己輕車簡從北返，駐燕京近郊。一二六〇年三月，返回開平，召集塔察兒等宗王大將，即在開平舉行選汗大會。忽必烈弟末哥、東道諸王塔察兒、移相哥（**合撒兒之子**）、忽剌忽兒（**成吉思汗弟合赤溫子**）、西道諸王合丹（**窩闊台六子**）、阿只吉（**察合台曾孫、不里之子**）等擁立忽必烈即汗位。

忽必烈即汗位後，首先任命親信趙璧、董文炳為燕京路宣慰使，以加強對華北的統治。四月，設立中書省，總管內外百司之政，任命山東軍閥李璮的幕僚王文統為平章政事，張文謙為左丞。此時忽必烈採納幕僚的建議，依據漢人封建王朝的傳統，頒布即位詔、稱皇帝。自成吉思汗建立蒙古國以來，從未建立年號，忽必烈始建元「中統」，下詔說：「稽列聖（**即蒙古大汗**）之洪規，講前代（**即中原王朝**）之定制。建元表歲，示人君萬世之傳；紀時書王，見天下一家之義。法《春秋》之正始，體

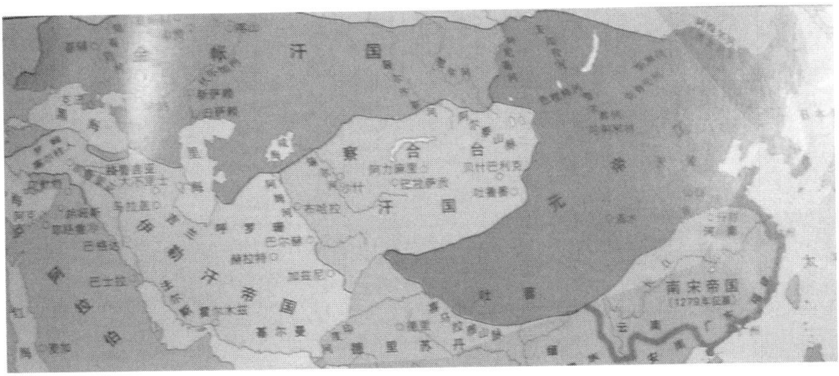

1259年蒙古帝國分裂圖

大《易》之乾元。」表明他是中原封建王朝的繼承人。接著忽必烈命親信官員分任十路宣撫使、副使，其中大多是他的漢人幕僚。忽必烈鞏固了在中原的統治，隨即命諸路輸馬匹、糧草於開平，準備與阿里不哥一戰。

按照蒙古傳統慣例，選汗的忽里勒臺應在鄂嫩河、克魯倫河之地舉行，而且必須有各系宗王參加，忽必烈在漢地自行集會選汗顯然與傳統不合。這時阿里不哥留守和林大斡耳朵，蒙哥死後監國。忽必烈自立為汗後，阿里不哥也隨即在和林舉行大會，蒙哥諸子阿速台、玉龍答失及察合台系宗王數人，擁立阿里不哥為汗。

蒙古國家軍隊的主力，原由蒙哥統率侵宋，蒙哥死後，大將哈剌不花率部退據六盤山，與留守此地的渾都海部會合。阿里不哥派人到陝西拘收錢穀，企圖與六盤山駐軍聯合，自關中進兵。忽必烈詔令汪良臣統率陝西漢軍防禦六盤山的軍隊。

九月，阿里不哥遣軍南下，至西涼府與渾都海軍會合東來，哈剌不花因意見不和引兵北去。忽必烈命諸王合丹、合必赤與八春、汪良臣等率領蒙、漢軍迎戰。兩軍大戰，阿里不哥軍潰敗。

忽必烈親率大軍去和林攻打阿里不哥。七月自開平出發。九月，至轉都兒哥之地。阿里不哥敗逃，退至乞兒吉思地，派遣使者與忽必烈相約邀集西北諸王正式選汗。忽必烈命宗王移相哥統領一軍駐和林，以待阿里不哥。十月，忽必烈領兵南返，十二月至燕京，賞賜擁立諸王。一二六一年二月，返回開平。

一二六一年秋，阿里不哥率領斡亦剌等部眾突然襲擊，乘機南下。忽必烈得警，急忙徵調張柔、嚴忠嗣、張宏等七處漢軍，並令董文炳率射手千人，塔察兒率軍士萬人隨從出征。十一月，忽必烈軍大破斡亦剌軍。阿里不哥後軍阿速台接著到來，兩軍再戰，雙方殺傷相當。阿里不哥北撤，忽必烈也還軍。

察合台汗領地原由兀魯忽乃攝政。忽必烈即位後，即派遣察合台曾孫阿必失哈偕弟納鄰合丹去阿力麻里主持政事。二王行至途中被阿里不哥捕獲，阿里不哥乃派察合台孫阿魯忽去察合台汗地執政，以為聲援，並防禦在波斯的旭烈兀。阿里不哥遠在漠北，從漢地北運的糧食斷絕，給養缺乏，便派遣使者去察合台汗領地徵斂。阿魯忽殺使者，轉而擁護忽必烈。

一二六二年秋，阿里不哥領兵征阿魯忽。阿魯忽在普剌城迎戰，斬阿里不哥大將哈剌不花。阿魯忽得勝而回，不再戒備，阿里不哥的後軍阿速台突然進至阿力麻里地區，阿魯忽敗走和闐、喀什噶爾。阿里不哥軍遂駐於阿力麻里，阿魯忽西走撒馬爾罕。

阿里不哥進駐阿力麻里後大肆屠掠，阿魯忽部下多被殺死。一二六四年春天，又值饑荒，人民死亡甚多。阿里不哥部下將士多逃至駐在阿勒泰地區的扎布汗河上的玉龍答失，共商歸降忽必烈。阿里不哥眾叛親離，又怕阿魯忽報復，走投無路，不得不投附忽必烈。

阿里不哥來見忽必烈請罪。忽必烈問他說：我和你誰對？阿里不哥回答說：在以前，是我對。今天，算你對。忽必烈命宗王和將領審訊擁立阿里不哥的諸臣，許多人被處死。忽必烈又分遣使者徵詢波斯的旭烈兀、欽察的別兒哥和察合台的阿魯忽三王，決定赦免阿里不哥及阿速台罪。不久，阿里不哥病死。

忽必烈戰勝阿里不哥，確立了他在蒙古貴族中的權威。他以漢地為根基、依靠中原地主的支持奪得汗位，並以漢地為中心建立元朝的統治。成吉思汗建國後，一直以族名為國名，稱大蒙古國，沒有建立國號。忽必烈稱汗後（史稱元世祖），建年號「中統」，未另立國名。

締造新帝國：漢蒙雜糅

忽必烈所創建的元王朝，是以蒙古貴族為首、漢人地主及其他少數民族上層參加的封建地主階級政權。世祖忽必烈即位後為了加強中央集權，大行漢法，所謂「漢法」指的是中原王朝的漢官儀制。

第一、中央官制改革。忽必烈命劉秉忠、許衡等參考古今之官制，實則仿效金朝中央之制建立中書省，以總領全國之政務。一二六〇年，始設中書省於上都開平府。其後，因大都營建完畢，又遷中書省於大都（今北京）。終元之世，僅史天澤和耶律鑄二位漢人於中統至至元初年得任丞相之職，此後自成宗至惠宗的七十餘年間，皆以蒙古及色目人主掌中書省之大權，出任丞相之職。中書省下則沿用前朝舊制，分為左、右司，其下又設有吏、戶、禮、兵、刑、工等六部。在這些機構中任職的則主要是漢人。

蒙古以武力立國，但其軍事機構極為簡略，軍職由萬戶長、千戶長、百戶長等人執掌，並以此構成相對獨立的作戰單位。每逢出征則以大汗、皇子、諸宗王等為各方面軍之統帥，戰罷回軍則統帥之軍務亦自行除去。忽必烈即位後，仿中原前代遼、宋王朝之制，設立樞密院專掌軍權，以別於專掌政務之中書省等機構。

一二六三年，正式設立樞密院，其最高長官為樞密使，該職與中書省之中書令相同，皆由皇太子兼之。而樞密院之實際負責人，初為樞密副使，後又增設同知樞密院事之職，以掌軍務。其助手則有僉書樞密院事、院判等職官。其職責則主要為宮廷禁衛、邊疆鎮守、各地戍防及軍官之任免、調動等事。而出任院中之職官者，因其「掌天下兵甲機密之務」，更是元朝統治者的心腹之人。

一二六八年七月，設立御史台，並命重臣中書省右丞相塔察兒出任御史大夫。忽必烈特下詔曰：「台官職在直言，朕或有未當，其極言無隱，毋憚他人，朕當爾主。」

御史台之職官，主要有御史大夫、御史中丞、侍御史、治書侍御史等，負責糾察百官之劣跡，政治之得失等事。因其職責重要，故而台中諸官都由帝王親自任免，多為敢於直言、品行清正廉潔者。元代又在地方上設行御史台，簡稱「行台」，乃是監察制度上的一大創舉。分設於兩處。一處在江南，故而又稱為「南台」。以別於中央御史台（**又稱「內台」**）及陝西之行御史台（**又稱「西台」**）。始設於揚州，稱江南諸道行御史台，最後定於建康（今江蘇南京）。「以監臨東南諸省，統治各道憲司，而總諸內台」。

第二、在地方行政體制上，忽必烈創立了行省制度。行省是行中書省的簡稱，其制源於金代的行省之制。蒙古立國之初，在尚未設立中書省時，就已在中原地區設立了行省，時或稱為行尚書省，乃沿金之通稱。如成吉思汗命大將木華黎率軍經略中原，即將金中都改為燕京行省，作為管理中原軍政諸務的指揮中心。此後木華黎的勢力不斷向南、向西發展，又在金西京（今山西大同）另立行省，以分掌關陝一帶的軍政諸務。這時許多中原豪強民兵紛紛起而割據一方，其中有些人投靠了蒙古政權。為了安定投效者之心，以便於統治，蒙古統治者對那些大規模的民兵首領委以高官，命其仍統管所佔之地，亦稱為行省或是行台。如在山東地區，嚴實父子所統管的東平行省、李全父子控制的益都行省等。又因時逢戰亂，蒙古統治者為戰爭之需要而臨時設有行台。如太祖時，木華黎經略關陝一帶，曾在戰略要地葭州設立陝西河東路行台，並命大將石天應主持其事。憲宗時，忽必烈經略中原，亦命大臣楊惟中在蒙宋邊境設立行台，主持攻戰之事。這種行台，與燕京行省、東平行省相比，乃是名稱相同，而性質截然不同的官僚機構。

世祖忽必烈即位後始立中書省，而各地方政務則以中書省要員出領之。此後因各地政務日益繁多，乃專設行中書省以掌其事。「凡錢糧、兵甲、屯種、漕運、軍國重事，無不領之。」遂設立正式衙門，成為元代各地區的最高常設行政機構。全國所立之行省共有十一處，然皆非同時、統一設置的，最早設立的行省是陝西等處行中書省。一二六〇年，忽必烈與幼弟阿里不哥爭奪皇位，因陝西為兵家必爭之要地，故而命其心腹之臣商挺前往以掌政局。翌年，又立甘肅行省以加強西北地方的統治力量。至元初年，忽必烈的統治鞏固之後舉兵伐宋，先於一二六八年立河南江北行省，其後伯顏大舉南伐，立湖廣行省於襄陽主持軍政大事，及平宋後，遂成為固定的地方最高官僚機構。上面提到過，忽必烈為削弱東北諸宗王的勢力、加強中央政府對東北地區的控制而設立了遼陽行省。

這一做法遭到諸宗王的極力反對，行省一度廢去。及乃顏的叛亂被平定，中央的力量得到加強，乃復立行省以統管東北地區的政務。

第三、重立國號，新建都城。忽必烈在討平阿里不哥、改元「至元」的同時，就已經決定將帝國的都城由蒙古草原進一步南移到中原地區來。故而下令將金朝舊都燕京（今北京）改稱為中都，並開始修建宮室以備遷都。到至元八年（一二七一），忽必烈經過一番斟酌決定更改國號。他認為「紹百王而紀統」，建立強大帝國必須要設立相稱的國號。自漢至唐，諸朝帝業雖極強盛，然其國號皆起源於始封之地，「概以至公，不無少貶」。而蒙古作為國名僅是沿用民族之稱號，自然也與龐大帝國的偉業不相稱。故而特下詔書，改國號為「大元」。翌年，又改中都之名為大都，並將上都的中書省遷至此處，遂使大都替代和林，成為元朝多民族國家的政治中心。

忽必烈又仿照儒家傳統的建都學說，在舊城東北面另建新都，一遵儒書所載「面朝後市、左祖右社」之制，這竟然是中國歷史上第一座完全按照儒學觀點而有計劃地建造起來的都城。就連中書省、樞密院、御史台等官衙的方位也有嚴格的規定。大都的營造始於一二六七年，一二七六年大都城垣建成，周長二十八・六公里，四隅建角樓，平面布局呈長方形。城牆基寬二・四公尺，與高及頂寬之比為三：二：一。牆體為夯土築成，故又稱土城，在夯土中使用「永定柱」和「橫木」，即中國傳統的板築技術，以加固城牆。城牆外有護城河，元後期又於各門外加築甕城。元世祖忽必烈實行「兩都巡幸制」：冬天在元大都辦公，元大都就是所謂的「冬都」；夏天在元上都辦公，元上都即是「夏都」。

第四、沿襲舊俗。忽必烈在採取各種舉措、大行「漢法」的同時，為了提高蒙古族的文化水準，命吐蕃僧人八思巴制定了蒙古新字，頒行天下。還設立諸路蒙古學教授，召集學者用蒙文新字翻譯《資治通鑑》等一批漢文經籍。但對於舊蒙古國的典制，沒有一概廢止，而是既有揚棄，又有沿襲。其沿襲之側重點，則主要是在與生活習俗有關的各個方面。其一，是後宮之制。忽必烈即位後，未仿行中原帝王之三宮六院制，而是沿襲乃祖成吉思汗時之四大斡耳朵制，每個斡耳朵由若干個后妃組成，又自成一獨立的系統，延續下去。其二，是怯薛近侍之制。凡皇宮禁衛之軍，仍分為四怯薛輪番入值。怯薛首領由蒙古世家名門之後代出任，並世世承襲，其他怯薛軍士，也是由各級官僚貴族子弟充任。而其所司職責，更是與蒙古諸汗之時毫無差異。其三，是投下分封之制。中原地區自秦代創行郡縣之制，歷年已久。成吉思汗南侵之後乃創行「投下」，將所佔州縣，分賜貴戚、功臣等。這一制度到忽必烈時仍加以沿襲而未廢止，在他攻滅南宋之後，又將這一制度推行到江南地區，故而元代的投下州縣遍及全國。其他如上述的兩京歲時巡幸制度，也是草原游牧民族特有的習俗。當然，忽必烈的兩京之制還含有深遠的政治意義，乃是加強中原與草原之間聯繫的一種重要手段，上都與大都也因此在元朝中後期時常成為兩個對立的政治勢力，導演了一系列的宮廷內亂。

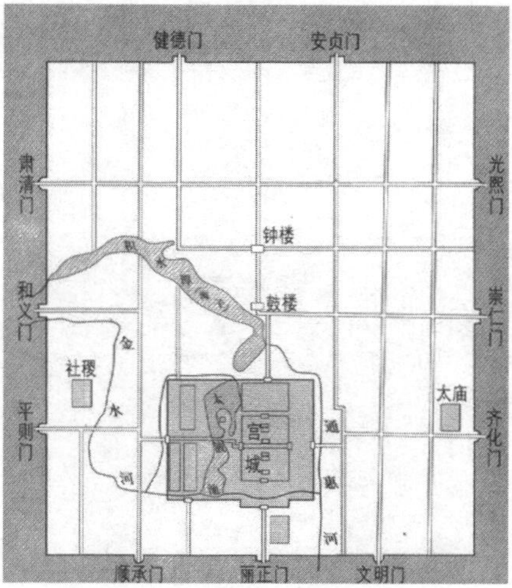

元大都城

忽必烈在建立元帝國後所採取的種種重要舉措，皆為此後諸帝所遵行，直到元朝滅亡，沒有再出現大的變動。

另外，蒙古人傳統的法律「札撒」缺乏統治定居文明所需的複雜性，它只反映游牧社會的價值觀，不適用於中國。在奪取權力期間，忽必烈保留了金朝女真人的法律，但在一二六二年他命令他最信任和最有影響的兩位幕僚姚樞和史天澤制定一部更適用於他的漢人臣民的新法律，從一二七一年開始執行這些法律。

不過蒙古的法律、慣例和習慣還影響著新的法律：在法律上蒙古人明顯地比漢人得到優待；死罪的種類為一百三十五種，要比宋朝法典中規定的數量少一半還多，按照蒙古慣例，通過向政府上繳一定的贖金，犯罪者可以免遭懲罰；忽必烈可以發布大赦，而且他的確這樣做了，甚至對反叛者或政敵都予以大赦，為了避免濫用的權力，行省和中央政府的官員會對地方司法裁決的重罪進行日常的審核。因為缺乏對法律執行情況的詳細研究，很難辨別這些法令上的改革是否轉化成比以前的中原王朝更為寬容和靈活的系統。然而該法律中體現的忽必烈及蒙古人所支持的法律思想的確不如以前的漢人法律那麼嚴厲。

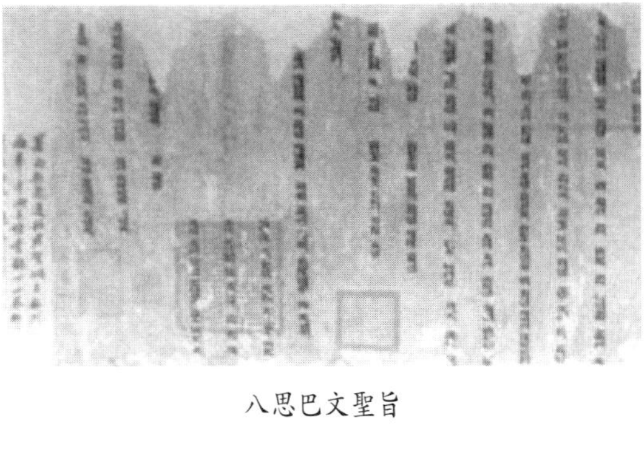
八思巴文聖旨

可見，改行漢法只是忽必烈建政綱領的一個方面，另一方面，他也強調要遵行蒙古的舊章。作為一個入主中原的後進少數民族，無疑只有依靠民族特權進行民族鎮壓才有可能維護其統治地位。這就需要保存民族差異，利用民族隔閡，甚至有必要製造和挑撥民族矛盾，因此忽必烈改行漢法是有限度的。行「漢法」絕不是行「漢化」，全盤漢化就有使自己湮滅在漢人海洋中的危險。忽必烈需要被承認為中國的君主，但他同時還必須表明自己是蒙古人的大汗以及蒙古統治下的非漢人疆域的統治者。過分強調漢人的特點會減損他作為遼闊蒙古疆域的統治者形象，忽必烈不能讓人覺得他認為漢族文明比他自己民族的文明更有吸引力，並且必須避免被中國文化所吞沒。最終他制定了用來保護蒙古特權和內部統一的政策，總的來講他不鼓勵蒙古人和漢人之間的親善關係。

在中國歷史上，由少數民族建立的王朝一統天下這還是第一次。面對人數眾多、非我族類的漢民，以及中原民眾長期存在的對邊地少數民族的蔑視心理等，這些都對少數民族統治者構成無形的威脅。要想鞏固統治，蒙古貴族自然會更多地依靠其他少數民族人士的支持。由於不可能擺脫這種政治心理的支配，忽必烈在制定民族政策問題上，自然也就不可能採取民族平等的方針，而公然採用民族歧視政策。這就是「四人」制度的產生。忽必烈將蒙古人、色目人（**即其他少數民族**）、漢人（**華北地區的漢人**）、南人（**江南的漢人**）分為四等，而給予不同的政治待遇，雖然極不合理，但卻可以造成不同民族之間的某種隔閡而分別加以利用。乃是那個時代的必然產物。

可見，忽必烈沒有將自己的政治傾向和漢人的政治傾向混為一談。直到一三一五年，即他去世二十年後才重新恢復科舉考試，一度使受過教育的漢人失掉一種過去最普遍最傳統進入官僚階層的途徑；財政管理落入到非漢人手中。整個帝國安置了對官員進行暗中監視的御史，顯示出比以前的任何一個朝代更注重控制。同樣，軍隊的地位要比在傳統的中國朝代中更為重要。忽必烈採取了一些積極措施保留蒙古人的儀式和習慣，他繼續舉行一些傳統的蒙古慶典。

一統中華

忽必烈與阿里不哥爭汗位期間，蒙軍暫時無力大舉南侵，此時偏安江南且已經兵衰財困的宋廷卻相信賈似道「諸路大捷」的謊報，未做積極的作戰部署調整。忽必烈遣使者郝經赴宋地，要求履行與賈似道密約議和之事，賈似道恐事情洩露把郝經拘禁起來。忽必烈汗位既定，便開始謀劃伐宋之戰事。他吸取前兩位大汗征宋的教訓，放棄了主攻四川的做法，採取了中央突破，即先取襄陽、後浮漢入江、直搗臨安的作戰方針。自宋理宗景定三年（一二六二），忽必烈即命兀良哈台的兒子阿朮率軍南征，進行了一些小規模作戰。同時，鑒於以往蒙軍幾次南下不習水戰的教訓，建造戰船五千艘，編練水師七萬，使元軍既有「北馬」之優勢，又兼「南船」之特長，為掃平三吳做好了準備。

戰爭於一二六八年爆發，一直持續到一二七九年。從一二六八年到一二七三年的襄陽之戰是戰爭中最長的戰役，並被證明是最關鍵性的。位於漢水沿岸的襄陽是具有決定性意義的戰略要地，是通向長江中游盆地的最後一個要塞。襄樊地處南陽盆地的南端，居漢水上游，三面環水，一面傍山，是控制南北交通的要地。自古襄樊就有「七省通衢」之稱。古人講如果拿得下襄陽進可以取中原、退可以保江南。據史料記載，在中國歷史上光是在這個地方發生的戰鬥就多達兩百多次，可見襄樊戰略位置之重要。南宋王朝在長江一線與北方各王國對峙，把襄樊，尤其襄陽城視其為朝廷根本，關係國家存亡的重地，開府築城、儲糧屯軍，經多年經營，建成為城高池深、兵精糧足的軍事重鎮。

為了戰勝守衛者的抵抗，蒙古軍隊需要取得漢水的「制河權」以阻止來自宋朝首都的給養和增援部隊。蒙古軍隊還需要熟練掌握攻城戰術和使用火炮，為了提供這種專門技能，忽必烈挑選了一組來自各種族的軍官，並為他的軍隊招募蒙古人、漢人、畏兀兒人和波斯人，為他的水軍招募高麗人和女真人。圍困開始於一二六八年秋天，但是很久之後才實現全面封鎖，所以在圍攻的頭三年中宋朝還能夠向被圍困的要塞發送給養和增援部隊。同時忽必烈反覆地派出他自己的增援部隊向襄陽的保衛者增加壓力。例如，從一二六九年四月到一二七〇年四月，他向該地區派出十萬官兵和五千艘戰船，但是襄陽的保衛者堅持不投降。然而，一二七二年初宋朝朝廷在試圖打破圍攻中遇到更多的障礙，從這時起襄陽完全孤立。但蒙古指揮官認識到強攻城堡和要塞要付出沉重的代價，如果他們選擇避免流血，毫無疑問他們會被箝制，為了打破僵局他們需要幫助。兩位回回技工提供了蒙古人所尋求的幫助。

忽必烈的侄子、波斯的伊兒汗國宗王阿八哈應大汗的要求派出亦思馬因和阿老瓦丁前來中國。這兩位回回人在一二七二年下半年到達襄陽並建造了能夠遠距離發射大石塊的投石機——回回炮。回回炮在當時了不起的三大特點，一是射程遠，二是威力大，另外一個是命中率高。它的射程有五百公尺；其上有掛鉤，能夠把炮彈固定在某一個位置；上面還有一些瞄準的刻度，刻度對應距離，根據你與目標的距離設定刻度，這樣幾點構成一線，就可以比較準確地命中目標了。

一二七二年底蒙古軍隊開始使用這些設備。藉助這種大炮的神威，蒙古人最後強行攻城，剩餘的宋軍用密集的石塊和彈射器反擊，但未能擋住敵軍。一二七三年三月勇敢的宋軍將領呂文煥投降，持續近五年的圍攻終告結束。

元軍攻佔襄樊，實現了中央突破的戰略企圖，宋廷大為震驚。此時南宋防禦戰線已與元軍的攻擊戰線呈犬牙交錯之勢。宋軍雖還佔有建康（今南京市）、鎮江、安慶、江州（今九江）、鄂州等沿江諸戰略要點，但全線防禦已是支離破碎，「天下之勢，十去八九」。至元十一年（一二七四）八月，宋度宗病死，謝太后臨朝稱制，賈似道弄權朝中，南宋頹敗之勢明顯已朝不保夕。賈似道試圖通過親自主持抵抗蒙古軍隊的進攻盡力挽回聲譽，他知道進擊的蒙古人將沿東南方向向宋朝首都杭州進軍，決定在西北方向上靠近揚州城的地方進行抵抗。賈似道率領十三萬大軍迎敵人，為了加強自己的入侵力量，忽必烈決定指定一位攻宋軍隊的統帥。

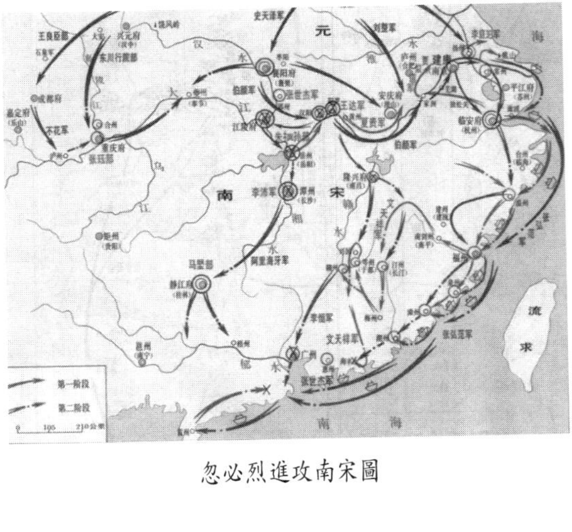

忽必烈進攻南宋圖

於是忽必烈選擇了伯顏，一位可能是那個時代最有才華的軍人擔任遠征軍的指揮官。在旭烈兀領導下的波斯和中東戰役以及大理戰役中伯顏早已功成名就。伯顏認識到這項任務極其重要，他對遠征做了充分的準備。完成計畫制定和對軍隊的訓練之後，一二七五年一月從漢口渡過長江，兩軍展開了水陸激戰，但很快宋軍被迫後退。三月中旬，伯顏終於在離揚州不遠的丁家洲遇到主要對手賈似道，雙方勢均力敵，但蒙古軍依靠包括投石器和石弩在內的大炮擊潰宋軍並予以重創，賈似道的軍隊開始逃跑。賈似道雖被迫重聚軍隊但還是一路潰敗，他在首都杭州的政敵得到了他們一直尋找的機會，他們剝奪賈似道的官職並把他流放到福建，在途中賈似道被押送他的人害死。戰至六月間，元軍已控制長江，完全控制了處於南宋防禦體系中心的荊湖地區。加上其他各路元軍的破城掠地，兩淮、京湖、四川三個防區已被切割得支離破碎。

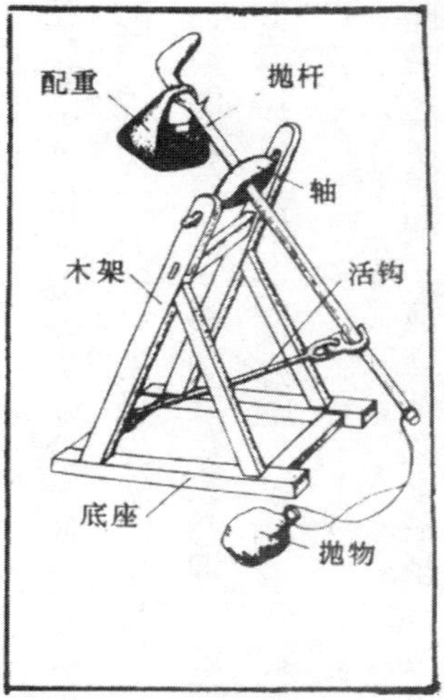

回回炮復原圖

十一月，伯顏率軍分三路進軍臨安，宋廷處於慌亂和無序狀態。當蒙古人繼續向前推進時，南宋的皇族面臨其他困難。年輕皇帝度宗於一二七四年八月十二日突然病逝，由他年僅四歲的兒子繼承皇位。謝太皇太后為孫子攝政，但她體弱並且缺乏好顧問，尤其因為越來越多有權勢的臣僚投靠了蒙古人。同時，在丁家洲戰役之後伯顏的軍隊包圍揚州並且佔領一個又一個的城市，多有宋軍和居民不戰而降，除了投降之外太皇太后沒有別的選擇。一二七五年末，她派出使者答應向蒙古進貢。但是伯顏拒絕這些提議，聲稱除無條件投降外他對一切都不滿足。

一二七六年初，各路元軍會集臨安。在這種情況下，宋廷屢屢遣使與元軍求和，元將既不和，也不休兵，宋廷「求和不得、欲戰無力」，只得於萬般無奈之間做投降和南走閩廣的準備。臨安破城在即，張世傑、文天祥請宋廷南遷，自率臨安城中兵將拼死一戰，與臨安共存亡，太皇太后不許。一二七六年正月，宋謝太皇太后和恭帝，奉傳國璽和降元表投降大元。二月初，伯顏承制，以臨安為兩浙大都督府，命范文虎等入城詔都督事。命程鵬飛取宋太皇太后手詔、樞密院檄文，傳諭所剩州郡降附。三月初，伯顏率元軍入臨安城。攻陷臨安後，元軍俘宋恭帝、謝氏和全氏兩太后、宗室、官吏及各種圖籍、戶冊、祭器、儀仗等北去。

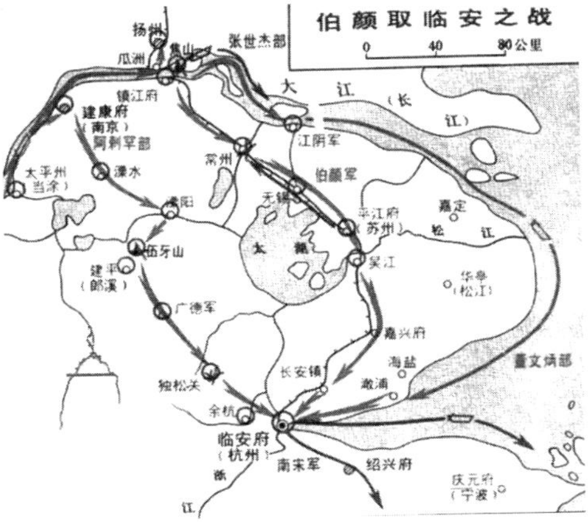

伯顏取臨安之戰

此時圍攻揚州的元軍仍未能克城，宋守將李庭芝、姜才誓死抵抗。臨安失陷後，他們幾次拒絕宋太皇太后的勸降和忽必烈的招降。最後奉趙昰之命，李庭芝、姜才方留下朱煥守城，率兵至泰州（今江蘇泰縣），朱煥待李、姜走後即獻城降元。元軍追擊圍攻泰州，將李庭芝家眷押至城下招降，李仍拒投降，而後叛將打開城門，元軍入城後捕殺了李庭芝和姜才。宋駙馬都尉楊鎮等乘朝廷混亂之際，奉益王趙昰、廣王趙昺及嬪妃逃出臨安。

一二七六年六月十四日宋臣陸秀夫與張世傑等幾經輾轉逃至福州，擁立九歲皇子趙昰做小皇帝，圖謀抗元復宋，此時南宋所剩軍隊還有十七萬人。右丞相文天祥被元兵押解北還時於中途逃脫，率義軍進復江西。七月間，文天祥號召各地自行起兵，匯入江西抗元。面對這樣一位年幼的皇帝，宋朝忠臣需要一位強有力的攝政王來保證他們復國事業的無礙。由於主要官員政治觀點不同，不能選出單一的攝政王，缺乏團結和不斷的爭吵削弱宋朝，使得蒙古人率領的軍隊更有信心，以最快的速度向南挺進。

一二七八年五月，趙昰病死，他的死對宋朝的忠臣是一個沉重的打擊，最後張世傑和陸秀夫推戴趙昰的異母兄弟趙昺並以他的名義進行統治。六月間逃至海中的崖山，作為南宋王朝的最後一隅。忽必烈任命張弘範為元帥，圍剿南宋所剩餘的武裝力量。元軍乘船由海道襲擊了文天祥的駐地潮陽，文天祥退走海中，張弘範的弟弟張弘正領兵追至五坡嶺，文天祥被俘。元軍攻張世傑不下，強迫文天祥作書招降張世傑，文天祥書寫《過零丁洋》與元軍，後元軍將文天祥押解至燕京殺害，文天祥臨刑前賦有《正氣歌》。一二七九年初，張弘範的水軍至崖山，攻下廣州的元軍也來會合，擊敗了抗元宋軍最後一支部隊。一直跟隨小皇帝的宰相陸秀夫，背著趙昺投海自盡，張世傑舟覆而亡，宋王朝終被新建的元王朝所滅。一些忠臣逃到占城（今越南），他們計畫恢復力量並且對蒙古在中國的統治進行挑戰，但是他們已沒有能力做到這一點了。

元世祖忽必烈繼承成吉思汗的遺志，領蒙、漢等各族武裝進行

陸秀夫像

了滅宋之戰，終於「混一宇內」，完成了統一中國的歷史使命。漢族的江山至此完全淪陷蒙古人的鐵蹄之下，留給我們的只有對有些「不知亡國恨」的南宋君臣的唾罵和對文天祥氣節的千古傳唱！

帝國的危機：叛亂四起

李璮叛亂　忽必烈在中國的統治一開始也是脆弱的，出現了幾位權力的競爭者，他的第一個對手是山東益都的李璮。李璮早期在對宋朝的戰爭中和蒙哥合作並且襲擊過幾座濱海城鎮。他當時進犯南宋，取海州（今江蘇連雲港西南）等四城，大張克捷之功。當忽必烈於一二六〇年登上了大蒙古國的皇位時，看來沒有理由懷疑李璮對蒙古的忠誠，加封他為江淮大都督。另外，李璮是王文統的女婿，而王文統剛被忽必烈任命為中書省的平章政事，這是政府裡最有影響的官職之一。

一二六〇年和一二六一年，忽必烈送給李璮金銀作為對宋戰爭的費用，但在一二六一年下半年，李璮卻準備和忽必烈決裂並且與南宋進行一項和約。由於可以從山東貯藏的鹽和銅得到巨大財富，李璮擁有向蒙古統治發起挑戰所需的重要資源。他可能已經得到宋朝給予支持的保證，並且認為和南宋的貿易以及其他經濟關係要比與蒙古的友好關係更有實利。另外，在種族上作為一個漢人，他可能具有忠於宋朝的感情。不論出於什麼動機，一二六二年二月二十二日他背叛了忽必烈。

反叛前兩天李璮匆忙與南宋聯繫，以獻漣海三城約降，殺蒙古戍兵，從海州泛海還攻益都，進據濟南。南宋只封李璮為齊郡王，並未在軍事行動上給予有力配合。李璮在進攻濟南時，曾傳檄河北，希望取得華北地區漢人軍閥的支援，但應者寥寥。忽必烈立即對此做出反應，派出幾支最信任的軍隊來對付這位麻煩的漢族領導人，忽必烈的兩位主要將領史天澤和儒士幕僚趙璧前去粉碎李璮的反叛軍隊。數量上的優勢在幾個月之內就顯示出來：四月初，元朝軍隊對李璮的叛軍完成了戰略包圍，忽必烈乃調來大將史天澤主持攻打濟南戰役。至五月，史天澤又在濟南城外環築壁壘，嚴加圍困，李璮既無力反擊，也無法出逃，只得坐以待斃。七月，城中食盡，李璮見大勢已去，企圖投湖自殺，未死而城破被擒。史天澤在沒有請示忽必烈的情況下，立刻將李璮處死。他的岳父王文統之後也被處死，並且為了對王文統受到的懲罰提供法律根據，史天澤公開宣布了王文統在叛亂中的造反及「叛跡」，使得中原諸漢軍萬戶皆受其牽連。事實上，在李璮叛亂之前，也確實和中原諸漢軍萬戶有過書信往來。史天澤此舉雖屬高明，卻也因此而引起忽必烈之疑忌。

忽必烈迅速平定李璮叛亂，對鞏固忽必烈奪取不久的政權和避免再次出現分裂割據的局面都起了很大作用。據《宋史紀事本末》記載李璮「死而北人絕歸朝之志」，北方漢族民兵的軍閥們受到李璮事件的警告，更加死心塌地地為忽必烈效力，不敢有叛逆之心。李璮事件確實牽連了不少地主軍閥，

元世祖時期修建的妙應寺白塔

忽必烈乘機大削兵權，在心有餘悸的史天澤帶領下，東平嚴忠嗣、滿城張弘略、濟南張宏等紛紛交出兵符。這樣，忽必烈既解除了發生叛亂的後患，又加強了中央集權統治。忽必烈又在地方實行軍民分治，分益都軍民為二，由董文炳領軍、撒吉思領民。以後這一制度在各地推廣，諸路管民官理民事、管軍官掌兵戍，從而把各地的兵權進一步集中到皇帝手中。

另外，李璮的反叛在忽必烈的統治中是一個轉捩點，因為它增加了忽必烈對漢人的猜疑。在一個重要經濟地區發生的叛亂肯定會對忽必烈產生影響，因為李璮是一位有影響力的漢人領導，而王文統則是一位受蒙古高層信任的漢族顯貴。此時他對僅僅依賴漢人來統治中國產生了懷疑，於是他開始從非漢人的幕僚中尋求協助。即使在他成為大汗和中國皇帝之前，忽必烈已經招募出身於不同種族的幕僚。但是李璮的背叛讓忽必烈更強烈地意識到需要更多非漢人的幕僚和官吏。漢人的背叛僅僅是拉開了大規模背叛的序曲，在忽必烈統一中國、開創萬世功業後，更嚴重的危機隨之來臨，原本尚有一息家天下意味的草原帝國也就分崩離析，名存實亡了。

海都的叛亂

按照成吉思汗的分封，成吉思汗的各個弟弟和兒子都有自己的大片封地。而大汗的直轄領地受幼子拖雷繼承。各個分封的親戚都在自己的汗國享有至高無上的地位，他們有權徵調賦稅，勞役，任免官員等等特權，儼然國中國。而大汗對於這些汗國的軍隊有徵調的權力，但是沒有領屬權。名義上對於汗位的繼承有分封權，可惜汗位的繼承幾乎完全取決於前一位汗王的意願和力量對比，這也就造成了鬆散的統治。但是大汗對軍隊有徵調權這一點被成吉思汗和他的繼任者（窩闊台和蒙哥）運用得非常好，從而控制了其他汗國。等到忽必烈一代，因為支持蒙哥上台而獲得較為自由地位的欽察汗國更加「放肆」，甚至不再承認忽必烈的最高統治權，對欽察汗國的統屬終止。在忽必烈爭奪蒙哥汗的繼承權時，他的弟弟旭烈兀西征波斯，為了獲得他的支持，忽必烈給予了他所建立的伊兒汗國獨立的位置。等到海都撐起反抗忽必烈的大旗開始，察合台汗國和窩闊台汗國也不再從屬於忽必烈。

海都是窩闊台之孫，合失之子，聰明能幹又狡詐，頗有勢力，逐漸成為忽必烈的對立派領袖人物。蒙哥即位後，窩闊台系宗王失勢，海都被分遷於海押立。海都認為大汗位當屬窩闊台後裔，其父合失應繼承大汗位（**實際是自己要求襲位**），因此一直心懷不滿。

忽必烈與阿里不哥爭位，海都支持阿里不哥。阿里不哥敗降後，海都就回到他在葉密立河的封地，逐漸糾集部眾，結好朮赤後王，擴展自己的領地。在他的領導下，號令專一、賞罰信明、士卒練習，以海押立為基地，勢力日盛，成為窩闊台系諸王的首領，積極謀求大汗之位。忽必烈屢次遣使徵海都入朝，他以馬瘦為詞拒不來朝。忽必烈因無力西顧，一面按年賞賜海都銀兩幣帛，並分蔡州為他的食邑表示優容；一面派在中原的察合台曾孫八剌回察合台汗國奪取汗位，以牽制海都，而八剌回到汗國奪得大權後，反而不再聽從忽必烈的指揮。忽必烈乃於一二六八年，首先出兵進擊海都。朮赤後裔宗王忙哥帖木兒與八剌也乘機進攻海都。此後數年，三汗國之間時和時戰，一度無暇顧及東侵。

至元十一年（一二七四），元軍大舉伐宋，海都又乘虛進襲。一二七五年，忽必烈為了加強對西北地方的控制，再次派皇子那木罕，率諸侄昔里吉（**蒙哥汗之子**）、脫黑帖木兒等，輔之以宰臣

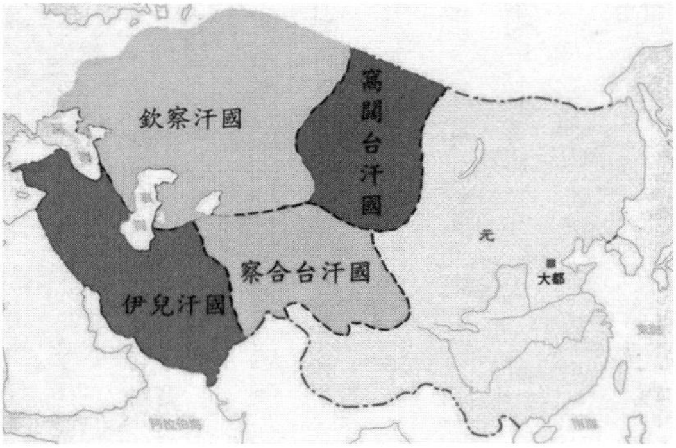

元朝及蒙古四大汗國疆域圖

安童，出鎮阿力麻里。翌年，脫黑帖木兒、昔里吉等相繼叛亂，遂囚禁那木罕、安童等人並進犯嶺北。忽必烈得報，急命大將伯顏、土土哈、孛羅歡等出征，雙方展開激戰，叛軍被擊潰。其後不久，叛軍內部發生分裂，脫黑帖木兒戰敗被殺。昔里吉戰敗被擒，送至大都，忽必烈將其流放到海南島，後死在那裡。就在昔里吉、脫黑帖木兒等大舉叛亂時，海都乘機進一步擴大自己的勢力，向元廷發動進攻，侵佔了阿力麻里，兵鋒已達天山南北。忽必烈在平定昔里吉等人的叛亂後，命大將劉恩率軍反擊海都，但卻被海都軍擊退。

至元二十五年（一二八八），海都又一次出兵，大敗元軍於杭愛山，並攻戰了漠北的政治、軍事中心——和林。忽必烈聞訊，決定調集大軍徹底擊敗叛亂。海都聽說忽必烈要率軍親征，自知不敵，於是急忙退走。不久元軍在玉昔帖木兒、土土哈等大將的指揮下，向海都發動強大的攻勢，進謙河流域打退了海都的反攻，使其受到沉重打擊，海都勢力由此日衰，已無力再向元朝發動進攻。西北宗王的叛亂，到至元末年基本上得以平定。

海都可以說挽救了窩闊台汗國的命運，恢復並擴大了窩闊台汗國在中亞的統治能力，這同時也加劇了蒙古帝國的分裂。因為由於海都東侵南掠，阻斷了自窩闊台時代就建立的東達蒙古本土和漢地、西至欽察汗國和伊兒汗國的驛站，使蒙古帝國內部經濟文化交流阻塞，政令訊息無法傳達，如元朝與伊兒汗國的聯繫只好改由海道進行，元朝與欽察汗國的聯繫因海都的阻撓而無法進行。海都雄踞中亞，與拖雷家族爭奪汗位，是導致蒙古帝國分裂的外因之一。

東北宗王的叛亂　忽必烈在攻滅宋朝後，就開始加強對東北地區的控制。對於那些目無元廷法律的東道諸王也要嚴加管束。這就必然會觸犯諸王的特權，而使其與元廷之間的矛盾迅速激化。一二八六年二月，為控制東北政局，忽必烈下令設立東京行省作為元廷在東北地區的最高行政機構，以代替原來設置的山北遼東道、開元路等宣慰司。這一做法使東道諸王明顯感到威脅日漸迫近，他們開始和西北諸宗王勾結起來，遙相呼應，相約出軍對抗元廷，以進一步加強割據勢力的實力，甚至不惜推翻忽必烈的統治。

而在東道諸王中，乃顏的勢力最大。乃顏是元朝蒙古的宗王，成吉思汗幼弟鐵木哥斡赤斤的玄孫。成吉思汗分封子弟，斡赤斤所得分民獨多（一說五千戶，一說與其母合得一萬戶），其分地在蒙古最東部，以哈拉哈河流域為中心，並不斷向哈剌溫山（今大興安嶺）以東擴展，據有遼東大部分地區。

他一方面與西北方的海都信使往還，約定聯兵以攻元廷。另一方面則與東道諸王哈丹禿魯干、勢都兒等相勾結，於一二八七年四月公開發動叛亂，以此對元朝構成自東北至西北的強大威脅。忽必烈得報立即採取了有效的措施；一方面是派大將伯顏率軍出鎮和林，以割斷乃顏與海都之間的聯繫，防止他們在漠北聯合行動，以免造成更大威脅。另一方面是命令東北各宣慰司，嚴禁其屬民與乃顏相來往，以削弱乃顏的勢力。然後組織大軍進討叛亂。同年五月，忽必烈由上都親率大軍征討叛亂，經過激戰將叛軍擊潰，遂乘勝直搗乃顏的老巢。乃顏沒有料到忽必烈會如此迅速地調集大軍，御駕親征並且進展神速，故而在毫無防備的情況下就被元軍主力所包圍。再經激戰，乃顏軍敗被俘，旋遭處死，忽必烈後將乃顏的分民、財產沒收，另分與他人。忽必烈在討平乃顏叛亂後，於同年十月，重新設立遼陽行省，以加強對東北地區的控制。

在此之前，這時期各個汗國的情況已發生了變化。欽察汗國的統治者別兒哥成為成吉思汗黃金家族中第一個改奉伊斯蘭教的君主。他對旭烈兀在征服西亞中摧毀伊斯蘭城市，虐殺穆斯林及巴格達哈里發的行為十分不滿。他特別是在對待阿蘭與亞塞拜然兩地區上，別兒哥與旭烈兀各懷野心，相爭不下，以致從一二六二年開始，雙方兵戎相見，連年不解。別兒哥且引埃及的馬木路克為助，進行南北夾擊，彼此已再無意於東來參加大會。一二六五年，旭烈兀病死，子阿八哈嗣位為伊兒汗。接著別兒哥也死去，其弟忙哥帖木兒嗣位為欽察汗。雙方仇怨已是形同敵國。

總而言之，忽必烈登基之後，各汗國都在獨立化的道路上分向發展。欽察、察合台與伊兒汗國各自形成。另一部分窩闊台後王如海都等則始終與忽必烈為敵，拒不入朝，但他們暫時還勢小力單。作為元王朝統治者的忽必烈，實際所控制的地區只是中原、華北、東北、蒙古草原及包括今新疆的廣大地區。只不過，從名義上忽必烈所繼承的是成吉思汗大蒙古國的大汗正統，因此他是「一切蒙古君主之主君」，大汗與諸汗國之間頒賜與朝貢的使者絡繹不絕。

在蒙哥和窩闊台時代精心策劃的控制附屬汗國的政策在忽必烈這裡完全的被放棄，取而代之的是忽必烈較為熱衷的蒙古本部和中原土地。這樣不僅導致了人類有史以來最大帝國的分崩離析，而且忽必烈晚年對於漢化的厭惡，也使得忽必烈後代漸漸迷失了處理國家走向的大政方針，當然這是後話了。

帝國朝政的升沉：經濟危機

一二七九年被證明是忽必烈統治的一個分水嶺，在這以前他在事業中很少經歷失敗。他統一了整個中華帝國，粉碎了包括他弟弟在內的所有反對者。他和他的幕僚建立了以漢人模式為基礎，卻不以漢人思想和風格為支配地位的政府。他的軍隊佔領了中國的其他地區並且維護了蒙古人對高麗和漠北的控制。他最明顯的失敗是對日本半途而廢的入侵，但是他可以文過飾非，把這次失敗歸咎於可怕的自然災害——颱風。在他統治的前二十年中，所有的事務似乎都在平穩地發展。

但是表象是靠不住的，在表象後面隱藏著一些棘手的問題。一些儒家學者不順從蒙古人的統治，隨著南宋合併到元帝國，他們的不滿更加明顯。南方的學者沒有經歷過外族人的統治，相當多的人最終拒絕與蒙古人合作。忽必烈本人在一二七九年後開始遲鈍，當時他年近七十歲，受到健康問題的折磨。痛風使他苦惱，令他難以行走。忽必烈面對的最緊迫問題是財政問題，建築工程、公共事務的支出以及軍事遠征都需要巨額的消耗。為了得到必要的資金，忽必烈求助於回回理財大臣阿合馬。阿合馬主要是斂財徵利而為忽必烈所器重的。他聚斂的金額越高，他的權力、威信和收入越大。他的搜括措施主要有以下三種方式：

一是濫發交鈔。中統初，在王文統的主持下創行交鈔，即所謂中統鈔。它是以白銀為價值尺度，通行全國的一種紙鈔，每兩貫同白銀一兩。一開始每年發行量較為穩定，約七萬五千錠（五十兩合一錠）。但從一二七四年至一二八二年，累計達八百零九萬錠，接近前十四年的八倍，達到年平均為九十萬錠。當然其中一部分是交鈔推行及於江南後所必要的增額，這是合理的，但更大部分則純粹是濫發，以此來應付頻年滅宋與討伐漠北諸叛王的軍費，以及對宗親貴族的賞賜之需。其結果導致中統鈔日益貶值，物價飛漲。

帝師八思巴：元代第一位帝師。

二是屢興理算。理算意即檢查與清算各官府所有出納財物，核查欺隱、追徵欠額，這一制度在蒙古國時期常常實行。到至元中，特別是統一江南後，在阿合馬的主持下多次大規模進行，以之作為徵括財物與打擊異己的手段。

三是增加稅收。阿合馬從一二六二年後在中書省任平章政事到一二八二年死去，這期間負責國家的財政管理。他首先把登記交稅的戶數從一二六一年的一百四十一萬八千四百九十九戶增加到一二七四年的一百九十六萬七千八百九十八戶。然後他對商人徵收更高的賦稅，對新生產的產品實行國家壟斷，並禁止私人生產某些商品。

阿合馬專權納賄，也利用權勢大肆提拔子弟親從，並對不附己者橫加迫害以排除異己。他的子侄遍布要津，他任命回回人為高官顯爵，並且試圖把自己無經驗並且可能是不稱職的兒子們安插在官僚機構中有權勢的位置上。大部分官員指責他牟取暴利和任人唯親，他們宣稱他利用新的賦稅和壟斷使自己致富。但是從另一個角度來看，把志趣相投的助手和親戚安插到政府中完全是合情合理的，如果阿合馬要克服反對意見和順利執行他的政策，他必須把他的支持者安排在重要的位置上。

阿合馬的確強加沉重的賦稅並提高商品的價格，但是他在宮廷中的位置取決於他滿足蒙古人收入要求的能力。他是蒙古朝廷兢兢業業的代理人，這個朝廷對於收入有著巨大和迫切的需求。

雖說阿合馬的政策對於國庫是有利的，但是他的政策激起了宮廷中一些最重要的漢人反對。忽必烈的儒家幕僚對阿合馬的權力憤恨不滿，並且指責他牟取暴利，還指責他是辦事奸詐的諂媚小人。十三世紀七〇年代後期，皇太子真金顯然加入了反對他的行列，真金反對阿合馬的兒子和親戚位居顯赫的位置，阿合馬的驕橫引起了朝野上下漢人的憤恨。

中統元寶交鈔

益都人王著，有俠士風，做過小吏，後從軍，他與高和尚等秘密串連圖謀刺殺阿合馬。一二八二年三月，忽必烈照例巡行上都，阿合馬則留守大都。四月十日，王著發起暴動，將阿合馬從他的家中誘出並將他刺殺。幾天之後，忽必烈返回首都並且處死這個小集團的成員，不過他的漢人幕僚最終使他相信阿合馬的奸詐和腐敗。儘管他們用來反對阿合馬的證據值得懷疑，但是忽必烈確信這位回回大臣有罪，因此將他的屍首掘出吊在一個集市上，然後忽必烈放出自己的狗群去咬阿合馬的屍體。這次大都暴動是在一批漢人上層人物的秘密策劃下進行的。他們竊用皇太子儀仗，使用關防打開大都城門，調集官員、軍隊，甚至連阿合馬本人都毫無覺察，可知這絕不可能是一般的下層平民組織所能完成，它本質上是朝廷中漢人官僚與色目人阿合馬的拼死爭奪。

然而除掉阿合馬並沒有解決忽必烈的財政問題。由於忽必烈多次發動對日本和東南亞的遠征，在阿合馬死後稅收需求變得更加緊迫。同時在十三世紀八〇年代初，忽必烈失去一些他最忠誠的漢人幕僚，包括許衡、姚樞，他們都在這個時期去世，他們的去世使得非漢人幕僚有更多的機會影響忽必烈。忽必烈本人的體弱多病與這些麻煩混合在一起，他越來越力不從心，卻依舊將大權交給能為他帶來財富的「財政專家」。

盧世榮就是利用忽必烈的困難增大自己權力的。阿合馬死後，盧世榮任中書省右丞，管理財政。和阿合馬一樣，他試圖加大政府的稅收來應付朝廷不斷增多的費用。他試圖以專賣、增加市舶稅、發行更多的紙幣以及擢用商人為課稅官員等措施來增加政府的收入。盧世榮的經濟計畫與阿合馬一樣引來敵意，漢人指責他牟取暴利、任人唯親以及剝削漢人同胞，還指責他迫害、追捕甚至處死競爭者和對手，皇太子又一次成為反對盧世榮的領袖。一二八五年五月，盧世榮被捕並且在這年年底被處死。盧世榮的死可能除去了一個被漢人視為橫徵暴斂的人，但是不能緩和朝廷所要面對的財政問題。

除了財政問題之外，忽必烈還面臨著南宋與其他疆域經濟統一的困難。如果忽必烈希望實現其他任何經濟和政治目的，中國必須是要真正的統一和實施中央集權的。忽必烈首先釋放被他的軍隊所俘虜的大批士兵和平民，以爭取江南漢人的認同。接著他發布以恢復中國南方經濟為目的的命令，其中包括禁止蒙古人掠奪漢人的農田，並建立貯存剩餘穀物的常平倉來保證遇到災害時有足夠的糧食供應。徵收的農田稅並不繁重，而且在災年會被免除。鹽、茶、酒和一些商品實行專賣，但是由專賣導致的價格居高不下是難以負擔的。忽必烈推動南方繁榮的另一個基礎是海上貿易。自身利益肯定是這些政策的動機因素，因為南方的經濟恢復最終將意味著更大的利潤。

儘管他做出努力，南方一些漢人的敵意並沒有平息下來，好幾次反蒙古統治的起義損害著忽必烈的經濟計畫。一二八一年忽必烈的軍隊粉碎了由陳桂龍率領的起義。為了制服福建另一場更嚴重的造反，朝廷調動了十萬蒙古軍隊。在忽必烈統治結束之前，各地的起義連綿不斷，但是大部分抵制蒙古人的漢人都是採行非暴力不合作的手段。他們拒絕為蒙古人服務，只是追求自己的知識趣味，乾脆避免和蒙古人有所牽連。這種反抗使忽必烈和元朝喪失他們急需的專門人才，而連續不斷的騷亂迫使他們在南方駐紮軍隊造成很大的損失。總而言之，到忽必烈統治的後期，南方並沒有完全統一，而且經濟問題加上政治分裂讓這個地區不斷干擾著元廷。

由於在南方的努力沒有全部成功，忽必烈著手實現滿足北方核心疆域的需要。因為他把首都建在大都，忽必烈需要保證這個新城市穩定的糧食供應，這迫使他從中國南方的富庶地區運入糧食，因為大都附近的區域無法生產足夠供給大都的糧食。一二八二年元朝的第一次海運非常成功，超過百分之九十的糧食運達北方，在沿岸變化莫測的大海中僅損失六條船。但是十三世紀八〇年代中期，颱風和惡劣的氣候條件造成大量沉船，使朝廷認識到需要另闢一條替代的運送糧食的途徑，朝廷決定把大運河延伸到可以使船運的糧食方便地到達大都。忽必烈決定在山東省開鑿從濟寧到臨清的運河，商品可以從臨清通過衛河上轉運到大都附近的直沽，這樣糧食可以從長江直接運送到忽必烈的都城。一二八九年二月完成了這項擴建，並將這條被稱為會通河的運河對船運開放。延長這條運河大約動用了兩百五十萬名勞工參加建設，為此政府花費了巨款。這條運河所需的大量開銷毫無疑問地是十三世紀八〇年代後期煩擾蒙古朝廷的財政問題中的一個重要因素。

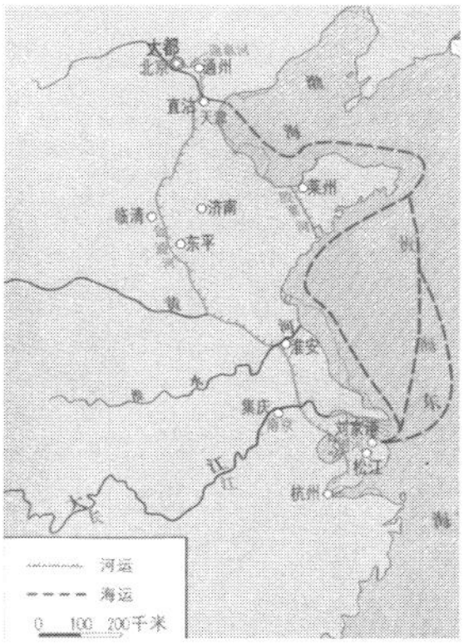

元代漕運

就在此時，試圖解決忽必烈朝財政問題的三個「奸臣」中的最後一位——畏兀兒人桑哥從此登上了歷史舞台。一二八七年桑哥被提升為右丞相，他積極支持在中國的外族人。他是畏兀兒學者和畫家的保護人；他說服忽必烈停止政府支持的反穆斯林運動；他還在一二八九年贊助建立了回回國子學。桑哥作為外族人的保護者不可能得到漢人的喜愛，他的財政政策也招致敵視，他不但提高商稅並且提高鹽、茶和酒的價格。更引起非議的是他對紙幣的改革，因為這項改革受到潛在的破壞性通貨膨脹威脅。一二八七年四月，桑哥用稱為至元鈔的新鈔取代舊鈔，這種新鈔是用忽必烈的年號命名的。要按五比一的比率把舊鈔換成至元鈔，那些被迫把自己的不太值錢的舊鈔按不甚滿意的兌換率進行兌換的漢人因為他們的實際財富價值下降而憤慨。

由於桑哥非常信任畏兀兒僧人楊璉真加，使得他在漢人中的聲望受到嚴重的損害。楊璉真加為了籌集建造和修繕寺廟所需費用，掘開南宋皇陵並洗掠了已故皇帝和皇后的陪葬財寶。他挖劫了一○一座陵墓，掠走了大量財物，並褻瀆了南宋君王的屍體。楊璉真加用這些寶物支付佛教寺廟的建造和修復費用，並且還把一些宮殿建築改成佛教寺廟。讓事態變得更糟的是他強使民力重建或改造寺廟並且將大地主的田地沒收變為寺產。南方土地所有者對他們的土地受到專橫掠奪而寺廟卻免除賦稅感到萬分憤怒。

楊璉真加濫用職權引起南方漢人的怨恨並終於導致對他的保護者桑哥的指責，在世人眼中他們兩個人是剝削者和暴虐者。因為他們的財政及個人不端行為遭到許多官員攻擊，並由攻擊變成了行動。一二九一年三月十六日，忽必烈解除了桑哥的職務並且把他監禁起來。八月，做出了處死他的決定。三個奸臣中的最後一個現在也死了，但是這三個人的行為深深地影響著忽必烈，因為他們一個接著一個受到忽必烈的重用，而且當他們在位時都成為這個國家實際上的統治者。但是在幾年之內，他們都走向反面並都受到非議，被指責犯有嚴重罪行並且最終或者被處死或者被謀殺。無疑使許多職務較低的官員感到疑惑，中國是否存在領導人物，忽必烈是怎樣統治國家的呢？

鐵蹄與神風之戰：中日關係的轉折

忽必烈在中國國內的困難預示著在國外存在同樣的災難。對內和對外政策的特點都是缺乏控制，忽必烈曾經執行過的平衡式行政權威彷彿已不復存在，考慮不周的政策幾乎成為慣例。無論作為中國皇帝還是作為汗中之汗，忽必烈都面臨著無情的壓力，不得不用擴大疆域的辦法來維護他的尊嚴與權威，因此他進行了幾次對外冒險。對日本、安南、爪哇的入侵都以失敗告終，其中尤以入侵日本對以後中日兩國的歷史有著轉折性的意義。

關於忽必烈對日本發生興趣的緣由，馬可波羅說是聽到日本擁有無數黃金等財富。此說僅見於《馬可波羅遊記》，可能是出於商人的嗜好故意渲染。但此時日本政府仍不與蒙古通好，並且怠慢、殺害蒙古使者。忽必烈當然不能容忍這種情況存在，無論日本是否富庶。

從一二六六年起，忽必烈連續四次遣使日本，威逼日本臣服，可是一直沒有結果。於是忽必烈在高麗設置屯田經略司，命令高麗籌備兵馬、艦船、資糧等，以備經略日本。但此時也沒放棄外交努力，又兩次遣使，先後告吹。於是忽必烈下了征討日本的決心。

馬可波羅

（1254-1324），義大利威尼斯人，1274年來到中國，並為官二十餘年，深受忽必烈器重。

一二七四年六月，高麗已造好大小艦隻九百艘。八月，忽必烈任命忻都為征東都元帥、洪茶丘為右副帥、劉復亨為左副帥，統帥蒙漢軍兩萬人、高麗軍五千六百人，加上高麗水手六千七百人，共三萬兩千餘人東征日本。爆發了第一次元日戰爭，日本史書稱之為「文永之役」。

十月三日，元軍從高麗合浦（今鎮海灣馬山浦附近）出發，三日後成功登陸對馬島，全殲島上守軍。

二十日晨，元軍分兩路在博多灣登陸。西路軍在百道原登陸，藤原經資率五百騎前來迎戰，但日軍的作戰方式明顯比元軍落後。據記載，日本當時會戰慣例由主攻部隊放射「鳴鏑」表示進攻開始，先由一單騎馳前搦戰，然後大隊跟進衝殺……當逼近元軍時，元軍戰鼓齊鳴、殺聲震天、弓矢齊飛、火炮轟鳴，日本武士心驚膽戰，戰馬惶恐不前。

日本人抗元圖（局部）

當晚，元軍召開軍事會議。會上只有高麗將領金方慶認為當時的形勢對元軍有利，主張堅持苦戰，攻取太宰府以待援軍。其餘將領皆認為形勢不利，很多人都高估了日軍數量，而且國內沒有派遣援軍，主張撤退，於是忻都下令撤退。但很不幸，撤退當晚遭到了風暴……颱風乍起之時，當時由於不熟悉地形，元軍停泊在博多灣口的艦隊一片混亂，不是互相碰撞而翻，就是被大浪打沉。午夜後颱風漸停，但暴雨又降，加上漆黑一片，落海的兵卒根本無法相救。忻都怕日軍乘機來襲，下令冒雨撤軍回國。此役元軍死亡兵卒達一萬三千五百人，其中絕大多數不是戰死，而是死於這場風暴。

元滅南宋統一中國後，再次遣使日本，結果使者又遭殺害。忽必烈忍無可忍，決心以武力征服日本。據說諸將向忽必烈辭行時，忽必烈囑託要齊心合力，以大局為重，不要濫殺百姓。看來他是想要佔領日本了。

這次征日，元軍分兵兩路。命范文虎去江南收集張世傑舊部及其他自願從軍者計十萬人、戰船三千五百艘組成江南軍，由范文虎統帥，從慶元（今浙江寧波市）啟航東渡日本。忻都仍統率蒙古軍，又任命高麗將領金方慶為征東都元帥，統率高麗軍一萬人、水手一萬五千人組成東路軍，取道高麗、過對馬海峽、進攻日本。兩路元軍由元軍宿將阿剌罕統一指揮，定於一二八一年六月十五日在壹岐島會師。

五月二十一日，東路軍進攻對馬島，元軍佔領對馬島後不顧忽必烈的指示大肆殺掠。第二次元日戰爭爆發，日本史書稱之為「弘安之役」。

當日方得知元軍入侵對馬、壹岐兩島後，在鎮西奉行少貳經資率領下的守護部隊立即進入沿海石壩陣地嚴陣以待。日軍一線部隊總計有四萬餘人。另外宇都宮貞綱率領約六萬名地方的武士部隊，作為增援軍在必要時前往築前。五月二十六日，東路軍攻入壹岐島。忻都為爭奪頭功，無視在壹岐島同江南軍會師的作戰部署，貿然進攻博多灣。六月六日，忻都派出一支小型艦隊，前往長門海域牽制守軍，使其不敢救援大宰府，大部隊開往博多灣。進入博多灣後才發覺沿海灘頭築有石壩，難以登陸。

此時出現重大變故，本次征日的總指揮、元軍宿將阿剌罕突然病死，忽必烈任命阿塔海接替指揮，但阿塔海未能及時到任。但江南軍統率范文虎認為先遣艦隊早已發出，不宜久等，遂在阿塔海尚未到職的情況下，令江南軍於六月十八日分批開航。當阿塔海趕到出發地點慶元時，范文虎已率軍揚帆東渡了。

七月，兩路大軍會師後軍勢大振，本應立即進攻大宰府卻遲疑不發，估計是因為天氣惡劣。元軍兩路統帥均無航海常識。八月一日，颱風襲來，在此次颱風襲擊下，蒙古東路軍損失三分之一，江南軍損失一半，一些靠近海岸的士兵被日本人屠殺或溺死。《元史》也記載，由於元軍戰船「縛艦為城」，因而在「波如山」的颱風襲擊下「震撼擊撞，舟壞且盡。軍士號呼溺死海中如麻」。剛剛才被救起來的范文虎貪生怕死，要立刻班師。

此時，在平戶島被救起的士卒四千人無船可乘，范文虎命棄之不顧。張禧不忍，將船上的七十五匹戰馬棄於島上，載四千士卒回國。另外被遺棄在日本海島上的元軍士卒尚有三萬餘人，大部分戰死，被俘者中，除少數被留作奴隸外，其餘大部慘遭殺害。

忽必烈兩次東征日本均以失敗告終，但他仍一意孤行準備第三次征日。結果因為大臣的勸諫和忙於鎮壓人民起義未能實現。一二九四年正月，元世祖忽必烈逝世，征日計畫也就隨之中止了。

忽必烈征日失敗的原因很多，如元軍善陸戰不慣海戰、不熟悉日本地形、選擇登陸地點不當、日本軍民的英勇抵抗等等。最主要的當然還有颱風之禍，可我們不禁要問：為什麼蒙軍的船經不住颱風的洗禮呢？

在古代文獻中確實能夠找到關於那兩場日本颱風的記載，然而根據現存證據，研究人員仍無法判斷出那場風暴的具體強度，以及風暴與蒙古艦隊的沉沒究竟有多大的關係。美國考古學家蘭德爾・佐佐木對一九八一年從高島附近海底打撈上來的七百多塊蒙古戰艦殘骸進行了仔細研究和分析。

佐佐木教授表示：「很多蒙古戰艦龍骨上的鉚釘過於密集，甚至有時在同一個地方有五六個鉚釘。這說明這些肋材在造船時曾被反覆使用，而且很多龍骨本身品質就很低劣。」據文獻記載，西元一二七四年正月，忽必烈命令高麗王造艦九百艘，其中大艦可載千石或四千石者三百艘，由金方慶負責建造；快速艦三百艘，汲水小船三百艘，由洪茶丘負責建造，並規定於正月十五動工，限期完成。六月，九百艘軍艦完工。當時造船工業發達的中國江南及沿海地區尚未被忽必烈完全征服，部分地區仍在南宋軍隊的控制之下，所以忽必烈不得不將造船的任務交給技術較為落後的高麗人。一方面，高麗對於造船很反感，認為元朝出兵日本肯定會要求高麗參戰，這必將給高麗人帶來沉重的負擔。另一方面，讓造船技術落後的高麗在如此短的時間內完成忽必烈強壓的任務實屬難事。高麗人只得在匆忙間敷衍了事，這些艦船的品質也就可想而知了。

福岡市所遺存的「元寇防壘」

蒙古軍隊的大多數戰艦都是多在內河使用的平底河船，而此種戰艦的結構並不適於航海作戰。至於船艦的設計，迄今為止佐佐木還沒有在高島附近海域發現V字型遠洋船的龍骨，我們可以想像那種為內河航運而設計的船遭遇海中大風浪時將會出現何種混亂的情形。

佐佐木還發現，戰艦殘骸的碎片沒有一塊超過三公尺，大多數碎片都在十公分到一公尺之間。他據此推測，蒙古戰船可能採用了類似新安古船的「魚鱗式」船殼結構。其船殼板之間不是平接而是搭接的，這種結構在巨浪的拍擊之下容易碎裂。對沉船遺址的現有研究只是冰山一角，他希望能夠藉助聲吶和探地雷達，以更深入地了解當時蒙古的造船技藝，進而破解沉船真相。

此外，日本人的武器也優於蒙古人。當時日本的冶煉和刀具製作技術世界一流，日本戰刀的性能只有北印度和西亞出產的大馬士革鋼刀可以媲美。古代最優良的鋼按性能排列依次為：大馬士革鋼（鑄造花紋鋼），日本鋼（暗光花紋鋼），馬來鋼（焊接花紋鋼）。中國最好的鋼（鑌鐵）其實也是一種焊接花紋鋼，不過性能沒有馬來鋼那樣出色。日本除了具有好鋼之外，其戰刀的優良性能還來自其獨特的後期淬火工藝。日本刀製造成本低廉使得普通民兵都可擁有一把好刀，而蒙古軍隊使用的品質較差的鑌鐵刀，很多大刀在對砍時失去了利刃。在兩次戰爭中的八年空檔，日本人似乎還改進了他們的弓箭，第二次入侵時，蒙古人發現日本人弓箭的射程和穿透力都有很大提高，已與蒙古強弩不相上下。從保留至今的圖畫看，日本人的長弓與當時最先進的英格蘭長弓有幾分相似，長約一・五公尺。由於日本人本來就很矮小，畫面上的日本弓箭手好像比他們所持的弓還短。

忽必烈兩次征伐日本失敗，以往有的史學家認為颱風突發是失敗的主要原因。在日本，「蒙古來襲」是有史以來第一次遭到來自外國的進攻，而且兩次戰役均因颱風的襲擊而使元軍蒙受巨大的損失以致慘敗，也正是這兩次歷史上絕無僅有的外來入侵在日本民族史上具有重大意義，其中之一就是不經意中讓「神道思想」成為思想界主流的重要契機，使得日本國內曾經一度偃旗的「神國思想」捲土重來，並產生了「神風」說。這種認為日本在世界上最尊貴的思想在當時可以說是一種新思想，就是說原先崇拜中國，而這時產生了一種新思想，認為中國不足道，印度也不足道，沒有別的國家像日本這樣高貴，以這種觀念為基礎形成了當時的文化獨立。此後「神國思想」越演越烈，「國家神道」這種祭政一致的體系就是典型的畸變產物。二戰失敗後，盟軍雖強行其政教分離，才從制度上否定了國家神道。但直至今天，「神」在一些人心中還是有相當的影響。

日本「神國思想」在元明時期的中日關係中表現為一種從「盾」到「矛」的轉化過程，即在元代以及明代中期前猶如「盾」，側重於自衛，主要為不臣於中國尋找堂而皇之的口實；到了明末，成了以進攻為主的「矛」，為豐臣秀吉侵朝、征明乃至一統世界的行為和企圖提供侵略的思想武器。神國思想的畸變，使得日本的民族心理發生了嚴重的扭曲和變態，給相關國家和地區造成了莫大痛苦，也給日本民族本身帶來了巨大災難。

忽必烈罷征日本之後，調集軍隊、糧草準備大舉進攻安南。到一二八七年正月，忽必烈調集八萬大軍，成立征交趾行省，以奧魯赤為平章政事，烏馬兒、樊楫為參知政事，受鎮南王脫歡節制。十一月，元軍分三路攻入安南境內。十二月，脫歡率諸軍渡過富良江擊敗守軍，再次進佔了安南都城，安南國王逃進了敢喃堡。安南軍民以堅壁清野，藏粟逃匿的策略困擾元兵，而元軍糧船又在綠水洋受到安南軍的阻截，糧食全部沉入海中。元軍的長驅深入，造成士卒疲敝、糧餉短缺，加之天氣轉熱、疾病發生，使元軍陷於進退失據之困境。次年二月初，脫歡只得下令全師北撤。在元軍撤退途中，安南王集結重兵三十萬據女兒關和丘急嶺一帶布防百餘里，準備再次截擊歸師。脫歡聞訊下令各路軍隊避開敵軍，分道撤回國內。元軍水師在白藤江遭安南軍阻擊，主將樊楫受傷被俘。總領脫歡也在且戰且退中毒箭傷腳，從單己縣撤回思明州。三月，安南國王遣使入元，歸還俘虜，進貢金人以代謝罪。忽必烈十分惱怒，但仍不得不恢復和好關係。

至元二十九年（一二九二）二月，忽必烈任命史弼為福建行省平章政事，率兵兩萬，戰船千艘，備軍糧一年出征爪哇。十二月，史弼等率軍從泉州出發，一二九三年初抵達爪哇。然後分水陸兩路進攻八節澗。這時爪哇正處於內亂之中，曾被杜馬班王朝（新柯沙里王朝）征服的鄰國葛朗國王室後裔查耶卡班起兵反抗，殺死爪哇國王。爪哇國王的女婿韋查耶逃走，積聚力量，伺機反攻。三月一日，元軍會師並攻佔了八節澗，韋查耶向元軍表示歸順，說要奉獻當地山川、戶口及葛朗國圖籍等，請求元軍幫助復仇，進兵葛朗國。史弼等人接受了這一請求，派兵增援他。十五日，元軍分三路進攻葛朗，元軍與查耶卡班率領的十餘萬葛朗軍激戰於答哈，三戰三捷，殲滅其主力，查耶卡班投降元軍。四月二日，韋查耶請求離開元軍大營，聲稱去取正式的歸降表和朝貢禮品，史弼等派兩百名元軍護送。中途韋查耶竟恩將仇報，殺死護送元兵，集結軍隊回頭突襲元軍大營，造成元軍官兵死亡多達三千多人。元軍本來在以少勝多的答哈之戰後尚未休整補充，疲憊不堪，只得且戰且退，於四月二十四日登舟回國。

總而言之，十三世紀八〇年代以後，忽必烈在對內、對外事務中總遇到挫折。這些年還給他個人帶來悲劇和不幸，長期以來給予他支持和忠告的愛妻察必於一二八一年去世。察必的兒子、忽必烈指定的繼承人真金於一二八五年去世。真金被精心地培養成中國的下一位皇帝和他的汗位的繼承人。真金四十多歲的早逝必然沉重地打擊忽必烈，為了尋求安慰，他越來越多地轉向酒和食物。過度飲酒使他的健康出現問題。在他的餘生中，過於肥胖和痛風折磨著他，史料顯示他晚年特別沮喪和抑鬱。一二九四年二月十八日，他在宮中去世。

爪哇古堡

忽必烈小檔案

姓名：孛兒只斤・忽必烈

出生：一二一五年

卒年：一二九四年

享年：八十歲

在位時間：一二六〇～一二九四年

年號：中統（一二六〇～一二六四年）

至元（一二六四～一二九四年）

諡號：聖德神功文武皇帝

廟號：世祖

父親：拖雷

母親：唆魯禾帖尼

最自豪：統一中國

最遺憾：真金之死

最鬱悶：晚年多災

最擅長：制衡各民族勢力

元成宗鐵穆耳

鐵穆耳，忽必烈之孫，在位十三年（一二九四～一三〇七年），他執政的主要特點就是遵守世祖忽必烈的典制，沒有大的變更。遂使社會安定而無大亂，時稱之為「守成之治」。《元史》上因而將忽必烈時代加上鐵穆耳時代看作是元代的巔峰時期。

帝王寶座的第一次爭奪

蒙古國時期，原無明確的立儲之法，往往在大汗臨終之時才有遺訓，以確定新的汗位繼承人。但是遺訓也不足為憑，仍要經過貴族大會「忽里勒臺」的推舉，即位者才能成為合法的大汗。這種不明立皇儲的舊制，多次引起蒙古貴族內部的激烈爭鬥。有鑒於此，忽必烈在即位後不久，就明確了設立皇儲的意向，於中統三年，封皇子真金為燕王，並命其領中書省、樞密院之要職。到至元十年，遂正式冊封真金為皇太子，作為皇位的唯一合法繼承人。這種明確立儲的做法，雖違背了「忽里勒臺」大會的選汗舊制，卻能夠有效地減少當權貴族之間的相互殘殺。只可惜皇太子真金中年夭亡，這一重要制度又由於種種原因而未能延續下來，乃導致元代中期蒙古皇族各支系間的火拼連年不斷，政局長期動盪不安，從而嚴重削弱了元朝帝國的統治力量，其國祚之所以短促，這也是一個重要原因。

但正因為忽必烈時代統一了中國而蒙古帝國已經分裂，所以正如《康橋遼夏金元史》所分析，後忽必烈時代的帝位之爭與以前的汗位之爭有三點不同。

第一，競爭者的範圍只限於忽必烈的後人，特別是清一色的真金後人。因為在蒙古人中有這樣的共識：元朝是忽必烈創建的，其他皇族成員能夠在各次帝位之爭中作為支持者參加新皇帝的選舉，但是他們自己不能參加帝位的競爭。真金的後人是最有資格繼承帝位的，因為真金是忽必烈的長子並且是他指定的繼承人。後來的歷史證明，這一未完成的改革將引發元朝數不清的宮廷政變。

第二，宮廷中有權勢的大臣在新汗即位問題上起著越來越重要的作用，而皇族成員的作用日益降低。在傳統蒙古制度下，是由蒙古諸王和王妃來決定「選舉」的進程。官員作為皇族成員的屬下參加忽里勒臺，但從不允許他們獨立發表意見。大臣在新汗即位問題上越來越起著重要的作用，顯然是忽必烈加強中央集權和政府官僚化的結果，也是其他蒙古貴族力量削弱的結果。

第三，帝位繼承經常引起紛爭，時常存在著兩種候選人交替登基，一種立足於中原，正常情況下得到在首都的大臣們支持；另一種立足於草原，常常統率著強大的駐邊軍隊。這兩種利益關係和背景完全不同的候選人的交替，加上一系列皇帝在位時間很短，導致了政府的一般政策尤其是文化傾向的大幅度搖擺，使得這一時期的政治變化無常。

首先非常有必要詳細介紹一下壯志未酬的第一個皇太子「真金」，深受漢族文化影響的忽必烈在培養後代子孫時，十分重視儒學。故而皇子真金等人自幼就師從姚樞、竇默等儒學大師，以學習治國安民的道理。及忽必烈即位後，特命嫡長子真金出任中書令之要職，兼判樞密院之軍務，以增長才幹。

一二七三年，忽必烈正式將真金立為皇太子。他在冊文中指出：自窩闊台汗之後，因為沒有明確的冊立皇位繼承人，致使屢屢發生蒙古帝位的爭奪，有鑒於此乃立明訓。並設置宮師府，選派那些行正言恭的官僚以輔佐皇太子。又選拔侍衛親軍萬人作為護衛隸屬於東宮。在皇太子真金的東宮官屬中，除了一直輔導他的太子贊善王恂等人之外，又聘請陝西名儒楊恭懿。真金日與諸人講論

《資治通鑑》、《貞觀政要》等書，以及評論遼、金以來之帝王行事得失。由於長年受儒學家們言論的影響，真金在平時的一言一行之中，都能恪行其道。忽必烈曾以江西龍興路（今江西南昌）作為太子的封地時，真金又立刻選派廉潔官吏前往治事以安其民。

到一二七九年十月，真金受命開始親自參與政務，又大選名儒為其僚佐，如郭祐、何瑋、徐琰、馬紹、楊居寬、楊仁風等皆在其左右以輔國政。而平時，主要以「仁」字為治國之本。凡民間有被徵斂、漕輓、造作、和市等名目煩擾者，一旦聽說即刻奏罷之。他對於那些以聚斂民財而得到忽必烈賞識的大臣，如阿合馬、桑哥、盧世榮等皆視若仇人，多次當面加以折辱，並稱之為「國之大蠹」。與「屢毀漢法」的「權臣」鬥爭而崛起的政治勢力，是一批聚集在皇太子真金周圍的漢人儒士，他們的理想是借重真金來繼續推動漢法，而真金又何嘗不想依靠他們，以實踐「孔子之道」來大顯身手。然而在阿合馬被處死，障礙已經排除的情況下，由於他們並不能以實際的措施解決帝國的財政危機，故而在政治上仍不能真正執掌大權，更談不上能夠在推進「漢法」上有所作為。這樣，他們便只有寄希望於忽必烈早日「禪讓皇位」。

因為真金堅持用「仁政」之說來治理政務，故而頗得時人之譽，以「明於聽斷」著稱。一二八五年竟有人提出，要年事已高的忽必烈（**時年已七十餘歲**）禪位於真金。然而，真金的「仁政」也遭到許多仇視「漢法」、堅持蒙古舊俗和西域之法的「小人」的忌恨。他們藉此機會激怒忽必烈，離間父子之情，忽必烈果然下令追查此事。真金自幼就體弱多病，經此一場風波，驚懼交加，遂於年底死去。真金的死使元朝喪失了進一步漢化的機會，元朝的皇位繼承也依舊不得平靜。

皇太子真金死後，忽必烈也十分悔恨，故而設立「皇儲」之事也一直沒有再明確提出。一方面，在他的嫡子中三位雖死，尚留有北安王那木罕，雖係幼子，仍有繼承皇位的權力；另一方面，真金死後又留有三子甘麻剌、答剌麻八剌及鐵穆耳，此三人皆因皇孫之身分亦保有競爭皇位的權力。這種局面更增加了忽必烈重新設立皇儲的困難。

對於皇子那木罕而言，早在真金未被立為皇太子時，就有爭奪「儲位」的野心。其後真金得到儲位，他又被西北宗王的叛亂者所俘獲，囚禁三年之久，自然於帝位無所爭奪。及至重新歸朝，而真金又因「禪讓」風波驚懼而死，他遂再次出來爭奪「儲位」。卻因為做得太過分，有「僭越」之嫌，再加上他以前有被俘的劣跡而最終失去了忽必烈的寵信，成為競爭中的失敗者。

嫡長孫甘麻剌，自幼由祖母撫養，於至元中曾受命率軍鎮守北疆，頗得治理之術，後又轉鎮雲南。一二九二年，封晉王，統大軍，以駐守於漠北的蒙古帝國大本營，忽必烈並為其特立內史府，以示級別高於其他諸王，處於爭奪「皇儲」的有利地位。答剌麻八剌，也於一二九二年病死。

最小的皇孫就是鐵穆耳，自幼即以仁孝著稱。及其兄答剌麻八剌病故，乃更得其母的鍾愛。一二九三年，受命率軍鎮守北疆。同時忽必烈將真金的「皇太子寶」授與鐵穆耳，這固然使鐵穆耳在後來的繼位之爭中，處於優勢地位。但正如他自己後來所說賜給「皇太子寶」，只是「付以撫軍之任」，而並非確定其嗣君的資格。這樣，隨著忽必烈的去世•在他身後必然出現一段大汗虛懸的權力真空。

真金在一二八五年死後，忽必烈又沒有再新指定皇位繼求人、這給後人留下了難題。忽必烈死時的皇后是南必，忽必烈晚年就是通過南必皇后來處理庶政。這位干政的南必，到忽必烈死時，已立為正宮皇后十年之久，頗有處理朝政的經驗和才幹，完全有可能乘世祖駕崩時，重演蒙古歷史上皇后攝政的局面。

然而忽必烈生前阻止了南必皇后攝政的可能。忽必烈在死前命完澤、伯顏等為顧命大臣。真金之東宮舊臣完澤，在一二九一年已官至中書省右丞相，掌握了一定的實權，自然要傾向於真金之妻、子一系。而曾受命冊封真金為皇太子的大將伯顏，與鐵穆耳關係也十分親密，在忽必烈病危時被召至京城，總制百官，自然也傾向於立鐵穆耳為帝。再加上真金的皇太子妃闊闊真的重要影響，她在預立「皇儲」的問題上態度極為明確。一方面，鐵穆耳作為幼子，極得其鍾愛；另一方面，甘麻剌自幼養於祖母，又長年鎮守邊地不在身邊，故而母子感情比較淡漠。因此作為皇太子妃的闊闊真漸漸開始發號施令，她當然要盡力支持鐵穆耳去爭奪帝位，但此時皇帝的御璽卻不知所蹤，使得政令的合法性受到嚴重質疑。

是時，大都朝中的百官，也都傾向於立鐵穆耳為帝，故而演出了一場獻璽的活鬧劇。時任御史中丞的大臣崔彧，忽然聲稱得到了一塊刻有「受命於天，既壽永昌」之文的古代傳國玉璽，並把它獻給了闊闊真，闊闊真隨即又將該璽授給了鐵穆耳，以表示只有他才是真正受命於天的正統皇帝。傳國玉璽的出現是出自巧合還是人為的安排已無關緊要，重要的是，「顧命」大臣伯顏等同意於皇太子妃、皇太孫的決策，以這種「天命有歸」的方式，已得到了右丞相完澤以下諸臣的贊同。這樣就排除了南必皇后利用世祖死後權力空虛時繼續干預朝政的可能，接下來的問題，便是在皇太孫中選擇合適人選，經由法定程序繼立為皇帝了。

一二九四年底，元朝所有的貴族宗室、重要大臣，都聚集到了上都，舉行新皇帝即位的儀式。是時，晉王甘麻剌身為嫡長孫，佔據蒙古大本營之地又握有重兵，亦頗想問鼎，故而儀式一再推延。數月之後，經大將伯顏、玉昔帖木兒等人的力爭，再加上皇太子妃闊闊真的扶持，皇帝的大位才歸於鐵穆耳。同年四月十五日，鐵穆耳正式下詔，即位於上都大安閣，是為成宗。

守成之君

成宗在位十三年（一二九四～一三〇七），先後改用元貞（一二九五～一二九七）、大德（一二九七～一三〇七）兩個年號。成宗在位期間，內則聽命於皇后之意，外則依靠完澤，哈剌哈孫等重要大臣的扶持，一遵世祖忽必烈的典制，無所變更。遂使社會安定，無任何動亂，歷史上稱之為守成之治。

他的守成之治最大的特點就是「以安靜為治」，分別有以下幾個措施：

一、「信用老臣」。成宗登基後，首先給一批前朝功臣加封

元成宗鐵穆耳

各種榮譽頭銜既示尊崇，更表酬謝。太師、太傅、太保是歷代封建王朝最尊崇的「三公」頭銜。在太宗窩闊台和世祖忽必烈朝，「三公」並未全設。成宗即位後，對擁立有功的三位重臣封為「三公」，即以玉昔帖木兒為太師，伯顏為太傅，至元三十年兼知樞密院事的月赤察兒為太保。中書省仍由右丞相完澤主持，不忽木繼任平章政事。為維持完澤的威信，又規定內外官員「咸聽丞相完澤約束」。

二、「一遵祖法」。成宗朝在統治中國的方法上，基本依照世祖時期的定制，即堅持蒙漢合璧的政治制度。在尊儒臣用漢法的同時，又任用色目官員理財等等。為了維持政局的平穩，各種制度、機構，除了極小的變動外，其性質、職能等均一遵過去的定制。成宗甚至在處理一些具體問題時，明確指示依世祖定制辦理。如完澤準備貸民錢，多取其息，成宗「命依世祖定制」。

三、尊孔崇儒。在世祖統治晚期，當他發現「左右復無漢人」的缺陷後，為平衡政局、避免失誤，又開始調整政策，從江南選拔了一批儒臣進入朝廷。秉承這一政策，成宗即位後「詔中外崇奉孔子」。完澤卒後，又任「雅重儒術」的蒙古勳臣之後哈剌哈孫為中書左丞相。哈剌哈孫雖然不識漢字，但對儒家學說和儒臣甚為尊崇。在他執政期間，每「有大政卓，必引儒臣雜議。奏建廟學，

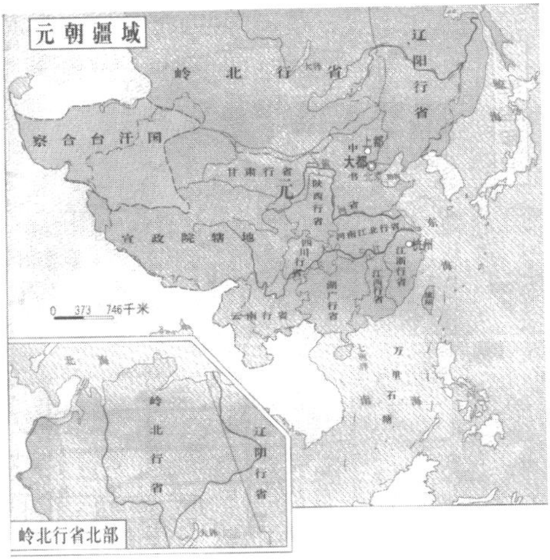

成宗時元朝疆域

選名儒為學官，採近臣子弟入學」。此外還集群議，建立祀南郊的制度。成宗還主張辦好學校，以培養人才，以及朝廷上下都應該了解民情等等。這實際上成為成宗一朝，特別是元朝前中期的施政大綱。

四、行「寬大」之政。成宗即位之初「數下寬大之詔」，宣布了一些減免賦稅、救濟災荒、減輕百姓負擔、與民休息的政策。對一些遭受兵災、水災、旱災和地震的地區，時常給於放賑、減免賦稅的照顧。多次下詔減免賦稅，其中規模較大的有元貞元年（一二九五）下詔停止一切非急需的工程營建，免除本年五月以前積欠的錢糧。元貞二年（一二九六），要求權貴豪紳交納所隱匿的江南田租，以減輕小民負擔。大德二年（一二九八），因水旱成災，下詔減免受災郡縣當年田租的十分之三，受災嚴重地區全部減免，老弱殘疾及人丁稀少的民戶免除三年差稅。同時停止了當年的一切土木工程。第二年，成宗派使節巡視各地，了解民間疾苦。免除當年內郡包銀俸鈔和江南夏稅的十分之三。在減輕民眾負擔的同時，成宗三令五申要求地方官員鼓勵農桑，發展生產。

這些措施，對於維持政治、經濟上的相對穩定有一定的積極作用。同時，對世祖晚年屢次用兵海外，造成勞民傷財的教訓進行反省，在寬大為懷的名義下，停罷了可能重蹈覆轍的對外戰爭。例如：世祖晚年，朝臣以安南國王始終不肯入朝，又議用兵征之。成宗即位後，以撫綏為急務，以「先皇帝新棄天下，朕繼位之始，大肆赦宥，無間遠近」為理由，變命罷征。罷海外不義之征，有利於元朝與鄰國間的和平友好交往，也為這一時期元王朝政治、經濟局面的穩定，提供了良好的外部環境。

按照傳統的說法，忽必烈朝加上鐵穆耳朝是元代的巔峰期。但是已經有跡象表明守成時代的鐵穆耳朝標誌著元廷衰落的開始。鐵穆耳汗本人不具備領導一個龐大帝國的威信與才幹，他的大臣完澤亦不是足以替代前期領導的強有力人物。在兩個人過度寬容和拖拉的管理下，政府似乎失去了行政活力和財政平衡。官員隊伍急劇膨脹，雖然朝廷和京城官員合計定額是兩千六百人，御史台於一二九四年上報官員在京城食祿者超過一萬人，在各行省則更多官府冗員的大量增加，並沒有促進行政效率的改變。

政府同時受到愈演愈烈的貪汙腐敗之風的影響，鐵穆耳朝發生了一系列腐敗醜聞，政府高層的最大醜聞發生在一三〇三年。在一三〇二年，朱清和張瑄被控有罪。他們曾是海盜和販私鹽的鹽徒，在宋亡時率領大量船隻叛宋降元。他們利用為元廷海運糧食和私自從事海外貿易積聚了大量財富，審判的結果是他們的全部家人都被囚禁並沒收全部財產。

造成財政困難的另一個重要原因是常年大興佛事，奢侈之風日甚，特別是對貴族尤其是皇室成員的慷慨賞賜。忽必烈慎於賞賜，對他的家族成員尤為「吝賜」。但是從鐵穆耳開始，元廷的大汗在忽必烈確定的歲賜額之外，還給皇室成員和勳臣大量的慷慨賞賜。如此慷慨賞賜是基於政治的需要，由於帝位之爭愈演愈烈，既要酬勞皇室成員和勳臣，也要繼續保證他們的支持。在一二九四年鐵穆耳即位時，皇室成員得到的賞賜比在忽必烈時期得到的歲賜額金多四倍、銀多兩倍。此外，鐵穆耳還為不同原因給予一些皇親巨額特殊賞賜，如一二九四年給三個駙馬賜銀的總數就達到了十二萬兩。巨額賞賜很快造成國庫枯竭，一二九四年鐵穆耳即位後兩個月，中書省報告：「朝會賜與之外，餘鈔止有二十七萬錠。」第二年年初，中書省又報告忽必烈時期的儲蓄幾乎全被用來支付皇室成員和勳臣的賞賜。簡而言之，由於後忽必烈時期蒙古政治特殊性質的影響，以宮廷賞賜形式出現的政治賄賂已成為元廷財政陷入困境的原因之一。

蒙古帝國的和平之路

成宗最大的功績，就是完成了元世祖忽必烈的遺願，平息了西北方面的長期叛亂；而最大的失敗，莫過於遠征緬甸及八百媳婦之役。

成宗即位，為長期對抗的西北局勢帶來了新的轉機。從成宗朝開始，形勢明顯地有利於元朝而不利於藩國。這一變化是由以下兩個因素促成的：第一，成宗初年加強了對漠北和畏兀兒地區的邊備，整個漠北到西北一線的各個防區，都建立了互相呼應連結的防禦體系。第二，自一二九三年海都被擊敗，元朝收復益州、蘭州等部後，海都斷左臂，實力受挫，攻勢不振。

在「寬大」政策的感召下，一二九六年，海都大將藥木忽兒等率部向元朝投降，是元朝對西北叛藩的重大勝利。為慶祝這一勝利，成宗宣布將年號由「元貞」改元為「大德」。隨著邊境局勢的緩和，負責金山沿邊一線的寧遠公闊闊出滋長了輕敵情緒，以為「往歲敵無冬至之警」，放鬆了對海都的防備，結果海都派人突然襲擊，元軍大敗。成宗就派遣同母兄答剌麻八剌的嫡長子海山（後即位為武宗）赴漠北，代闊闊出總兵北邊。海山出鎮漠北後，成宗重新調整了邊防部署。由於此時元朝對全國的統治已經穩固，在內部掃除帝位之爭的陰影，在外部停止不義之征，故能集中全國上下的人力物力，以加強對西北藩國的防備。當時漠北邊防軍實力較強，除有內海山指揮駐在稱海沿邊一線的政府軍，和由晉王甘麻剌所統領的漠北諸王所部軍外，安西王阿難答也奉命北征，加入了對海都作戰的漠北邊防軍行列。決定性的戰役即將來臨。

一三〇一年九月，海都和篤哇發動了最後一次攻勢，於是在阿爾泰山之東的鐵堅古山和合剌合塔爆發了具歷史性決定意義的戰役。這次戰役本身可能是未分勝負，所以在漢文和波斯文史料中對戰役的結果有截然不同的記載。重要的是該戰役的間接結果，海都在戰鬥中受了傷，死於戰後不久。

海都之死，清除了蒙古諸汗國媾和的主要障礙。恰是海都的同盟者察合台汗國國王篤哇首倡和議，篤哇自知海都死後自己無力再和元朝爭奪大汗的權位，他無望挑戰大汗權威。此時他更關心的是在中亞建立自己的統治，所以他讓海都之子察八兒在大德七年（一三〇三）夏季成為窩闊台汗國的統治者。當年秋季，篤哇說服察八兒與他一道向鐵穆耳表示他們將停止敵對行動，並且承認鐵穆耳是全體蒙古人的大汗，鐵穆耳對這一建議很快做出了積極回應。雖然篤哇提議的為媾和召開的忽里勒臺並未舉行，但停戰的和約還是達成了。

蒙古兵押送戰俘圖

由鐵穆耳、篤哇和察八兒共同派出的使者於一三〇四年年初抵達伊兒汗完者都（一三〇四～一三一六年在位）的汗廷，請求完者都同意和平並重建全體蒙古人的統一。和約對完者都及其他蒙古汗國的統治者都有很重要的意義。完者都在給法蘭西國王腓力四世的信中驕傲地宣布全體蒙古人已取得了和平，並且鼓勵歐洲諸王以蒙古人為榜樣。雖然一三〇三年取得的和平是短暫的，但它不僅重新確定了元廷與其他蒙古汗國的宗主關係，還為元朝通過離間察合台後人和窩闊台後代的關係徹底解除來自中亞的威脅。

在外部壓力減輕後不久，曾是同盟者的篤哇和察八兒之間為疆域問題發生了衝突，在這次衝突中，鐵穆耳支持篤哇。一三〇六年秋季，鐵穆耳派遣海山率領一支軍隊越過阿爾泰山南麓去支援篤哇。海山從背後向察八兒發起進攻，俘虜了察八兒家族的幾個成員，並進至也兒的石河，察八兒別無選擇，只得向篤哇投降。一三〇七年，察八兒後被篤哇所廢，他的幼弟養吉察兒被篤哇立為窩闊台汗國的傀儡汗。在這種環境的壓迫下，察八兒於一三一〇年海山在位時向元廷投降，這就標誌著困擾了元廷近四十年的窩闊台汗國的完結。察合台汗國的篤哇及其繼承者絕大多數時間承認元廷的宗主地位，持續地向大都派出貢使。此後元廷與察合台汗國之間除了一三一六～一三二〇年間的短暫衝突外都維持著和平關係。忽必烈未能達到的確立元廷對整個蒙古世界的宗主地位的目標，終於在鐵穆耳朝後期得以實現。

在對外關係的另一方面，成宗拒絕大臣對日用兵的請求。在大德三年（一二九九）派浙江臨濟宗僧人一寧出使日本，恢復了兩國間的正常貿易和文化往來。但是，成宗後期曾一度用兵西南。大德四年（一三〇〇），成宗發兵兩萬出征八百媳婦國（今泰國北部、緬甸東北部，國都在泰國清邁）。第二年，又因金齒（今中國雲南西部和緬甸臘戍一帶）諸國阻擊元朝的征緬歸師，下詔討伐金齒諸國。後因出征八百媳婦國的元軍損失慘重，成宗才決心不再對西南用兵。

雖然鐵穆耳汗能夠重建蒙古世界的和平，但是他沒能保證自己家族和宮廷的融洽，亦不能使皇位繼承平穩過渡。由於年輕時飲酒過度，鐵穆耳晚年一直被重病所擾。卜魯罕皇后利用這種形勢，在宮廷和家庭事務中起了積極的作用。卜魯罕出身於著名的蒙古貴族家族伯牙吾氏。一二九九年，皇后失憐答里去世，卜魯罕被立為皇后。皇太后闊闊真於次年去世，這無疑使卜魯罕有了更大的政治影響。嗜酒成性的成宗鐵穆耳汗也於一三〇七年二月二日去世，終年四十三歲，沒有明確的繼承人，帝位繼承問題還是沒有解決，留下了一個風雨飄搖的帝國。

鐵穆耳小檔案

姓名：孛兒只斤・鐵穆耳

出生：一二六五年

卒年：一三〇七年

享年：四十三歲

在位時間：一二九四～一三〇七年

年號：元貞（一二九五～一二九七年）

　　　大德（一二九七～一三〇七年）

諡號：欽明廣孝皇帝

廟號：成宗

父親：真金

母親：闊闊真

最自豪：守成之治，延續元朝的巔峰時期

最遺憾：沒有合適的繼承人

最鬱悶：重病纏身

最擅長：以和平促發展

元武宗海山

海山是成宗的侄子。他的父親是成宗的二哥，答剌麻八剌。答剌麻八剌於至元二十八年（一二九一年）出征懷州（河南沁陽），尚未到達懷州，中途生病回京，於至元二十九年（一二九二年）春天去世。海山十分受成宗的重用，即位前多立戰功，被封懷寧王，賜金印。論功勞，論血統關係的親疏，海山均比任何人更夠資格作成宗的繼位人，歷史也驗證了這一點。而海山接受的卻是一個已經走下坡路的帝國，他是多麼想用新政來挽救頹勢，但海山在位不過三年多時間就死去，使他沒能看到新政的結局，是悲？是喜？他也無從知曉。

武成授受之變

成宗鐵穆耳在位時，因汲取以前因不立皇儲而導致爭位的教訓，決定將皇儲之位傳給他唯一的嫡子德壽，封德壽為皇太子。可是皇太子德壽卻比他早夭，既未立德，也無福長壽，於是皇位的繼承權又成為一個懸而未決的問題。大德十一年（一三〇七），成宗病故，而直到臨死前也沒有再確定皇位的繼承人，這就使朝中諸權貴再次展開爭奪皇位的激鬥。

是時，蒙古權貴們爭奪皇位的角鬥場地，已經由漠北草原轉移到了全國的政治中心大都。宮內掌握實權的是成宗皇后卜魯罕，她在成宗末年已經控制了宮中大權。為了繼續保有她的大權，在一三〇五年六月，她把自己的兒子德壽立為皇太子。為了保證德壽能夠平穩地繼承帝位，宮廷中所有潛在的對手都被清除。而將諸宗王中最有爭位實力的答剌麻八剌的兒子愛育黎拔力八達在八月被貶往懷州（河南沁陽），兩人由此結怨。但是沒有想到皇太子德壽死於一三〇六年一月，她自然不願意讓海山兄弟取得皇位，那將不利於己。於是，卜魯罕皇后聯合中書省左丞相阿忽台等人，趁著宗王海山受命鎮守北疆，愛育黎拔力八達等也不在京的時候，將忽必烈的另一個孫子、安西王阿難答迎至大都。一方面，是準備效仿太宗皇后（脫列哥那）及定宗皇后（烏兀兒黑迷失）攝政稱制之法，進一步控制朝政；另一方面，則準備在受到其他蒙古貴族干涉時，立阿難答為帝，也便於自己控制。

雖然此時海山還在西蒙古，愛育黎拔力八達在他的封地懷州。但是這兄弟倆比阿難答更有理由繼承帝位，因為他們畢竟是真金的孫子，此外兩人有作為帝位候選人的足夠資歷。海山是中亞戰爭中的英雄並且依然指揮著帝國最強大的軍隊。在另一方面，他的弟弟愛育黎拔力八達有好儒的名聲，在漢人中頗得人心。但是，沒有哈剌哈孫的支持，他們不可能奪得帝位；哈剌哈孫不僅控制著中樞機構，還在鐵穆耳患病以後掌握著帝國衛軍。哈剌哈孫對於卜魯罕皇后的做法不以為然，他決心將皇位轉到海山兄弟手中，而哈剌哈孫的主張，也得到一部分蒙古權貴的支持。宗王阿難答親來大都，於是卜魯罕皇后催促哈剌哈孫，要行「垂簾聽政」之制。而哈剌哈孫在成宗病危之時，就控制了皇宮的門衛，並將朝中大權集於一身。由於對擁立新帝的意見分歧極大，又無法調和，遂釀成了一場血腥的宮廷政爭。

成宗死後，哈剌哈孫立刻採取行動，一方面派出密使向海山和愛育黎拔力八達發出訊息，邀其兄弟火速趕到大都來。另一方面則在大都收繳百官印信，令其機構無法行使職權。自己又藉口有病，雖然卜魯罕皇后多次催促，皆不予理會，以此拖延時間等候海山兄弟的到來。同年二月，被貶居到懷州的愛育黎拔力八達得到哈剌哈孫的訊息立刻啟程，以弔喪為名，與其母答己迅速趕到了大都，而海山因為路途遠一時無法趕到。面對來自卜魯罕皇后方面的壓力，哈剌哈孫勸愛育黎拔力八達盡快動手除去政敵。哈剌哈孫「守宿掖門凡三月，密持其機」，隨即「自東報來就之」。於是在三月二日，愛育黎拔力八達帶領武士突然入宮，他們將卜魯罕的同黨左丞相阿忽台、中政院使怯烈等十四人逮捕，加以「變亂祖宗家法」的罪名旋即誅殺。並將皇后卜魯罕、安西王阿難答、宗王明里鐵木兒（阿里不哥之子）等囚禁，取得了宮廷政變的勝利。

這次宮廷政變的成功顯然得助於哈剌哈孫運用身兼怯薛長，執掌宮廷宿衛，調集怯薛精兵和宮門守衛充當內應所致。而在「內難將作」的關鍵時刻，人心向背則起了決定作用。儘管從力量對比看卜魯罕佔有優勢，即所謂「四衛之士，一呼而應者累萬」；愛育黎拔力八達「侍衛寡弱，不過數十人，兵仗不備，奮赤手而往」。但是愛育黎拔力八達兄弟為世祖忽必烈嫡傳之曾孫，繼立汗位乃人心歸向；而后黨欲立阿難答則是「違棄祖訓」、「亂祖宗家法」、「天命人心」皆不與從。所以，當哈剌哈孫率侍衛接應「克清宮禁」的衛士入宮時，宮中侍衛皆持以正義，無不聽從指揮。后黨首謀、左丞相阿忽台「有勇力，人莫敢近」。正是憑著這股正氣，諸王勇往直前，一舉將阿忽台「實手縛之」。另外后黨失去人心支持的，還有一個不可忽視的宗教因素。阿難答是一個狂熱的伊斯蘭教徒。他從小在一個伊斯蘭教徒家中長大成人，背誦過《可蘭經》，經常禮拜、祈禱，並使依附於他的十五萬蒙古軍隊的大部分信奉了伊斯蘭教。在黨附於阿難答的支持者中，至少賽典赤伯顏可以肯定是伊斯蘭教徒；阿難答與阿忽台等人的結合很可能是以同教為紐帶而成的。由於宗教的矛盾，在宮廷政變的關鍵時刻，宮中的文武大臣和侍衛也不支持他們。

當愛育黎拔力八達成功地清除了政敵，取得了對政局的控制之後，剩下來的便是召開傳統的忽里勒臺大會正式確定新的皇位繼承人。這時海山兄弟二人心裡明白，不經過忽里勒臺大會公認，皇位是不能繼承的。是時，宗王闊闊出、牙忽都等人為防止再發生意外，皆請其早登皇基，「以正位為宜」。但是愛育黎拔力八達執意不肯，於是遣使再至漠北，請其兄海山南下以即皇位。五月，懷寧王海山至上都，愛育黎拔力八達侍母來會，左右部諸王畢至，海山隨即被擁戴為新皇帝。據史書記載，勝利的海山詢問到會宗王將帥：「按照成吉思汗札撒，大位應屬於誰？」眾人齊聲回答：「忽必烈既立其子真金為皇儲，僅命阿難答父忙哥剌鎮守一方，則大位應歸海山。」這次會上，因為愛育黎拔力八達在大都的宮廷政變中充任了重要角色，立有大功，又得到太后答己的鍾愛，故而被立為皇太弟，作為帝位的合法繼承人，並立下了文字契約。隨後又議定廢成宗后卜魯罕，出居東安州，賜死。真可謂成王敗寇。

一三〇七年六月二十一日海山在上都的即位是以忽里勒臺的方式舉行的。但是一三〇七年的繼承危機並沒有就此解決，因為是在京城以哈剌哈孫為首的大部分官員支持及海山本人控制的強大軍隊才使他奪取了帝位。忽里勒臺不過是海山一派在以武力奪取帝位的事變後為取得必要的合法權威舉行的一次儀式而已。

武宗「新政」

其實成宗鐵穆耳在位時，就對皇侄海山十分重視。大德初年，因西北宗王海都仍在不斷侵擾，曾命皇叔寧王闊闊出率軍出鎮北邊，但禦敵無方，於是命海山前往代之。海山到漠北後，立

元武宗海山

刻統領諸軍，於一三〇〇年八月，向海都發動反攻，並在闊別列之地將其打敗。年底，攻到按台山（今阿爾泰山）。翌年八月，再與海都大戰於迭怯里古之地將其擊潰。數日後，海都集合部眾反攻，兩軍於合刺合塔之地展開激戰，元軍受挫，多虧海山親臨戰陣、衝鋒陷陣，方能轉敗為勝、全師而還。其後海都病死，西北宗王的叛亂才告平息。海山因戰功卓著，被成宗封為懷寧王。又率軍西討叛王斡羅思、也孫禿阿、禿滿、明里鐵木兒等，「北邊悉平」仍鎮守於北疆。這些都使得他的聲譽大大提高，有利於他登臨大統。

武宗在即位後，雖然口頭上也宣布一切政事「其准世祖成制」，但是為了爭取諸王大臣的支持擁戴以鞏固自己的皇位，他又突破「世祖舊制」。因此從武宗朝開始，在施政方面出現一些變化。

首先是用人唯親現象十分嚴重。一三〇七年七月武宗即位後一個月，即立同母始愛育黎拔力八達為皇太弟，十一月加授皇太弟玉冊，並命領中書省、樞密院。同時還賜給安西、吉州、平江三路分地，中書還賜予三路租稅及鹽課所入的四分之一，即「歲以十萬錠給之，不足則再賜」；准予在分地內「自達魯花赤外，悉從常選」；有權任命吏員。此舉固然是執行海山奪位時的忽里勒臺大會的決定，更顯然是對其同母弟奪權功勞的獎賞與回報。海山即位後，把原中書省大員一概更換，大量起用他的親信近侍擔任要職。擁戴他最為賣力的哈剌哈孫，先加封太保，兩個月後便被排斥到漠北，去擔任新成立的和林行省的左丞相。此後在中樞機構中，便是清一色海山身邊的人了。在海山即位後的兩個月裡，「內降旨」給官的有八百八十餘人，得官者三百人。儘管中書省不斷提出異議，這種做法還是持續不斷，因為這些內旨若非出於皇帝本人的意願，亦是得到皇太后答己的同意，她經常干預政府事務。

另外，武宗海山還十分尊奉西僧，建造興聖宮，常請僧侶入內禱佛祈福。他還派軍士一千五百人及大量民工修建五台山佛寺，並令其弟愛育黎拔力八達（皇太弟）主持在大都城南建佛寺。令喇嘛翻譯佛經。他下詔凡是民眾毆打西僧者截其手，罵西僧者斷其舌，致使西僧胡作非為，蠹害百姓，成為當時一大禍害。海山又重用小人，南宋的一個小太監李邦寧，後成了元宮內太監，他阿諛奉承，竟被封為大司徒兼左丞相。

元代朝臣

其次是濫封王爵。元世祖為了整治蒙古汗國時諸王封號印章的混亂狀況，為了從等級上抑制宗藩，置宗王於臣屬地位，曾經制定了一整套嚴格的封爵印章制度，以嚴名分。規定分授諸王印章為六等三十六位，多數受封親王都有王號。通常每一宗王支系只封「大大王」一人，其餘稱「小大王」。六等宗王又分「一字王」、「二字王」。持一等金印者，王號為漢文一字，故稱「一字王」，漸漸形成了「非親王不得加一字王之封」的定制。武宗在位三年（一三〇七～一三一一）多的時間，加封的「一字王」既多且濫，幾乎沒有一個是屬於世祖子孫的親王，甚至連駙馬也封「一字王」。「一字王」的加封尚且如此之浮濫，更不必說「二字王」的分授是何等之違背定制。同時武宗還對官員濫加封授，他的親信近侍大臣皆加官進爵。在世祖朝偶而僅見的一些尊崇性的頭銜，如太傅、太保和司徒、太尉等隨意封授猶嫌不夠，又封太子少師、少傅、少保等頭銜，另外還濫封國公。

然而影響最惡劣的是政事不經中書，導致政出多門，官員銓選之制盡壞。武宗違背了世祖制定的一切庶務均須通過中書省的規定。在處理有關國家政務時，往往由「一二近侍」直接上奏。近傳「有現以萬戶、千戶之職請於上者」，便從皇帝那裡請得空書「聖旨」，勿須經過中書省而得到官職。近侍不僅可以從皇帝那裡請官乞賞，而且還可「持內降文記不由中書」而到各地運司去買鹽引，以致中書省一再上奏要求制止這種「越職奏事」的行為。據當時官員統計，武宗在位時期，在關係國計民生和司法訴訟等重大問題的幾千道內降聖旨都不經由中書省。如此嚴重的政出多門現象必然「害及於民」，而造成政治、經濟上的混亂，結果只能使得元朝的「銓選、錢糧之法盡壞」。

與此同時，海山本人的花費更加劇了財政緊張局面。為拉攏朝中眾官及擁立他稱帝的蒙古權貴而濫加封賞，遙授之官日多，賞賜之錢日增，在賞賜方面他甚至比鐵穆耳汗還慷慨。海山按照鐵穆耳時的定例向參加他即位大典的諸王和官員頒發賞賜，但是由於儲蓄告罄，到當年秋季應賜的三百五十萬錠鈔只賜出一百七十萬錠。而官僚機構的膨脹自然大大增加了政府的開支。此外，在大都、上都和五台山聖地修建佛寺，為政府官員建宅、為購買珠寶亦有巨額的花費。更大的花費是在旺兀察都新建中都，以使皇帝在每年的兩都巡幸時有一個舒適的中間停駐地點。禍不單行，連歲災荒饑饉，既影響了財政收入更增大了賑災的糧鈔開支。

由於從前任者繼承的府藏不足，加上無節制的花費，海山在即位初年就遇到了財政困難的問題。就這樣不到二兩年，武宗朝廷出現了嚴重的財政危機。在他即位後僅四個月，中書省彙報的政府財政狀況是這樣的：常賦歲鈔四百萬錠，入京城供中央政府日常開支的實際只有兩百八十萬錠。但是從皇帝即位以來，已經支出四百二十萬錠，應求而未支的還有一百萬錠。

武宗海山對嚴重的財政危機的反應，不是根據官員的建議採取縮減開支和裁減冗官的政策，而是做了一個魯莽的嘗試：重建尚書省以增加稅收。為增加稅收而設立尚書省在忽必烈時期有過兩次，是在阿合馬和桑哥的領導之下，但是都因為採取高度剝削政策引起民怨而被撤銷。海山即位後不久就接受了老侍從、宣政院使畏兀兒人脫虎脫建立尚書省的建議，但是御史台堅決反對。由於政府財政狀況進一步惡化，海山決定重建尚書省以推動財政改革，並終於在一三〇九年九月重建了尚書省。

雖然中書省還是處理政府的主要事務，而尚書省只負責與財政改革有關的各項政策。但是新建的尚書省很快就剝奪了中書省理財、用人和司法等最重要的權力，並被賦予更大範圍的決定權。所有的行中書省都改名為行尚書省，尚書省的觸角通過它們直達全國各地。尚書省的主要官員是左丞相脫虎脫，平章三寶奴。脫虎脫和三寶奴二人都是海山的老侍從。

海山「新政」的中心是貨幣改革。新發行的至大銀鈔被用來取代原有的中統鈔和至元鈔。紙鈔的兌換額是新鈔與至元鈔以一當五，而一二八七年發行的至元鈔比一二六〇年發行的中統鈔已經貶值了五倍。為強化新鈔的價值，金、銀禁止使用，並且在元朝第一次鑄造了兩種銅幣，稱為「大元通寶」和「至大通寶」。這次貨幣改革是為了解決通貨膨脹並且彌補日益增大的預算赤字。一三一〇年發行的紙鈔總量是一百四十五萬錠，等於舊中統鈔三千六百三十萬錠，為前三年任何一年印行紙鈔量的七倍，是元廷之前印行紙鈔最多一年（一三〇二）印鈔量的三・五倍。

為了減少政府開支採取的措施很少，只是有限地減少了中書省、御史台、樞密院和通政院主要官員的人數和裁減了各機構的冗員。

總而言之，尚書省及其設計的改革從一開始就注定了失敗的命運。早在忽必烈朝建立尚書省的嘗試，已充分證明了是不得人心的舉動，並留下了高壓和盤剝的公眾印象，因而尚書省自始即遭受強烈反對。右丞相塔思不花和御史台官員曾反對尚書省的設置，朝中的大部分官員都對尚書省的政策提出了強烈的批評，甚至有些受命到尚書省任職的漢人官員拒絕履任。

此外，儘管新政策可能成功地增加稅收，紙鈔的過量發行和鹽引價格的急劇提高，勢必加大通貨膨脹壓力並使物價漲幅更高。欲解決預算赤字和通貨膨脹問題，勢必要大量削減宮廷和政府開支。但是這不僅與海山的既定政策背道而馳，也會引起貴族和官僚的強烈不滿並遭到反對。海山為解決財政困難選擇了一條便捷的途徑，但是他採用的方法實際上惡化了他的政府所面臨的問題。成宗時的守成之制，至此已告廢除。無論如

深受漢文化影響的《蒙古貴族對弈圖》

何，改革並沒有機會展現結果，因為它僅僅實行了十六個月。新政的失敗也標誌著元朝政治之由盛轉衰，政治開始嚴重腐敗，武宗有不可推卸的責任。海山在位僅三年多，於至大四年（一三一一）初，因荒淫過度而病故。愛育黎拔力八達在當年初春即位，廢除了所有改革措施。

海山小檔案

姓名：孛兒只斤・海山

出生：一二八一年

卒年：一三一一年

享年：三十一歲

在位時間：一三〇七～一三一一年

年號：至大（一三〇八～一一三一一年）

諡號：仁惠宣孝皇帝

廟號：武宗

父親：答刺麻八刺

母親：興聖皇太后弘吉刺氏・答己

最自豪：戰功卓著

最遺憾：英年早逝

最鬱悶：財政赤字

最擅長：濫用權力

元仁宗愛育黎拔力八達

愛育黎拔力八達，海山之弟，在位九年，沒有什麼了不起的內憂外患。愛育黎拔力八達生平不好色、不好打仗、不亂蓋宮殿廟宇，只有一個小毛病：喜歡喝酒。他只活到了虛歲三十六歲，便是因為喝酒喝多了的緣故。著名歷史學家黎東方為他的死感到可惜。他最大的貢獻就是恢復了科舉考試，但也正是他的背信棄義，把帝國帶入了多事之秋。

破天荒：順利登基

武宗即位之初，即已冊立同母弟愛育黎拔力八達為「皇太弟」，並領中書省、樞密院事，從而確立了愛育黎拔力八達的皇儲地位。曾有大臣以「父作子述，古之道也，未聞有子而立弟者」為理由，勸說武宗改立皇子為皇太子。武宗仍然堅持以弟為皇儲，他說：「自是兄弟叔侄世世相承，孰敢紊其序者！」愛育黎拔力八達的皇位繼承資格得以保存，並由此確定了元朝皇帝「兄弟叔侄世世相承」的傳位原則。

武宗死後，愛育黎拔力八達順理成章地以監國者總攬朝政，等待即位登基。愛育黎拔力八達自幼深受中原文化的薰陶，藩府中多招有當時名儒為老師。他早就對吏弊深惡痛絕，「欲痛剷除之」，主張以儒學治天下、振紀綱、重名器的愛育黎拔力八達，在即位之前就開始了他的親政施政活動。

首先是撤銷武宗所立之尚書省，將丞相脫虎脫、三寶奴、平章政事樂實、右丞保八、參知政事王罷等人罷官，命中書省右丞相塔思不花等核查他們「變亂舊章、流毒百姓」的罪行予以誅殺。其次，是將那些著名的儒臣，如程鵬飛、尚文、郝天挺、劉敏中、王思廉、程鉅夫等人，用驛傳召至大都參與政務。特別是他的老師李孟，被授以中書平章政事之要職，言聽計從。他的重用儒士，不僅僅是為了裝飾門面，在他們的導引和支持下，愛育黎拔力八達在位初年採取了一些重要的舉措，推動了元朝進一步漢化和儒化的改革。然後，以世祖時所定成法為準，將武宗新增之官銜、濫封之官爵盡行廢去，「悉復至元舊制」。又禁止使用武宗時為應付支出而濫發之銅錢、鈔幣，令民間百姓將其交到官府，換取原來的鈔幣。

在完成上述步驟後，愛育黎拔力八達才於一三一一年三月十八日正式即皇帝位，是為仁宗。元仁宗即位，開創了元朝歷史上無人爭奪皇位便順利登基的先例。

推行科舉以興治道

元仁宗愛育黎拔力八達

仁宗「在位十年」，實際只有九年多（一三一一～一三二〇），先後使用皇慶（一三一二～一三一三）、延祐（一三一四～一三二〇）兩個年號。仁宗朝的最大建樹是實行了科舉取士制。

元朝開國以後，由於當時官員來源比較充足，設科取士不如其他王朝那麼緊迫。雖有許多儒臣向忽必烈建言恢復科舉，但都被他加以拒絕。這不僅僅是他個人的好惡，因為當時「天下習儒者少，而由刀筆吏得官者多」，由吏入仕途徑的盛行和逐漸制度化，阻止了通過傳統科舉選拔入才制度的推行。更加之當時百廢待舉，忽必烈正信用阿合馬、桑哥等人以「理財治國」，儒家學說自身的弱點以及儒臣對理財之臣的反對態度，也促成了他對儒臣和科舉制度的疏遠乃至排斥。這些都構成了仁宗即位前半個多世紀未能實行科舉取士制的重要原因。

但到了仁宗即位時，社會環境已經發生了很大的變化。一是由吏入仕制度的弊端日益明顯地暴露出來。仁宗在出居懷州時就感受到了「吏肆於下」的危害，他在北返大都，行至邯鄲時就指出「胥吏科斂、重為民困」，因此對吏弊深惡痛絕，決心將之剷除。二是至元以來的故者儒臣日漸死去，朝廷中為平衡政治局面所需的儒學人才不繼，顯得十分突出。所以早在仁宗為太子時，他就重視人才培養，請將成宗朝始建而未畢其功的國子監學建成，得到武宗的同意。即位後，他又命李孟領國子監學。三是隨著時代的演進，久居中原的蒙古、色目貴族上層的漢文化素養有了一些提高，特別是產生了像仁宗這樣「通達儒術」的蒙古皇帝，這不僅有助於克服來自統治集團中對實行科舉制的阻力，而且更因仁宗的崇尚儒術，便使得行科舉制有可能提上議事日程。

正是在這種背景下，仁宗即位後，便以尊孔重儒，勉勵學校養人才為先導，一步步地走上了推行科舉，以興治道的施政歷程。

仁宗於一三一三年頒詔並在其後的兩年中首次實行新考試制度，考試科目重經學而輕文學。它還指定朱熹集注的《四書》為所有參試者的標準用書，並以朱熹和其他宋儒注釋的《五經》為漢人參試者增試科目的標準用書。這顯然有利於理學家的觀點，有助於確定理學的國家正統學說地位，具有超出元代本身的歷史意義。元仁宗所擬定的科舉制度及其實施細則，可以說是非常的具體、詳細、周全，各方面都做了認真的考慮和嚴密的防範。這一科舉制度及其實施辦法不僅是元代舉行科舉考試的指南，而且對明、清兩代實行科舉取士的辦法也產生很大的影響。

延祐二年（一三一五）三月，元朝行科舉制的首場廷試在京城舉行。元仁宗親自「會試天下進士」。命李孟知貢舉，及廷策進士為監試官，另一位名儒元明善首充考試官。經過這次廷試，共賜護都答兒、張起巖等五十六人及第、出身有差，「所取士後多為名臣」。延祐首次科舉考試實行以後，既在政治上多少滿足了漢人要求開仕途的需要，同時也滿足了元朝統治者用儒圖治的需求。

除此之外，新考試制度還有一些反映元朝統治下特有的民族歧視特徵。在新制度下，蒙古和色目人的考試不僅比漢人、南人簡單，他們還在種族制度下享有「同等席位」，通過各省考試參加會試的名額，按照四等人的劃分，每等人七十五個名額。另外，為了不損害舊貴族家族的承襲特權和擾亂現存的官僚體制，登第殿試的名額控制在較低人數，每次考試不超過一百人。此後元廷舉行了十六次考試，考中進士的共計一千一百三十九人。這個數字只比同時期文官總人數的百分之四稍多一點。因此，科舉考試制度並不意味著對享有特權的貴族子弟利益的嚴重損害。

愛育黎拔力八達推行的考試制度，應被看作施行平等任官機會的漢人觀念和作為征服王朝的元朝的社會政治現實之間的結合。然而愛育黎拔力八達恢復科舉考試制度，既有文化意義也有社會和政治意義。把儒家學說作為甄選精英的標準，給漢族士人入仕提供了一條正常的道路。這對江南的士人更為有利，因為直到此時他們多被排除在官場之外。此外考試制度也鼓勵蒙古人和色目人學習漢學，特別是那些不屬於貴族家族的人，並由此加速了征服者的漢化，只是這種漢化來得有點晚，程度也不夠。

在開設科舉的同時，仁宗也大力興修法典以及普及文化。編撰法典是愛育黎拔力八達改革元代制度的另一個大方向。可能是因為在多元文化社會頒布統一的法典有難以克服的困難，也可能是因為蒙古統治精英認為統一法典會限制他們的權力，所以採取了反對的態度，元廷從未制定一個通行全國的標準法典。缺乏法典引起了漢人官員的極大焦慮，他們多次努力編撰法典和律例，以作為判案的依據。最早的補救措施是至元二十八年（一二九一）頒布的《至元新格》，這大體上是個法令彙編。此後鐵穆耳朝和海山朝編修法典的努力幾乎毫無成效。愛育黎拔力八達很快採取措施對這樣的形勢加以補救。在一三一一年即位的當月，他命令中書省大臣彙集從忽必烈朝初年以來的律令條規。彙編工作於一三一六年完成。但是對彙編的複審過程比預期的時間長得多。直到元英宗碩德八剌即位後兩年的一三二三年，這一法典才以《大元通制》的名目正式頒行。這個新法典收錄了建國以來的法律條文兩千四百餘條，分為斷例、條格、詔制、別類四大類。

《大元通制》雖不是一個全面性的法典，但法制史學家陳恆昭看來，此書「是元代法律成熟的標誌，因為它有充實的內容並採用了以《泰和律》為代表的中國傳統法典的結構」。《泰和律》是金朝的法典，它的編撰遵循的是唐代法典模式。作為征服王朝的法典，《大元通制》沒有完全照搬以前的中國法典。它在許多方面反映了蒙古人的習俗和元代特有的制度特徵，這確實是元朝日趨成熟的反映。

愛育黎拔力八達對漢文化的喜愛，他和他的部分蒙古及色目臣僚對儒家政治學說和漢人歷史經驗的渴求，可以從愛育黎拔力八達下令翻譯或出版的著作數量和性質上反映出來。翻譯成蒙古文的漢文著作包括：儒家經典《尚書》；宋人真德秀撰寫的《大學衍義》；與唐太宗有關的兩部著作，吳兢（六七〇～七四九）撰寫的《貞觀政要》和太宗本人為他的繼承者撰寫的《帝範》；司馬光撰寫的偉大編年體史書《資治通鑒》。在愛育黎拔力八達贊助下出版的漢文著作包括：儒家經典《孝經》；劉向撰寫的《烈女傳》；唐代學者陸淳研究《春秋》的論著以及元代官修農書《農桑輯要》。

在下令翻譯《貞觀政要》時，他指出此書有益於國家，並希望蒙古人和色目人能夠誦習該書的譯本。蒙古君主顯然希望蒙古和色目精英能夠學習儒家的政治學說和漢人的歷史經驗，特別是中原王朝君主的典範唐太宗的教誡，能把國家管理得更好。

「漢法治國」的失敗

與真金相同，仁宗也以「仁孝」著稱，對於母后荅己的「懿命」無不聽從。這就使後宮權重、幸臣恣橫。仁宗又頗信佛法，造寺廟、行佛事、賜施捨等等不一而足。他的這些個人性格傾

農桑輯要

向，也直接影響了政局的發展。雖其本意是想要大興「漢法」，可是卻受到母后及近侍的干擾。篤信佛法自然也和儒術相矛盾，這就使他的「漢法治國」成了虎頭蛇尾的運動。武宗、仁宗的母親答己太后是一個生性愛干預政事的女人。成宗死後，她曾以二子星命付陰陽家推算，以確定所宜立之君，由此造成了武宗和她的一場誤會。當仁宗盡反武宗之政，著手組織建立自己的執政班子時，答己太后也建立了一個內則依靠亦列失八，外則依靠右丞相鐵木迭兒干預朝政的體制。

一些客觀的歷史原因，制約著仁宗按照中原傳統方式對元朝政府的改革無法走得太遠，因為他不能削弱蒙古諸王的行政權、司法權和經濟特權來加強中央集權。儘管忽必烈推行了中央集權的政策，蒙古諸王仍然擁有他們領地（投下）大部分的行政、軍事、財政、司法權。進一步削弱他們的權力是政治冒險，因為這將正面挑戰蒙古和元帝國的最基本原則。一三一一年冬季，仁宗下令撤銷諸王的札魯忽赤（斷事官），由於札魯忽赤代表諸王處理他們領地中蒙古人的法律事務，撤銷札魯忽赤顯然意味著取消了諸王直接審理他們屬下蒙古人案件的權力。仁宗削弱諸王行政權力的嘗試受到更激烈的反抗，亦以失敗告終。

一三一五年仁宗下令諸王分地的達魯花赤（掌印官）由中書省任命的「流官」擔任，諸王只能任命副達魯花赤。一年以後，甚至連諸王任命副達魯花赤的權力也被取消了。由於達魯花赤是諸王分地內的主要長官，常由宗王的親信侍從充任，這樣的做法招致一些宗王和御史台的激烈批評，他們指出這樣做既違背了成吉思汗與兄弟們共用天下的約定，也破壞了忽必烈制定的制度。面對這些責難，仁宗不得不在一三一七年取消改革措施，再次允許領主任命達魯花赤。

同時，仁宗仍需要確保諸王的繼續支持，首先是支持他登基，以後還要支持他違背與兄長的約定，以自己的兒子碩德八剌為皇太子。此外由於諸王的貧困，急需朝廷以賞賜的方式進行財政補助，這樣的賞賜亦是必要的。仁宗無力削減賞賜，恰是使他不能恢復政府財政機能的一個因素。主要的原因是愛育黎拔力八達的經濟觀念是典型的儒家觀念：省刑薄賦，使百姓各遂其生。實際上，除了廢止海山的聚斂政策外，仁宗還試圖停止海山時期開始的公共建築計劃來減少政府開支、削減冗官、在可控制的範圍內適度減少賞賜的數額。假如他們能使之制度化，這些政策確實能夠減少政府的開支，但是削減冗官和減少賞賜額都沒有持續進行。

仁宗除了在他即位初年曾實行勸農外，增加國家稅收的舉措還包括重新將對外貿易置於市舶提舉司之下和預賣鹽引及官府監造的鐵製品。但是他最重要的計劃，是重新經理江南田賦，史稱「延祐經理」。延祐元年（一三一四），鑒於當時田畝「欺隱尚多、未能盡實」造成國家「歲入不增」，元仁宗採納中書平章政事章閭的建議，行經理之法。即查核土地田畝數額與理算租稅錢糧，並對漏隱田產追徵租賦。遂以章閭、你咱馬丁、陳士英等分別前往河南、江浙、江西督辦，並責成行御史台及樞密院給予行政和軍事協助。採取「揭榜於民，限四十日，自實於官」，嚴令百姓於限期內向官府申報本戶的田畝數量，作弊者依法治罪。實施過程中，官吏貪刻，以無為有，妄增畝數，而有很多富民卻因賄賂官吏隱瞞田產，人民深受其害。江西贛州蔡五九聚眾起事，受害農民紛起反抗。元仁宗迫於形勢，停止經理，減免所查出的漏隱田畝租稅，延祐經理以失敗告終。

另一方面，當時受太后寵幸的鐵木迭兒各項措施激起了朝野的不滿和忿恨，引起內外監察御史四十多人對他彈劾。其內容包括「奸貪」、「蒙上罔下」。但仁宗為了顧及母后的顏面，僅將鐵木迭兒罷相了之，但在皇太后答己的重新支持下，鐵木迭兒仍掌握著大權。鐵木迭兒是仁宗朝權力最大的人。仁宗在位的最後兩年，圍繞鐵木迭兒的權力之爭使政府陷於癱瘓。

可見，仁宗改革元朝制度未能成功，不僅是因為遇到諸王對抗，還因為他被宮廷內部的激烈派別之爭所擾。仁宗從未成為他的家族乃至宮廷完全的主人，因為他的權力總是受到來自他的母親皇太后答己及其屬下的強烈限制。出身於與皇室保持世婚關係的弘吉剌部的答己，是一個有著強烈權力欲望的女人。仁宗從未採用任何有效的措施來阻止她干政。

皇太后在朝中的代表鐵木迭兒一直掌握朝中大權的原因有兩個。第一是皇帝對他母親的軟弱。仁宗天性慈孝，這不僅是他的天性，也是他所設計的儒式政府的基本準則。愛育黎拔力八達之所以沒有除掉鐵木迭兒，就是因為他不願意反抗和觸犯他的母親。第二是仁宗的儒治政策在政治上和思想上都無法讓既成權力體制所接受。這種政策有損於諸王和蒙古、色目官員的傳統政治及和經濟特權。於是代表仁宗意志的儒臣在與代表皇太后的鐵木迭兒對抗，很少得到蒙古和色目精英的支持。

仁宗愛育黎拔力八達死於延祐七年（一三二〇），終年三十六歲。仁宗朝「開啟了科舉取士的開端」，所以歷史學家孫克寬稱為「延祐儒治」。它雖然為元朝增加了更多的中原色彩，但是實際上沒有成功地遏制蒙古和色目精英的既得利益，因此沒能從根基上改造蒙古——元朝的「整體結構」，元朝漢化的歷程又一次遇到了嚴重的挫折。

愛育黎拔力八達小檔案

姓名：孛兒只斤・愛育黎拔力八達

出生：一二八五年

卒年：一三二〇年

享年：三十六歲

在位時間：一三一一～一三二〇年

年號：皇慶（一三一二～一三一三年）

延祐（一三一四～一三二〇年）

諡號：聖文欽孝皇帝

廟號：仁宗

父親：答剌麻八剌

母親：興聖皇太后弘吉剌氏・答己

最自豪：恢復科舉

最遺憾：漢化失敗

最鬱悶：背負背信棄義的罵名

最擅長：嗜酒如命

元英宗碩德八剌

英宗碩德八剌是仁宗愛育黎拔力八達的嫡長子，十四歲立為太子，十八歲即可汗位，二十一歲被叛黨弒殺。在位僅近三年的他推行了「振立紀綱，修舉廢墜，裁不急之務，加惠兵民，輕徭薄斂」的種種新政改革。其核心仍然是在繼續進行元世祖即位以來「行漢法」的政治措施，企圖以此開創一個繼承世祖功績，創造天下太平，國富民足的政治局面。只是性格有些柔弱，政治經驗不足，讓他成為了政治鬥爭的失敗者。

英宗奪權

仁宗在即位後要處理的另一個重要的政治問題，就是自蒙古立國以來始終未能妥善解決的「皇儲」問題。自大德十一年（一三〇七）的宮廷政變之後，武宗登基，沒有將「皇儲」之位傳給自己的兒子，而是傳給了弟弟仁宗，這在當時本不合常理，只是一種特殊條件下的產物。也正因為如此，武宗和仁宗當時約定，如果仁宗死後，皇位仍須由武宗之子承襲。仁宗對這一協定表示同意，才得以繼承皇位。

元英宗碩德八剌

但是仁宗在當了皇帝之後，對於先前的這個「協定」就開始感到不能忍受，於是決定要撕毀「協定」。一三一五年冬，仁宗先封武宗長子和世㻋為周王，翌年春，命其出鎮雲南，相隨者則有武宗舊臣禿忽魯、教化、釐日等人，當時諸人已經知道仁宗有改立「皇儲」之意。十一月，和世㻋行至延安，輔臣教化等欲重奪皇位，於是和關中重臣阿思罕、塔察兒等相勾結，調動關中大軍，準備回攻大都，重爭皇位。然而當回至河中時，軍中發生內訌，塔察兒等殺掉阿思罕、教化，和世㻋等人遂被迫逃往漠北草原，西北諸王察阿台等乃歸附於他。仁宗見和世㻋出逃，正中下懷。於是在十二月，立自己的兒子碩德八剌為皇太子，並在延祐四年閏正月詔告天下。仁宗因皇太子年幼，乃選派儒臣為其輔佐。仁宗的這一「易儲」做法出於私利，遂為日後的元朝皇位之爭留下了隱患。

據說在仁宗太后答己眼裡，和世㻋「少時有英氣」，而碩德八剌「稍柔懦」。為了達到繼續干預朝政的目的，答己太后和丞相鐵木迭兒等在他們兄弟二人中選中了生性柔懦的碩德八剌。因為他們推測，如立「有英氣」的和世㻋，必不利於己。

由於已經有了以上精心安排，延祐七年（一三二〇）三月十一日，仁宗因病而亡後不久，碩德八剌沒有遭任何反對便繼承了他父親的帝位，是為英宗，年號至治。

英宗看似稍顯柔懦，但經過父親十多年的精心培養，他不僅在思想上信服於儒家學說，而能讀寫漢文，有著較高的漢文化素養。加之他「以幼沖，嗣承大業」，年少氣盛，頗有「勵精圖治」的氣勢，這就注定繼位後的英宗，將與把持朝政的蒙古、色目貴族之間有一場不可避免的政治衝突與權力爭奪戰。

鐵木迭兒從一三二〇年仁宗去世到一三二二年他去世這段時間，得到了比他在愛育黎拔力八達朝還大的權力。按照已是太皇太后的答己旨意，在仁宗去世後僅三天，鐵木迭兒就第三次被任命為右丞相。由於鐵木迭兒有太皇太后的全力支持，也由於小皇帝是個沒有經驗的年輕人。所以在英宗繼位的前兩年，被身為太子太師的鐵木迭兒牢牢地控制在手中，鐵木迭兒輕易鞏固了自己

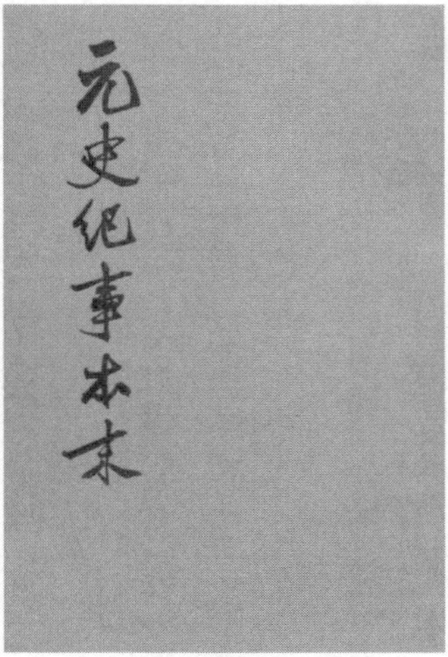

《元史紀事本末》封面

的權力。他將自己的族人和親信委以要職、打擊報復那些攻擊過他及在過去不與他合作的人。在碩德八剌朝初年，鐵木迭兒的權勢已達到近乎獨裁的地步。

自蒙古立國直到元朝初期，其諸帝如成吉思汗、窩闊台汗、蒙哥汗，乃至於世祖忽必烈，多為雄才大略的人中豪傑，故而國家大政完全出於帝王之手。大臣或有弄權者，如奧都剌合蠻、阿合馬等，多則十餘年，少則數年，必遭致殺身之禍。而到了元朝中期，自成宗以下，諸帝之才略已遠遜於前，而中宮之勢力日增，左右朝政，一如「垂簾」稱制。到仁宗時，中宮之勢已凌駕於帝王之上，遂造成嬖臣弄權，橫行不法，竟然擅殺大臣，帝王欲治其罪而不果，這種現象是以前從未發生過的。鐵木迭兒之膽敢如此猖獗，除了皇太后的包庇之外，他在改易皇儲問題上的所作所為也使仁宗不得不念其「功勞」而予以姑息，希望他能夠在日後輔助年幼的英宗坐穩江山。

但是，年輕的皇帝英宗並沒有坐視不管。皇帝不久就成為與強權鐵木迭兒鬥爭的儒士所效忠的核心。英宗準備推行儒治，因為他與他的父親一樣都受到過良好的漢學教育。在他成為皇太子之後，朝廷官員不斷向仁宗建議選擇耆儒對他進行教育。英宗的老師有漢儒王集和周應極，在儒學的極深影響下，碩德八剌能夠背誦唐詩，並擅長書法。從即位初年，英宗就顯現了超出他年齡的政治獨立性和決定意志，他甚至在即位之前就敢於違抗祖母的旨意，拒絕以她的親信取代英宗朝的大臣。英宗即位後，雖然從禮儀上奉答己太后為太皇太后，又是尊號，又是授冊文，但是對她「濁亂朝政」的行為十分反感。因此當太皇太后前來祝賀英宗登基時，「英宗即毅然見於色」，這使得答己萬分後悔，說：「我不擬養此兒耶」，從此「飲恨成疾」直至死去。

為遏制太皇太后和鐵木迭兒的權力擴張，英宗於一三二〇年任命二十二歲的拜住（一二九八～一三二三）為左丞相。這一任命給年輕的皇帝帶來了兩點政治好處。第一，拜住得天獨厚的家族背景有助於他得到蒙古舊貴族的支持。拜住家族在蒙古人中的影響是無與倫比的，因為他是元初名臣安童之孫、木華黎的後人。第二，拜住是在蒙古人中最能得到儒臣支持的人。安童曾以反對忽必烈的色目理財之臣和堅持政府的儒治原則而享名天下。拜住受到過良好的儒學教育，在一三一五年就任太常禮儀使後，他與許多儒士建立了密切的關係。英宗和拜住組成了一個年輕和有力的聯盟，能夠從不同方面限制鐵木迭兒的影響，並且保護儒臣不受鐵木迭兒的迫害。

兩個集團的衝突在英宗即位後僅兩個月就達到了高潮。是時，以碩德八剌之弟兀都思不花取代他做皇帝的陰謀敗露。由於參與謀劃廢立的都是太皇太后的幸臣和鐵木迭兒的親信，皇帝拿不定主意如何處置他們。恰是拜住鼓勵皇帝在太皇太后和鐵木迭兒插手之前採取果斷行動，將其全部處死，但是鐵木迭兒本人並未受到處罰，甚至沒收的謀逆者家產還有一部分被賜給了鐵木迭兒。果斷地清理了這次叛亂，揭開了少年君主全面親政的序幕。

健康因素亦對年輕的皇帝有利，鐵木迭兒的身體每況愈下，皇帝因此能給拜住更大的權力。鐵木迭兒死於一三二二年十月，此後一個月太皇太后也去世了，英宗終於得以親政。第二年的前半年，御史台官員指斥鐵木迭兒及其同夥私吞公款和貪贓，於是開始全面清算鐵木迭兒。在宮廷中未受挑戰長達十年以上的這一集團遭到沉重打擊，但是並沒有覆滅，這也為以後的政治之路籠罩了一層陰霾。

至治改革

沒有了太皇太后和鐵木迭兒的阻礙，碩德八剌現在完全自主了。鐵木迭兒死後他立即採取的行動之一就是在一三二二年十二月任命拜住為右丞相。作為碩德八剌朝後期的獨相，拜住起到了宰執、道德啟發和規勸者的作用。

這一年國內階級矛盾和民族矛盾加速發展。一至九月各地水、旱、霜、蝗災四十九次，遍及山東、河北、四川、湖北、江南十餘省的大部分地區，各種民變、兵變和少數民族起義頻仍。正是這種「地道失寧，風雨不時」的社會狀況，迫使英宗決心改革制度，調整政治。英宗新政歷時只有十個月，從至治二年（一三二二）十月至三年（一三二三）八月。其主要內容包括：

（一）大量啟用老臣儒士。最明顯的例子便是拜住任右丞相後，首薦「四世舊臣」張珪，並向他請教「宰相之體何先」的問題。一三二二年冬，起用張珪為集賢大學士，繼又拜中書平章政事。自此以後，拜住大事「召用致仕老臣，優其祿秩，議事中書。不次用才，唯恐少後，日以進賢遲不肖為重務」。英宗、拜住為了「一新政務」的需要「尊禮老臣」，大量起用遭受鐵木迭兒排擠打擊的先朝致仕老臣商議政事，一方面可以彌補這對年輕君相

元代佛像

治國經驗不足的缺陷，避免政治上的差錯；另一方面則顯然是出於對抗以太皇太后答己為代表的蒙古守舊勢力的考慮。在「其黨猶布列朝中」的形勢下，君相二人只有藉助於在政治上反對守舊勢力的老儒舊臣。而這些老儒舊臣在被徵用後，為了實現儒學治國的政治理想和漢族人的利益，無不盡心輔佐。

（二）罷免冗官，整頓吏治。鑒於元世祖以後各朝官僚機構急劇膨脹，內外官署改開創設，日積月增，冗官冗職氾濫成災，歷朝雖曾決心整改但成效甚微。為此英宗決定大刀闊斧地減並除罷冗官冗職。至治二年（一三二二）十一月，開始下令罷世祖忽必烈以後冗置之官僚機構。三年（一三二三）二月，罷徽政院所屬三總管府。接著又「罷崇祥、壽福院之屬十有三署、江淮財賦之後六十餘署」。與此同時，英宗執法嚴明，「果於刑戮」，注重整肅吏制。頒行仁宗朝就已經彙編，但尚未完全實施的《大元通制》，體現了英宗重視法制，督責各級官吏遵循典制法令，以改變政令不一，罪同罰異的混亂現象，一新政治。

（三）行助役法。針對當時國內「水旱相仍，民不聊生」的社會狀況，為緩和階級矛盾，至治三年（一三二三）四月，在中書省集議的基礎上，英宗「記行助役法，遣使考視稅籍高下，出田若干畝，使應投之人更掌之，收其歲入以助役費，官員不得與。」並規定：「凡民田百畝，令以三畝入官，為受役者之助。」這種方法僅需要規定按資產多少各出一定比例的土地，以土地的出產補貼應役者。農民交納少量土地上的糧食，就不用親身服勞役，減輕了農民的負擔，同時減少官員干預又降低了官員藉機盤剝的可能性。這一制度的目的顯然是減輕小土地所有者的差役負擔，這種助役糧法在英宗死後被其後繼者沿用。同時英宗還減免了朝廷的許多不急之徵，下層人民大為稱讚。

英宗所做的一切，觸犯了保守的蒙古、色目貴族的利益，這引起他們的恐慌和不滿。同時又因為英宗篤信佛教和儒學，他在位期間伊斯蘭教頗受歧視。上都的回回寺被毀掉，改建成帝師殿。負責傳授波斯語言的回回國子監被廢罷。回回散居郡縣者，每戶歲輸包銀二兩，而在以前他們是享受免稅待遇的。這也得罪了部分信奉伊斯蘭教的貴族們，正是在這種背景下，一場謀殺英宗的宮廷政變發生了。

南坡之變：英宗之死

鐵失為鐵木迭兒的義子，但其行事之奸詐英宗沒有察覺，因此在英宗一朝始終受到重用。至治元年（一三二一）三月，英宗命鐵失任御史大夫總領諫台之政，並授以軍權，統領忠翊侍衛親軍。同年十一月，又命其兼領戰鬥力極強的左、右阿速衛親軍。這對於英宗來講，無異於把性命交到敵人手中。翌年二月，又賜鐵失父祖碑以彰其功，然而這些恩寵都沒有除去鐵失的叛逆之心。

隨著鐵木迭兒的奸黨陸續被英宗剪除，鐵失的危機感也就日益加重。而這些尚未被英宗罷斥的奸黨，也就自然要彙集到鐵失的麾下，共商保存自身利益、對抗英宗新政的辦法。當然最簡單、快捷的辦法是發動政變推翻英宗的統治，這種辦法雖然危險性極大，但在迫不得已時也只好鋌而走險。最令鐵失等頭疼的事則是在殺掉英宗之後將推舉誰來擔任這個國家的新首腦，以資歷、威望、血統而論，武宗海山的兩個兒子——和世琜與圖帖睦爾最佔優勢。但他們因皇位被奪而與太后答己及仁宗結下了仇怨。鐵失等人皆為太后幸臣，當年曾經參與「易皇儲」的陰謀，自然不會再擁立和世琜兄弟為新首腦。

除此之外，諸宗王中可繼承帝位的人選就只有晉王也孫鐵木兒了。也孫鐵木兒之父甘麻剌係世祖忽必烈之嫡長孫，當年和鐵穆耳爭奪皇位繼承權失敗後出鎮漠北。及甘麻剌死，也孫鐵木兒襲晉王之爵，仍鎮守於漠北。既掌有軍權，又與英宗一系有仇怨。於是，鐵失等人乃與晉王親信大臣倒剌沙勾結，並將準備政變的意思轉告給他。得到其默許後，遂開始放手策劃逆亂的具體方案。

至治三年八月初，英宗南還大都，在距上都三十里的南坡駐營。鐵失與前參知政事赤斤鐵木兒、知樞密院事也先帖木兒、宗王按梯不花（**武宗時被殺之安西王阿難答之弟**）、月魯帖木兒（**阿難答之子**）等人相聯手，一面派人通知晉王也孫鐵木兒，一面調遣所轄之阿速侍衛親軍，將英宗大帳包圍。鐵失等先殺中書省右丞相拜住，再弒殺英宗。後世稱之為「南坡之變」。

晉王也孫鐵木兒是最早得到逆亂消息的宗王，也是這次「政變」的最大受益者。他不費吹灰之力就將令萬人垂涎、曾祖父求之未得的皇位拿到手中。同年九月，也先鐵木兒與宗王按梯不花將英宗生前所掌的皇帝璽印送到也孫鐵木兒鎮守的北疆駐地——當年成吉思汗的大斡耳朵。於是，也孫鐵木兒在王府諸官及逆黨的擁戴下即位稱帝，並下詔宣稱：「眾人商量著：大位次不宜久虛，惟我是薛禪皇帝（**指忽必烈**）嫡派，裕宗皇帝（**指真金太子**）長孫，大位次裡合坐地的體例有，其餘爭立的哥哥兄弟也無有。」

南坡之變之所以能夠得逞，英宗之所以如此輕易被殺，不能不讓我們探究其中之歷史。首先是深刻的政治原因。英宗新政觸犯了蒙古、色目貴族的世襲傳統利益，使那些「居高位、食厚祿」的上層貴族官僚很難再像以往享受各種特權和為所欲為，因此當行漢法的改革繼續推進時，他們必然要聯合起來進行強烈的抵制和反抗。當時這種反對新政的守舊勢力十分強大，以致使得英宗和拜住君相在上層統治集團中感受到莫大的壓力和孤立。在十六個知名的反叛者中有五個是宗王，但實際上參與此事的宗王比列出來的要多得多。在也孫鐵木兒即位後不久，右丞相旭邁傑告訴他能夠自拔逆黨、盡忠朝廷的「宗戚」只有買奴一人。諸王與鐵木迭兒的關係，現在尚不清楚，諸王作為一股勢力有充分理由怨恨英宗。在英宗在位期間，有兩次因為財政困難取消了諸王的歲賜，這在元朝歷史上是前所未有的舉動，連他父親仁宗都深知這一點。此外為了增加皇室的權威，英宗似乎比他以前的各位皇帝在封王上控制得更嚴，並試圖對諸王進一步加以約束。他不顧皇室宗親享有的傳統特權而採取這些限制諸王的措施，促成他們參與謀反。

其次是英宗君相自身的軟弱和優柔寡斷。英宗少年氣盛，力行新政，勇氣有餘而「識見有所未盡」。他缺乏政治家的清醒頭腦，對鬥爭的嚴重性和激烈程度估計不足，缺乏對政敵的應有警惕和防範。尤其是當他們在以儒家的政治思想為指導推進新政時，又把儒家迂腐的習氣帶了進來，以致一再對自己的政敵妥協、寬恕。英宗和拜住對於別人的提醒，鑒於奸黨經常密語「謀中害之」的情況應當引起重視，「且請備之」的警告他竟不屑於聽，從而放鬆了警惕，進而讓鐵失一夥掌握了親軍，這在前朝是絕對不會有的。

最後是鐵失一夥成功地控制了衛軍，並選擇了怯薛值日的有利時機發動政變。在元朝，宮廷皇室的安全通常由兩部分力量來保衛。涉及皇帝的周邊護衛和巡行扈從，由五衛親軍來負責；涉及宮禁斡耳朵的安全，怯薛近侍輪番值日來環衛。鐵失以御史大夫兼領左右衛親軍，為暗殺得逞製造了「外應」的有利條件，而在禁衛軍中也不乏叛軍的內應。所以正如《元史》中一針見血地指出：「大臣兼領軍務，前古所無。鐵失以御史大大，也先帖木兒以知樞密院事，皆領衛兵，如虎而翼，故成逆謀。」

簡而言之，鐵木迭兒一派的殘餘勢力與不滿的蒙古諸王結盟，終於演出了南坡之變。探究其更深的背景，英宗的被殺是兩個政治集團之間衝突的極點，而這種衝突至少在仁宗朝初年就已經開始了。仁宗和英宗在漢化的蒙古大臣和漢人儒臣的支持下，做了多種努力使元廷更加儒化，這意味著加強中央集權和官僚體制。另一方面，以皇太后答己和她的親信鐵木迭兒、鐵失為首的一派似乎不只是為他們自己的利益而鬥爭，他們還在蒙古、色目貴族和官員中得到了廣泛的支持，這些貴族和官員對有損於他們世襲政治、經濟特權的改革自然是持反對態度。雖然英宗在答己和鐵木迭兒死後贏得了短暫的勝利，他的進一步行動和自己的寬大卻激成反叛，並導致了自己的悲慘死亡，元朝的漢化之旅也即將走到盡頭。

有元一代之帝王，由靠自己的威望和實力爭得皇位的忽必烈，蛻變為由中宮扶立之成宗、仁宗諸帝。再蛻變為由叛軍所擁立之泰定帝。既然名已不正，其實力又不足以威鎮諸王、勳臣，故而導致此後近十年間，皇位之人選更迭、政爭紛起，甚至刀兵相見、二帝並存、勝者為王。而大臣亦藉機擅權，政治腐敗，元朝之滅亡於此已見其先兆。

碩德八剌小檔案

姓名：孛兒只斤・碩德八剌

出生：一三〇三年

卒年：一三二三年

享年：二十一歲

在位時間：一三二〇～一三二三年

年號：至治（一三二一～一三二三年）

謚號：睿聖文孝皇帝

廟號：英宗

父親：愛育黎拔力八達

母親：阿納失失里

最自豪：推行新政

最遺憾：被叛軍所殺

最鬱悶：天性柔懦善良

最擅長：讀寫漢文

泰定帝也孫鐵木兒

也孫鐵木兒，忽必烈時早逝的皇太子真金之嫡孫，在叛亂中順利的奪得了皇位。雖然背負著叛亂者的罵名，但此人生平沒有大的過失，而且心地很好，也有圖治之心。可惜元朝到了他的時候，已經盛極而衰；他的才幹與學識又不足以扭轉乾坤，創造新的中興局面。《元史》上稱：「泰定之世，災異數見，君臣之間，亦未見其引咎責躬之實，然能知守祖宗之法以行，天下無事，號稱治平，茲其所以為足稱也。」由於在其後的帝位之爭中，泰定帝之子阿速吉八失敗，取得勝利的周王和世瓎兄弟，便不再追認泰定帝的謚號。由於他在元朝帝系裡沒有廟號，所以後世的史家便以年號來命名，稱呼他為泰定帝。

清除叛黨

英宗的繼承者也孫鐵木兒不僅僅是謀殺碩德八剌的主要受益者，很可能也是密謀的參與者。從他的家庭背景和早年歷史，很容易看出也孫鐵木兒有謀求帝位的野心。上面已經提到他的父親是真金的長子甘麻剌，在一二九四年是帝位的有力競爭者。一三〇二年，也孫鐵木兒襲封晉王，統領成吉思汗四大斡耳朵，成為當時真金的孫子中地位最高的人。因此在一三〇七年他與海山、愛育黎拔力八達一樣具有繼承帝位的資格。在其後幾朝皇帝在位時，也孫鐵木兒憑藉在漠北的廣大封地和強大的軍隊，不僅成為朝廷最為尊崇的宗王之一，享受著各種優待，還成為不服從朝廷約束的草原諸王的領袖。毫無疑問，關於英宗採取的針對諸王的限制措施，他與其他諸王一樣不滿。正如我們上面分析過，如果不能找到合適的繼承者，叛黨是不敢輕易拿自己的生命作為賭注的。也就是說，沒有也孫鐵木兒的默許甚至是積極支持的話，鐵失和其他謀叛者可能不敢貿然行事，這畢竟是蒙古帝國歷史上第一次刺殺皇帝。據稱也孫鐵木兒的王府內史倒剌沙與謀叛者有密切的聯繫，後者在謀殺發生的前兩天告訴也孫鐵木兒他們準備發難，事成後推立晉王為新皇帝。

一三二四年九月四日，也孫鐵木兒在自己克魯倫河上的行在所即位，年號泰定。泰定帝利用鐵失等人的逆亂取得帝位，為報答擁立之功，而對逆黨加以封賞，同時又能安定其心。也先帖木兒任中書省右丞相，鐵失任知樞密院事等等，他自己的親信也被委以要職，倒剌沙任中書平章政事。為了爭取更多蒙古貴族的支持，泰定帝又下令，將流徙邊地及遣至遠方的諸王官屬等召還至京城。在經過一個多月的安排、調整之後，泰定帝見皇位已經穩固，於是開始對逆黨加以剷除，開始在大都和上都對以前的同盟者進行了血腥的清洗。也先帖木兒、鐵失和參與事變的其他官員都被處死，與逆謀有關的五王也都被流徙遠方。清洗謀叛者是也孫鐵木兒加強他即位合法性的妙舉，通過這一舉動，他把自己和弒君事件完全劃開，因為這一事件以蒙古人和漢人政治倫理觀點看來都是不可原諒的罪行。出於報復心理，漢人臣僚不斷請求新皇帝清除鐵木迭兒和鐵失的所有同黨及其家庭，但是被也孫鐵木兒拒絕，因為在官場中完全依賴一派並清除其他派別對他並不有利，不過此時叛黨的主要勢力，幾乎翦除殆盡。

更張政治

泰定帝坐穩了大位之後，開始了更張政治。一方面，派出自己所信任的諸宗王鎮守四方。泰定元年（一三二四）三月，命宗王八剌失里出鎮察罕腦兒。六月，又命宗王闊出前往鎮守畏兀兒之地。隨後又命宗王失剌鎮守北疆，鐵木八不花鎮守揚州，闊不花鎮守陝西等等，進一步加強自己對全國的控制。另

元泰定帝也孫鐵木兒

一方面，對原有的各種典制加以修改，並創立一些新制。主要有以下幾項。

第一，為加強對中央政府的控制，於泰定元年十月下令，中書省左、右丞相等要員每天的辦公地點從中書省的衙署移到皇宮之內，如有日常的事務則回省中處理，如果無事須在皇宮中與帝王相處，以討論各種政務。這種做法，頗似漢代武帝時的內朝、外朝之制，由此可以看出泰定帝是要進一步加強皇帝的集權統治。

觀察也孫鐵木兒本人和他的主要官員，可以看出在忽必烈朝之後歷朝中，也孫鐵木兒的機構是最「非漢化」的。一二九三年出生於漠北的也孫鐵木兒，即位時已經是三十一歲的成年人。他有很深的草原背景，從未受過漢式的儒家教育。他的主要官員大多數是從漠北帶來的王府高官，他們主要是回回人和蒙古貴族，漢人在政府中所起作用甚小。因此，也孫鐵木兒的朝廷明顯不同於以前的朝廷，確立了有漠北草原和伊斯蘭教背景的人佔優勢地位的格局，這些都決定了他不可能繼承前兩代皇帝的漢化改革。也孫鐵木兒一朝也並不意味著完全回歸傳統的草原帝國制度，作為中原王朝的皇帝，也孫鐵木兒不能使歷史時鐘倒轉。作為通過陰謀和暴力奪得皇位的統治者，他需要得到最大可能的支持。因此也孫鐵木兒的朝政主調是調和，以贏得所有關鍵性政治集團和宗教集團的支持。為取得官府機構的支持，也孫鐵木兒對受到鐵木迭兒不公

和林龜趺

正待遇的官員做了撫慰。

第二，將天下分為十八道，派遣官吏訪察民情，考核吏治，審理冤獄等。泰定二年九月，特下詔書，選出中央政府及各行省要員，如齊履謙、董訥、吳秉道等人分行各地，整頓地方之吏治。

第三，廢除成吉思汗時朝諸王分封功臣封地內的州縣長官世襲制。蒙古佔領中原之後，在各地遍設「湯沐」、「投下」之邑，封地內的州縣之官，多由受封貴族的親信出任，其任免之權皆出於貴族之手，政府很少干涉。故而形成投下州縣官吏多為世襲的狀況。這就使得許多世襲官吏依仗貴族的信任而橫行不法、殘害百姓，造成種種弊病。泰定帝廢去分封地州縣官的世襲特權，意在除去官吏的害民弊政。

第四，是大興儒學。最有意義和最令人吃驚的是也孫鐵木兒恢復了經筵制度。經筵是儒家的傳統制度，即著名學者向皇帝講解經典要義及其與日常事務關係的皇室諮詢活動。雖然忽必烈朝之後經筵曾非正式的舉行過多次，但經筵制度在元朝還沒有正式恢復。泰定元年二月，江南官吏趙簡上書，請開設經筵，廣招名士，為帝王及太子、王公子弟們講授儒學。他的建議立刻得到泰定帝的支持，命朝中大臣張珪、忽都魯都兒迷失負責其事。而請名儒吳澄、鄧文原等進講《帝範》、《資治通鑑》、《貞觀政要》等書。由於也孫鐵木兒不懂漢語，在一三二四年恢復經筵後通過翻譯向皇帝講解經典，此後遂成定制。講解者有著名的漢人學者吳澄、虞集，還

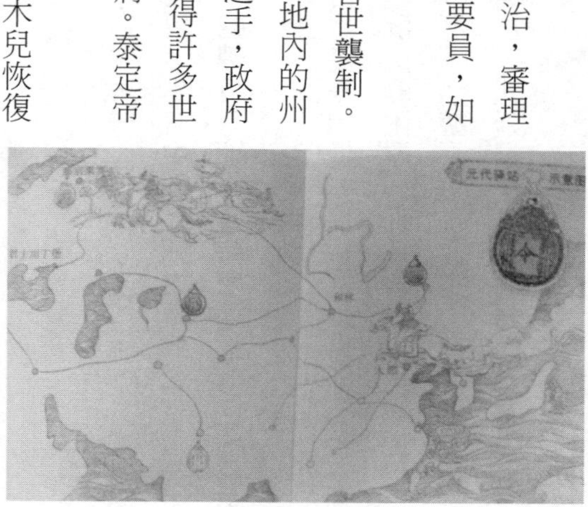

元代驛站示意圖

有畏兀兒翻譯家忽都魯都兒迷失和蒙古著名作曲家阿魯威。泰定帝還在泰定四年七月下令，建造橫渠書院以祠宋代名儒張載經筵的實際作用。但此舉不過是使蒙古君主熟悉漢人的政治觀點和歷朝歷史，經筵對朝廷的實際政治傾向顯然影響很小，最早建議實行經筵制度的翰林學士趙簡在一三二七年曾懊喪地表示，沒有任何一個政策源自經筵。

生不逢時有實無名

泰定帝在位五年（一三二三～一三二八），共使用泰定（一三二四～一三二八）、致和（一三二八）兩個年號。泰定帝朝五年，整頓吏治、大興儒學，本有中興元朝之政的希望，卻不幸天災連年，百姓多流離失所，這也正是元王朝走向分崩離析的轉折時期，當時所面臨的各種嚴重社會問題如下：

首先是「泰定之世，災異數見」。泰定帝即位以來，自然災害頻仍，災情遍及京師乃至全國各地，其嚴重程度超過前朝。以致在「災異屢見」而饑饉無法解決的困難面前，曾釀出一場中書大臣紛紛「辭職退避」的風波。元朝統治者雖曾採取措施賑災救濟，然據真定、保定、河間鄉里統計，朝廷雖賑以金帛，但受惠者不到一半。為了防止饑民聚眾反抗，元廷還下令「禁饑民結扁擔社（扁擔社是元代的一種民間組織），傷人者杖一百」。

其次是此起彼伏的少數民族起義。由於蒙古統治集團改變對少數民族地區的統治辦法，採取賦役「比於中原」的方式，加重壓迫剝削，從而激化了元王朝和各少數民族之間的矛盾。元代中期以來，各項起義逐漸由漢族地區向少數民族地區轉移擴散的趨勢。據統計，在成宗的十二年中，少數民族起義有十三起；在武宗、仁宗朝的十三年中，起義次數增加為十八起；英宗朝三年為十四起。及至泰定帝朝的五年，遍及南方、西南各省的少數民族起義，大有不可遏阻之勢，次數激增至六十五起，平均每年多達十三起。與少數民族起義相呼應，泰定年間漢族的起義次數也有增無減，甚至出現了有的地下反抗者建國改元的事件，這是前朝所從來沒有的。

最後當然還有元朝一直都沒有解決的財政問題。泰定帝朝的各種「不急之費」太多，其又以佛事一項開支最巨。泰定帝不僅本人信仰佛教，曾三次受戒．而且還帶動皇后、皇子多次受戒。至於修寺廟、造浮屠、做佛事、命僧眾百戲導帝師遊京城等等，名目繁多、耗費驚人，如建西山寺花費以億萬計。

泰定帝即位後，為保住帝位在他這一系傳延，曾於泰定元年（一三二四）三月立他五歲的兒子阿速吉八為皇太子。致和元年（一三二八）七月，三十六歲的泰定帝崩。

元戲曲演出壁畫

也孫鐵木兒小檔案

姓名：孛兒只斤・也孫鐵木兒

出生：一二九三年

卒年：一三二八年

享年：三十六歲

在位時間：一三二三～一三二八年

年號：泰定（一三二四～一三二八年）

致和（一三二八年二月～九月）

諡號：無

廟號：無

父親：甘麻剌

母親：普顏怯里迷失

最自豪：天下太平

最遺憾：有心治國無力回天

最鬱悶：背負叛亂之罵名

最擅長：篤信佛教

天順帝阿剌吉八

僅有九歲的泰定帝之子阿剌吉八少不更事就當上了帝國的皇帝。生於一個有著複雜矛盾甚至深仇大恨的黃金家族，年紀小小的他只是宮廷鬥爭的一個棋子，對於他的歷史與未來，歷史沒有留下任何詳細的記載，只是說他不知所蹤。由於在皇位鬥爭中失敗，取得勝利的周王和世㻋兄弟，對待他如同他的父親泰定帝一樣不追認天順帝的謚號。由於他在元朝帝系裡沒有廟號，所以後世的史家便以年號來命名，稱呼他為天順帝。

大都政變

一三二八年八月十五日，泰定帝死於上都，終年三十六歲。他的去世立即引發了元朝歷史上最血腥和破壞性最大的帝位之爭，爭奪的結果是帝系重新回到了海山後人手中，並一直延續到元朝滅亡。

在泰定帝駕崩的同時，大都宮廷中已經發生政變，目的是重使武宗海山的兒子成為正統的皇位繼承人。自仁宗在一三一六年以自己的兒子碩德八剌取代海山的長子和世瑓為皇太子後，試圖恢復海山兒子帝位繼承權的勢力即成為一股政治暗流。也孫鐵木兒之死不過是為這股暗流的表面化提供了機會。捲入帝位爭奪的有三位關鍵性人物。雖然和世瑓和他的弟弟圖帖睦爾是帝位的競爭者，但推動帝位爭奪的實際上是海山的舊侍從燕帖木兒。

和世瑓與圖帖睦爾在愛育黎拔力八達朝和碩德八剌朝曾受到政治迫害。和世瑓於延祐三年（一三一六）被封為周王，被派往遠離都城的雲南，以給冊封碩德八剌為皇太子掃清障礙。為表示抗議，和世瑓在陝西舉兵但很快失敗，在此後的十二年中他成為一名政治流亡者，在察合台諸汗的庇護下，居於中亞的塔爾巴哈臺地區。一三二一年，英宗將圖帖睦爾放逐到熱帶的海南島。三年之後，泰定帝將圖帖睦爾召回，封為懷王，不久又送往湖北。作為前大汗的兒子，和世瑓兄弟在諸王中受到一定程度的同情；而更重要的是經過各種政治變遷存留下來的一些原海山汗追隨者，依然效忠於海山汗的後人。

致和元年（一三二八）九月，中書省左丞相倒剌沙在上都立泰定帝之子、九歲的阿速吉八為皇帝，改元「天順」。擁立他的有中書右丞相倒剌沙、遼王脫脫和泰定帝的侄子、不久前被封為梁王的王禪。而是時，有一股敵對勢力已在伺機而動圖謀另立新帝，一場大規模的皇位爭奪戰，轉瞬即發。

與泰定帝一系對抗的勢力，主要由武宗的舊部下們所組成。其中的核心人物是燕帖木兒，其他還有諸王滿禿、阿馬剌台、大宗正札魯忽赤（蒙古和元朝官名）闊闊出等人。他們或是武宗之近親、或是武宗的舊臣，對於仁宗的背約而改立皇子本就極為不滿，隱忍未發。

燕帖木兒是海山征討叛王時的統帥和海山即位的擁立者，海山在位時該家族的地位達到了頂點，但是在其後的兩朝皇帝在位時，此家族的地位一落千丈。泰定帝去世時，燕帖木兒出任級別不高但主掌要務的樞密院僉院一職。可能是出於對海山家族的效忠，加上恢復本家族崇高地位的個人心願，使燕帖木兒起而反對泰定帝的後人繼位。而且英宗被殺，泰定帝即位，對任用親信色目人倒剌沙等主管政府就更加令其不滿，乃相聚預謀，準備發動政變推翻泰定帝一系的統治。因為當時已沒有仁宗的後人在世，所以擁戴武宗海山的兒子即位成為政變的口號。

元天順帝阿剌吉八

一三二八年深秋泰定帝患病時，燕帖木兒立即著手組織兵變，最後計劃如果泰定帝在上都病亡就發動政變。隨同泰定帝北去度假的宗王滿禿、大宗正闊闊出等人，負責捕殺上都的泰定帝親信大臣。而留守在大都的燕帖木兒等人，則負責控制都城的省、院、台等重要軍政機構，共同擁立武宗之子為帝。燕帖木兒雖然職務不算特別高，但有利的是他在皇帝離開大都後掌管著留在都城的衛軍。按照元朝的制度，樞密院和中書省的主要大臣每年都要隨同皇帝巡幸上都。在皇帝出行時留守京城的西安王阿剌忒納失里的協助下，燕帖木兒於九月八日清晨成功地衝進宮中俘虜了平章政事烏伯都剌和在大都的其他大臣。當時他召集京中諸官僚，當眾宣布天下正統皇位應當歸於武宗之子，「有不順者斬！」

但是，在上都的滿禿、阿馬剌台、闊闊出等人的政變預謀被倒剌沙得知。於是將滿禿等人加以逮捕隨即處死，並扶立泰定帝之子阿速吉八（一說為阿剌吉八）為帝，改元「天順」。上都的政變計劃由此失敗。燕帖木兒在上都的十八名同謀被發現並處死，對立的兩派就這樣各控制了一個都城。

在控制大都之後，燕帖木兒馬上組織了一個臨時政府並遣人向在江陵的圖帖睦爾和在河南的伯顏報告。伯顏是帝位爭奪中的又一個重要人物，他在海山征討諸王叛亂時是其手下的一個低級幕僚。伯顏當時任河南行省平章政事，能夠控制這個具有戰略要地地位的行省，他將河南官府所庫存的金帛、糧草全部取出以供政變之需。又派出重兵，護衛圖帖睦爾一同北上。十月十六日，圖帖睦爾在大都即位，並宣布當他的兄長和世㻋從中亞返回後他隨即讓出帝位。

燕帖木兒在大都積極籌劃，準備與上都的泰定帝一方展開決戰。他一方面徵調中原各地的軍隊，分別在居庸關、盧兒嶺、白馬甸、泰和嶺、遷民鎮、碑樓口等軍事要塞派兵把守；另一方面則是在金帛、糧草、兵器等物資上積蓄大量的儲備，作為戰爭的後備力量。

兩都之戰

這時，在武宗一系與泰定帝一系之間，一場大規模的爭奪皇位戰爭已經不可避免。自蒙古立國以來的一百二十年間，第二次出現了兩帝並立的局面，重演骨肉相殘、勝者為王的慘劇。

在隨後爆發的衝突中，上都派的理由似乎更為充分，因為他們支持的是前皇帝指定的繼承人，但是這種道義上的說法是遠遠不夠的。在忽必烈朝之後的帝位爭奪中，真正起作用的是爭位者的軍事實力和政治因素而不是正統因素。相反，大都派在地理和經濟方面佔有明顯的優勢，大都派可以從中書省直轄地區及河南、江浙、江西、湖廣等行省得到大量的人力和物力資源，而上都派只能得到嶺北、遼陽、陝西、四川和雲南行省的支援，這些行省或是經濟貧困地區，或是邊遠地區。同樣重要的是，在上都派中沒有人能像燕帖木兒一樣按自己的意志行事，並極具政治頭腦和軍事才能。

天順元年（一三二八）八月二十三日，上都軍馬開始向大都進發。九月一日，燕帖木兒等率軍北上迎敵，至居庸關。其弟撒敦率奇兵出襲已逼近到榆林的上都軍馬取得勝利，又追擊到懷來。隆鎮衛指揮使斡都蠻也出軍進攻上都軍馬，並在陀羅台捕獲宗王滅里鐵木兒、脫木赤等，押送回大都。兩都之戰，大都方面首戰告捷。不久，上都軍再次向大都發動猛攻，宗王也先帖木兒、八剌馬等，率遼東大軍攻入遷民鎮，宗王王禪則率軍攻向居庸關。在這危急時刻，燕帖木兒力促圖帖睦爾登上皇位，是為文宗。下詔告於天下，改元「天曆」，並指責泰定帝參預了謀殺英宗的逆亂，並聲稱待到長兒和世㻋回到中原則將皇位讓出。

這時，王禪軍攻破居庸關，直逼大口，燕帖木兒親率大都主力軍迎戰，雙方在榆河展開激戰。王禪軍被打敗，退至紅橋北，與增援的阿剌帖木兒、忽都帖木兒等所率軍相會合，再次向大都軍發動進攻，又被打敗。其後，兩軍又在昌平南面的白浮原上數次激戰，燕帖木兒軍最後獲得大勝，「斬首數千人，降者萬餘人」，王禪隻身逃回上都。但不久，上都軍又分兩路軍馬對大都軍馬構成了東西夾擊的態勢，大都的形勢再度出現危急。

這時，影響戰局的是來自東北和東蒙古的突襲，這對上都派是致命的打擊。就在兩都軍馬連日展開激戰的同時，駐守於全國各地的蒙古貴族們也表現出不同的立場，參與了這場大廝殺。時鎮守北疆的宗王八剌失里、鎮守陝西的大臣也先帖木兒等皆紛紛支持上都一派，或是出軍攻向大都，或是公開表示拒絕服從大都方面的調遣。而鎮守在東北的蒙古軍統帥帖木兒不花、宗王月魯不花等，卻起而支持大都方面，並率軍乘上都兵力空虛之機發動進攻。在十一月十四日包圍了上都，而此時上都派的絕大多數軍隊仍在長城一線作戰。驚慌失措的上都宮廷被迫在第二天出降，倒剌沙和絕大多數上都派的首要人物被拘捕，隨即被處死，年輕的皇帝天順帝阿剌吉八則被報失蹤。

元代戰略要地居庸關

上都的投降和天順帝的失蹤，掃除了海山後人繼承帝位的障礙。然而上都的投降並不意味著大都派取得了全面勝利，上都派在其他地方的戰鬥還持續了很長時間。直到一三二八年十二月，在陝西的上都派還沒有放下武器，而四川的上都派到第二年五月才投降。在當地部族的支持下，以王禪以前的追隨者宗王禿堅為首的雲南上都派頑強戰鬥，堅持了四年之久，到一三三二年三月才放棄了他們的努力。也就是說，帝位爭奪戰及其引起的連鎖戰爭，使以後的文宗朝成了一個戰亂連連的年代。

阿剌吉八小檔案

姓名：孛兒只斤·阿剌吉八

出生：一三二〇年

卒年：一三二八年

享年：九歲

在位時間：一三二八年九月～十月

年號：天順（一三二八年）

諡號：無

廟號：無

父親：也孫鐵木兒

母親：八不罕

最自豪：無

最遺憾：身在帝王家

最鬱悶：任人擺布

最擅長：無

元明宗和世㻋

元明宗和世㻋，武宗長子。前文已經說到仁宗背信棄義的將皇位傳位於自己嫡子英宗碩德八剌。西元一三一六年春，仁宗封武宗海山的長子和世㻋為周王，出鎮雲南。和世㻋不服，南下至陝西時與武宗舊部聯合起兵反抗，攻打潼關，佔領河中府，後被仁宗派兵擊敗逃往漠北。隨後察合台後王率部前來歸附，和世㻋就立足漠北，在那裡統治各部，十餘年間邊境安寧。而兩都之爭，又給了他登上皇位的絕佳時機。其實圖帖睦爾與上都派的戰爭只是帝位爭奪的一部分，在這次帝位爭奪中最具戲劇性和悲劇性特色的是武宗海山兩個兒子之間的鬥爭。其實在這次帝位更迭中，無論是種族還是思想，都不是決定性的因素。更準確的說法應該是恢復海山帝系的想法被也孫鐵木兒疏遠的諸王和官員組合在了一起，他們為實現集團利益和個人野心而有效地將這一想法變成了一個激勵人心的口號。

明宗之死

圖帖睦爾在兩都之戰中，已於一三二八年九月十三日即位，改元天曆。當時為了藉助長兄和世㻋的政治威望（**畢竟長兄繼承皇位更具合法性**），曾在即位詔書中聲稱，自己登上皇位不過是出於「神器不可以久虛，天下不可以無主」的權宜之計，暫且代替長兄之職，等到長兄自漠北回來後，將把皇位讓還給和世㻋。然而在燕帖木兒等大臣的鼎力相助之下，文宗並沒有藉助和世㻋的軍事幫助就已將天順帝擊敗，奪位之功皆出於己。在這種情況下，文宗又怎麼捨得將萬人垂涎的帝王寶座拱手讓出呢？更何況和世㻋與自己並不是同母的親生兄弟，骨肉之情已很淡薄，若要讓出皇位更是極為不情願。

此外，那些擁立文宗，並與上都天順帝勢力展開浴血激戰的重臣們，在政變成功以後掌握了朝中的大權，得到了新立之帝文宗的賞識，已經佔有高官厚祿，當然不願意再出現政局的變動。因為和世㻋當了皇帝，必然會對朝廷中的政治特權、豐厚財富進行重新分配，跟隨在和世㻋周圍的那些親信大臣，自然會佔去大部分的「利益」，這也是大都官僚們所不能接受的。

然而在政變之初出於局勢所迫而發布的「詔書」已是覆水難收，路人皆知。在極不情願的情況下，文宗在政變成功、剷除天順帝勢力之後，於天曆元年（一三二八）十一月下旬，派出親信

元明宗和世㻋

哈散、撒迪等，前往漠北迎接長兄回朝。對於文宗派使臣前來接駕，和世㻋自己並不抱有美妙的幻想。但是他周圍的宗王們、大臣們卻都想藉這一機會入主朝廷，便極力勸其南歸。和世㻋一方面是不願違背眾多部下的企望，另一方面又有察合台大軍隨行，有恃無恐，遂決定接受文宗之邀，乃率眾臣、諸軍從漠北南歸。

一三二九年正月底，撒迪等來到和世㻋行帳處，向他表示了文宗迎立之意，和世㻋不等回到都城，就在和寧之北舉行了登位大禮，將早在近十年前就應該由他繼承的皇權握在了手中，是為明宗。然後派遣親信孛羅、鐵住等人趕回大都，察探那裡的政治局勢。明宗自立為帝的這一做法確實高明，不管文宗的讓位是真情還是假意，自己先登基，製造了一個既成事實，文宗就是想反悔也已經來不及了，這大概是遠在大都的文宗及其手下諸臣所始料不及的。因為不管是圖帖睦爾還是燕帖木兒，都不準備將帝位交給和世㻋，因為他離都城太遠，在皇位爭奪戰中沒起任何作用。儘管如此，和世㻋畢竟是海山的長子和正統繼承人，要以他的名義來爭奪帝位，他們不得不顯示出對他的尊崇。

三月，燕帖木兒來到漠北，在潔堅察罕之地見到明宗。表面上是帶來了作為帝王正統標誌的皇帝璽印。燕帖木兒在這裡並沒有得到應有的尊敬，甚至受到了明宗部下冷淡的對待，

蒙古貴族大宴圖

由此而產生的嚴重後果是明宗君臣無法察覺到的。明宗在得到皇帝璽印後，大概以為文宗真是誠心「禪讓」，於是放鬆了戒備之心，開始封賞自己的親信。又效仿父輩武宗、仁宗相授受之法，除去文宗的帝號，降之為皇太子，並為其立詹事院，重製皇太子璽印。這無異破壞了圖帖睦爾和燕帖木兒在漢地精心締造的政治權力，也因此更加強了燕帖木兒除掉他的決心。

明宗似乎忘記了當年父親武宗將皇位傳給弟弟仁宗之後，給自己所帶來的種種不幸，特別是此時已經今非昔比。第一，是當年仁宗在大都政變後並沒有登上皇位，而現在文宗已經稱帝，又被迫降為皇太子。第二，就是武、仁二宗乃是親兄弟，而自己和文宗只不過是同父異母的兄弟。在有以上兩點極大不同的情況下，仍要效法武、仁授受之舉，其結果危害之大不言而喻，不久果然發生了悲劇。

兩兄弟於八月二十六日在海山時建為中都的王忽察都會面，重聚似乎瀰漫著歡樂氣氛。但是四天之後，和世琜突然死亡。九月八日，圖帖睦爾在上都再次即位。和世琜之死顯然是燕帖木兒主謀的結果，可能是與圖帖睦爾合謀。《元史・明宗紀》記載和世琜之死為「暴卒」。私人撰史者權衡則在《庚申外史》中明確指出和世琜是被毒死的，而燕帖木兒就是謀殺者。其實明宗暴崩於王忽察都之地，完全是由權相燕帖木兒「實與逆謀」，事先與文宗精心策劃的結果。直接出面的凶手是月魯不花、也里牙和明里董阿三個人。其中也里牙為太醫院使，明宗被害，在當時就認為是他利用行醫之便「所致毒」。也里牙是故相鐵木迭兒的女婿，明宗即位後，以鐵木迭兒參與過迫使他出封周王的陰謀，故迫不及待地降旨將鐵木迭兒之子鎖南、觀音奴流放極南瘴地，由此引起也里牙的怨恨而生變心。也里牙因無罪本該除名，被文宗赦免錄為太醫院使，故樂於為文宗謀害明宗效勞圖報。文宗重定後，為殺人滅口將也里牙誅殺。一三四〇年，和世㻋之子元惠宗妥懽貼睦爾指責文宗害死了他父親，下令將圖帖睦爾的牌位從太廟中撤去作為報復手段。

和世㻋沒有像他父親在二十年前所做的那樣以「草原爭位者」身分奪得帝位，主要是和世㻋與他的父親在都城官員的支持和軍事力量方面有極大的不同。作為草原諸軍的最高統帥，海山一直是元朝統治機器中的一份子，並且與宮廷保持著密切的聯繫，因此在帝位繼承危機爆發時，以哈剌哈孫為首的京城官員都認為海山是合適的帝位繼承人；雖然愛育黎拔力八達（仁宗）先控制了宮廷，但他也只敢攝政，而不敢自己即位。相反，和世㻋是居於中亞十二年的政治流亡者，當弒君事件發生時，圖帖睦爾和燕帖木兒已經在漢地建立了他們自己的統治機器，而和世㻋則是個完全的局外人。此外，海山作為全國最強大的軍隊最高統帥，在即位時帶來了三萬人的軍隊；而和世㻋帶到王忽察都的只有一千八百名衛士，在軍事實力上不可能超過他的弟弟。

探討使武宗海山的後人在一三二八～一三二九年即位的力量，可以看出推動一三二八年事變的力量不只是一股力量，而是與帝位繼承有利害關係的個人和集團的多股力量纏結在了一起。這包括了希望恢復武宗海山帝系的人、試圖掌握權力的色目人（尤其是官僚中的突厥人），還有試圖擴大自己在官僚體系中影響的儒臣。著名史學家馮承鈞認為主導這次皇位更迭是突厥系統的欽察人、阿速人與當權的回回人、蒙古人的鬥爭。雖然上都派和大都派的為首者分別是回回人和突厥人，但是在兩派中，蒙古諸王和官員都與回回人、突厥人扮演著同等重要的作用。

和世瑓小檔案

姓名：孛兒只斤・和世瑓

出生：一三〇〇年

卒年：一三二九年

享年：三十歲

在位時間：一三二九年正月～八月

年號：天曆

諡號：翼獻景孝皇帝

廟號：明宗

父親：武宗海山

母親：仁獻章聖皇后

最自豪：天下掉下個皇位來

最遺憾：被親兄弟毒害

最鬱悶：長期流亡

最擅長：寄人籬下

元文宗圖帖睦爾

圖帖睦爾，武宗海山的次子，元明宗的異母弟。泰定帝病死，阿速吉八繼位後，他被大將另立為帝，前後兩次登基。西元一三二八～一三三二年在位，在位四年。

圖帖睦爾在其父海山、叔父愛育黎拔力八達當政期間，他度過了童年生活。叔父死後，其堂兄英宗即位，他被流放到海南瓊州，後來另一堂叔泰定帝在位時，為念及叔侄之情，於西元一三二四年將他召回京城，封為懷王，鎮守江陵（今湖北江陵縣）。不久泰定帝對他又放心不下，又下令將他遷居建康。後來圖帖睦爾仍演繹出了驚心動魄的奪權弒兄真實歷史劇。不過這位兩次登基的皇帝並沒有因此快樂，他一直活在權臣控制和道德譴責的陰影下，而道德的負罪感更是讓這位元朝最博學的皇帝做出了迂腐的傳位方針，也許他覺得這樣做會贖去他的罪過，但他的繼任者並沒有他那麼天真。

文宗重定

明宗既死，文宗又帶著皇帝寶璽疾馳回上都。燕帖木兒晝則率衛士護從，夜則親自巡護，文宗抵達上都後，遂在諸王大臣勸說下復正大位。

作為爭奪帝位的主要功臣，燕帖木兒和伯顏得到了蒙古帝國歷史上前所未有的權力和榮譽。為了酬答燕帖木兒的殊勳，文宗曾下詔褒獎燕帖木兒。詔書先稱讚他勳勞卓著，忠勇無比，所以應該享有太師、太平王、答剌罕、中書右丞相、錄軍國重事等十一個頭銜，並獨攬朝綱。然後重申凡號令、刑名、選法、錢糧、造作，一切中書政務悉聽總裁。要求諸王、公主、駙馬、近侍人員和大小衙門的官員，如果膽敢越過燕帖木兒上奏便以違背皇帝論處。再次肯定了燕帖木兒的顯赫地位，燕帖木兒就這樣囊括了朝廷的政治、軍事、監察和文化事業的所有權力。燕帖木兒在一三二九年建立了大都督府，這使他可以直接控制六個衛軍機構，其中三個是由他同族的欽察士兵組成的。燕帖木兒的親屬亦分享了他的權力，他的叔父、弟弟都被委以要職，燕帖木兒的四個姐妹中有三個與皇室成員成婚。

燕帖木兒等欽察貴族勢力的強大，引起了蒙古貴族的不

元文宗圖帖睦爾

滿。知院闊徹伯、脫脫木兒等人密謀發動政變，以圖除掉燕帖木兒，結果被人告發。燕帖木兒立即調集欽察親軍將闊徹伯等人逮捕下獄、處死、抄家。這一事件之後，文宗對燕帖木兒的恩寵更為隆重優厚。

伯顏的權力和榮譽僅次於燕帖木兒。他是燕帖木兒之外唯一兼任三職以上的人，給他的封號有太尉、太保和太傅，任御史大夫、中書省左丞相，並長期任知樞密院事，此外還有許多兼職。與燕帖木兒相同，伯顏直接控制著忠翊衛和宣毅萬戶兩個衛軍機構，並被封為浚寧王。文宗對他最高的榮譽是將忽必烈的曾孫女許配給他為妻。與燕帖木兒一樣，伯顏的親屬也分享了他的權力。

他們二人顯然代表了蒙元歷史上權臣的一種新模式，與過去的八鄰部人伯顏及玉昔帖木兒、哈剌哈孫或鐵木迭兒都不同。雖然八鄰部人伯顏和玉昔帖木兒、哈剌哈孫都在皇帝即位時起過重要作用，但在皇帝即位後，他們作為皇帝手下的蒙古那顏都表示出恭順和效忠。鐵木迭兒確實專權，但這是在皇太后答己的支持之下，他並沒有自己獨立的權力基礎。而燕帖木兒和伯顏不僅是名副其實的帝王廢立操縱者，他們還在官僚體系和軍事體系上構建了自己的權力。

文宗在位期間處於二人陰影之下，但他是名義上的皇帝和正統的標誌，以及官職和爵號的分發者。即使燕帖木兒秉大權以來，肆意無忌、中外側目、權傾朝野，處心積慮地參與殺害明宗舊臣，以此消除明宗後人爭位的隱患，為立文宗子繼承皇位鋪平道路。但後來的歷史證明他的權力還不足以決定皇權的歸屬。

打著恢復海山帝系旗號並通過兵變掌握權力之後，文宗對其政敵進行了血腥的清洗，並採取措施為奪取帝位製造合理性。在一三二八年十一月上都投降之後，對也孫鐵木兒後人支持者的清洗既徹底又殘忍。不僅上都派的首要人物都被處死或放逐，他們的財產也都被沒收。宮廷中瀰漫著極強的報復氣氛，甚至有人建議把所有隨同也孫鐵木兒巡幸上都的官員全部處死。為使也孫鐵木兒稱帝不具合法性，文宗不僅不給他謚號，還將其父親甘麻剌的牌位從太廟中移出並毀掉。

值得注意的是，兩都之戰中上都倒剌沙集團主要是回回人，信奉伊斯蘭教；而大都燕帖木兒集團則主要是信奉基督教的欽察人，倒剌沙集團的失敗，給回回人在政治上帶來了巨大的打擊。因此在文宗的中央機構中，沒有一個回回人任要職，只有少數的幾個回回人在行省機構任職，回回人受到了有元一代最為沉重的打擊。同樣重要的是，漢人儒官和他們的漢化色目同僚，也未能在政府中造成更大的影響。

由於文宗的即位很明顯是不合法的，為爭取貴族和官僚的支持，慷慨的封贈和巨額的賞賜對他來說比以前任何一朝都更為重要。文宗在位四年中，封了二十四個王，其中九個是一字王。在這九個一字王裡，甚至有七人不是忽必烈的後人，這是明顯違背祖制的，但迫於形勢又不得不為。文宗不僅在一三二九年恢復了歲賜，上都派被沒收的財產也全部分賜給在帝位爭奪中有功的宗王和大臣。

爭取蒙古各汗國承認文宗合法性的活動也在加緊進行。一三三〇年，文宗推動了廣泛的外交攻勢，三個宗王奉命出使察合台、欽察和伊兒汗國，西方三個汗國對這一舉表示讚賞。在其後三年中，欽察汗國兩次派貢使前往圖帖睦爾的宮廷，察合台汗國派貢使四次，伊兒汗國派出的貢使則達八次之多。於是圖帖睦爾為自己在蒙古世界重建了宗主權，並且與西方三個汗國保持著密切的聯繫。因此很難把一三二八年的帝位更迭視為元朝與更廣泛的蒙古世界關係的轉捩點。

雖然政府與前朝一樣有沉重的財政壓力，但是沒有重拾海山的「新政」。除了造成財政緊張的傳統原因外，與上都派的戰爭、鎮壓少數民族起義、對災民的賑濟都需要增加開支，並成為圖帖睦爾朝沉重的經濟負擔。正如一位監察御史所言，僅一三二八年對抗上都的戰爭，花費就超過了政府歲入數倍。征討雲南的上都派，一三三〇年一年的花費就至少有紙鈔六十三萬錠。一三二九年政府用於賑災的紙鈔是一三四·九六萬錠，糧食二十五·一七萬石。由於這些花費和其他開銷，政府在一三三〇年的經費缺兩百三十九萬錠。政府並沒有嘗試用任何激烈的手段來增加收入，為增加收入而採取的唯一措施是繼續實行也孫鐵木兒的賣官政策。政府試圖削減歲賜、做佛事和宮廷的花費，通過這些手段及其他措施，政府將財政赤字保持在可控制的指數之內。與此同時，政府透過海運從長江流域運來了充足的糧食，運到大都的糧食在一三三〇年達到了三百多萬石的最高水準。可控制的財政赤字和大量的糧食儲備，使政府不用靠印發紙鈔來解決財政問題。這是使日用品價格仍保持在仁宗朝水準的部分原因。

元朝最博學的皇帝

文宗花費了大量的時間和精力營造宮廷的漢化、儒化氛圍。他為此所做的努力，一方面是為了提高自己在漢人臣民中的威信和合法性；另一方面是出於自己的愛好。在元朝的所有皇帝中，文宗可能是最博學和最多才多藝的人，他很早就顯示出了廣博的知識和藝術愛好，在一三二五年至一三二八年任懷王時，身邊就有很多著名的漢人文學家和藝術家。文宗有極好的漢文素養和歷史知識，在詩歌、書法和繪畫等許多方面都頗有造詣。文宗採取了許多尊崇儒教和倡導漢文化價值的措施。他還沿用前朝褒揚聖賢的辦法，應孔子後裔、衍聖公孔思晦的請求，加封孔子之父齊國公叔梁紇為啟聖王、母魯國大夫人顏氏為啟聖王夫人、孔子之妻亓官氏為大成至聖文宣王夫人。後來又封孟子為鄒國亞聖公、程顥為豫國公、程頤為洛國公，並對顏回、曾參、子思等人也加封了相應某國聖公稱號。文宗用加封儒學先聖先賢的辦法提高儒學的地位。一三二九年圖帖睦爾派遣官員前往曲阜代祀孔子，一三三〇年，皇帝親自參加祭天的郊祀，這是元朝皇帝第一次參加此項中原王朝傳統的重要祭祀。為發揚儒家道德，宮廷每年都表彰許多孝子與節婦。

元朝加封孔子碑

為阻止漢人追隨蒙古人和非儒家習俗，一三三〇年下詔：「諸人非其本俗，敢有弟收其嫂、子收庶母者，坐罪。」第二年，又下令漢人和南人嚴禁實行收繼婚制，同時鼓勵蒙古人和色目人接受漢人的習俗。蒙古和色目官員在一三二九年准許按漢人習俗為父母守喪三年，這是否定了前朝皇帝泰定帝頒布的凡蒙古、色目人效漢法丁憂者除名的規定。

文宗倡導漢學最具體的措施是建立奎章閣學士院，這就使得當時各族學者和藝術精華的代表畢集於元大都。在天曆二年（一三二九）年春季首次建立的奎章閣學士院，為其設定的職能就是「進經史之書，考帝王之治」。奎章閣學士院秩正三品，專掌進講經史之書，考察歷代帝王之治。以翰林學士承旨忽都魯、都爾彌施、集賢大學士趙世延等人擔任奎章閣大學士。大學士之下設有侍書學士、承制學士、供奉學士、博士等官。這些職位大多由學問深、聲望高的朝官兼任。八月，在奎章閣學士院之下設藝文監，秩從三品，專門負責將儒家典籍譯成蒙古文字以及校勘。藝文監設有大監、少監、監丞、博士等官。監下屬機構有兩個，一是負責保管書籍的藝林庫；另一個是負責刻印書籍的廣成局。這些機構的職能包括向皇帝進講儒家經典和漢文史籍；教育貴族子孫和年輕怯薛成員；收集、校正和編輯書籍；對皇室所藏繪畫和書法作品進行鑒定和分類。先後在學士院任職的官員中，有許多著名的漢族士人，包括虞集、歐陽玄、蘇天爵。

奎章閣學士院的各種活動有一定的政治意義，這給予他的朝廷一個「精心安排的文明外表」來改變皇帝的形象。奎章閣學士院的核心人物虞集起草詔旨為皇帝的正統辯解，並且著文寫詩歌頌皇帝，用自己的真才實學為皇帝效力。

奎章閣學士院確實編輯和出版了一些著作，它最重要的成就是編輯了大部頭的政書《經世大

元代國子監牌坊

典》。按照唐、宋的《會要》將元代所有重要的官方資料和法律規定編輯於本書中，其目的就是強調元代的統治與以前的中原王朝統治可以媲美。這個雄心勃勃的計劃名義上是由燕帖木兒監修，但主要負責此事的是虞集。該書的編輯始於一三三〇年五月，用了十三個月時間完成，正文八八〇卷，目錄十二卷，公牘一卷，纂修通議一卷，合計八九四卷。分為《帝號》、《帝訓》、《帝制》、《帝系》、《治典》、《賦典》、《禮典》、《政典》、《憲典》、《工典》十篇。前四篇為君事，為編輯這四篇，以前禁止漢人接觸的許多蒙文資料被翻譯成了漢文。另六編為臣事，按照儒家經典《周禮》和《會要》的體例編排。由於保存了大量的元代官方資料，《經世大典》不但是圖帖睦爾的驕人成就，對後來的歷史學家也頗有益處。它為明朝初年編撰的《元史》各志提供了基本資料。雖然該書在一五〇九年至一六〇五年間散佚，但許多部分收入明朝類書《永樂大典》。

但奎章閣學士院卻未使元政府更為儒化。它的影響只是局限在宮廷內部，虞集便認為他對政府的政策毫無影響。文宗去世後不久，奎章閣學士院即被撤銷，看來奎章閣學士院僅僅只是為文宗增加了宮廷的儒化表象。

為了強化官學的考試制度，文宗在至順元年（一三三〇）下令中書省、御史台、集賢院、奎章閣的官員共同主持對國子監學生的考試，合格者按考試成績分等授官，不合格的留校讀書，不得授予官職。

至順三年（一三三二）八月，文宗去世。文宗在位期間雖短，但他所提倡的文化治國策略對後世還是有著一定的影響。

圖帖睦爾小檔案

姓名：孛兒只斤・圖帖睦爾

出生：一三〇四年

卒年：一三三二年

享年：二十九歲

在位時間：一三二八～一三三二年

年號：天曆（一三二八年九月～一三二九年三月）

天曆（一三二九年八月～一三三〇年五月）

至順（一三三〇－一三三二年）

諡號：聖明元孝皇帝

廟號：文宗

父親：武宗海山

母親：文獻昭聖皇后

最自豪：才華橫溢

最遺憾：繼位不合法

最鬱悶：哥哥明宗陰魂不散

最擅長：舞文弄墨

元寧宗懿璘質班

懿璘質班因為他的天真、浪漫而登上皇位，卻無福消受這份至高的榮耀。但是，他短暫的一生卻成為元朝從中期向末世轉折的標誌。

這就是元朝歷史上在位時期最短的寧宗。

短命天子

在其短促的在位期間，文宗一直被他不合法的帝位繼承問題和他自己的繼承人問題所困擾。他和正后卜答失里原本想傳位於長子阿剌忒納答剌。阿剌忒納答剌於一三三〇年三月被封為燕王，這個王號原本只有真金得到過。一三三一年一月，阿剌忒納答剌被冊立為皇太子。此時為確保阿剌忒納答剌平穩即位，因此採取了一些措施：和世㻋的正后八不沙被謀殺，妥懽貼睦爾在一三三〇年五月被流徙到高麗。但是這些措施沒有起到作用，因為阿剌忒納答剌在被封為皇太子後大約一個月即死去。

兒子的去世完全打亂了圖帖睦爾繼承人的計劃，此外他似乎也懼怕因謀殺兄長而得到報應，因此他請求燕帖木兒照顧他的二兒子古納答剌，並將古納答剌的名字改為燕帖古思，意為「融洽」。

一三三二年九月二日文宗在憂懼中死去，終年二十九歲，繼承人問題此時還懸而未決。據說圖帖睦爾在臨終前對謀殺兄長的行為表示悔恨，表示願意將帝位傳給和世㻋的長子妥懽貼睦爾，而不是傳給自己的兒子燕帖古思。燕帖木兒完全明白自

元寧宗懿璘質班

己對和世㻋之死所扮演的角色，他立即感到恐慌，因為和世㻋任何一個兒子即位都會對他不利，所以力主燕帖古思即位。卜答失里可能和文宗一樣懼怕報應，否定了燕帖木兒的建議。她執行了丈夫的遺詔，和世㻋的二兒子、年僅六歲的懿璘質班被選定為繼承人。

元寧宗名懿璘質班，是明宗次子，母親是八不沙。由於當時明宗的長子妥懽貼睦爾遠在廣西靜江，而次子懿璘質班卻深得文宗寵愛，受封為王，留在文宗身邊。一三三二年十月十三日，年僅七歲的懿璘質班登上了皇位，是為寧宗。寧宗即位後，大赦天下，奉文宗后為皇太后，臨朝稱制。太師、右丞相燕帖木兒，太保、知樞密院事伯顏領受遺命詔。卜答失里成了元王朝的實際統治者。

然而，寧宗似乎沒有當皇帝的福份，同年十二月，只做了一個多月的皇帝就患絕症死於大都宮中，葬於起輦谷，追謚為「沖聖嗣孝皇帝」，廟號「寧宗」。寧宗之死標誌著元中期的結束，並為他哥哥妥懽貼睦爾三十五年的統治鋪平了道路。

懿璘質班小檔案

姓名：孛兒只斤・懿璘質班

出生：一三二六年

卒年：一三三二年

享年：七歲

在位時間：一三三二年十月～十二月

年號：無

諡號：沖聖嗣孝皇帝

廟號：寧宗

父親：和世㻋

母親：八不沙

最自豪：深受文宗喜愛

最遺憾：早夭

最鬱悶：沒有天子命

最擅長：無

元惠宗妥懽貼睦爾

一三三三年七月剛年滿十三歲的妥懽貼睦爾，這位身分可疑的皇子，被莫名其妙的立為元朝皇帝，是為惠宗。他統治的帝國已經有很長時間處於緊張狀態，一部分原因是統治集團內部有複雜的特殊矛盾；另一部分原因則是中國本身長期以來存在的問題。雖然尚沒有立即垮台的跡象，但具有一定諷刺意味的是，在所有元朝皇帝當中，他這個末代皇帝在中原統治的時間反而最長（一三三三～一三七〇）。作為壯志未酬的統治者，他這一朝整個政治生態的特徵為明代的創建者朱元璋提供了鮮明的反面教材。其實從妥懽貼睦爾曾經把年號改為與世祖忽必烈相同的「至元」，就不難看出他也想要開創千秋基業，重塑祖輩們的輝煌。妥懽貼睦爾在中國，至少在中原的統治到一三六八年結束。一三七〇年他死於漠南。他這一朝的歷史提出了一個重要的問題，即為什麼元朝以如此方式和在這樣一個時候滅亡？對這個問題並沒有簡單的答案。這也是我們急需探索的，這也許不僅僅只是具有歷史意義。

身世之謎：元惠宗是趙宋後代嗎？

關於妥懽貼睦爾的出身，現在還不能夠完全肯定。一三四〇年他正式宣布他是忽必烈的合法後代，是忽必烈的第六世孫，是被刺殺的明宗和世㻋與邁來迪的長子。而早先文宗圖帖睦爾發出漢人儒生虞集起草的上諭，稱妥懽貼睦爾並不真是明宗和世㻋的兒子，這是根據妥懽貼睦爾的乳母丈夫的說法。

權衡的《庚申外史》中說元惠宗妥懽貼睦爾是宋恭帝之後。此事的原委如下：德祐二年（一二七六）正月，宋恭帝隨謝太皇太后投降。二月，他和母親全太后及隨從被押離臨安北上，五月到達大都，被元世祖忽必烈降封為瀛國公、開府議同三司檢校大司徒。西元一二八二年十二月，恭帝又被遷居上都，度過了自己的少年時代。西元一二八八年，恭帝已經十八歲，元世祖擔心留著他將成為後患，準備除掉他。他得知這消息後，請求脫離塵世，永生為僧，以絕元世祖的疑慮。元世祖應允，於同年十二月遣送他入吐蕃，習學佛法。從此他長期居住於西藏薩迦大寺，更名為合尊法師，號木波講師，過著清苦孤寂的廟宇生活，終日以青燈黃卷為伴，潛心於學習藏文，研究佛法。多年的苦讀，他通曉了藏文、貫通了佛學，成為佛門學問僧，一度擔任過薩迦大寺的總主持。他進而從事佛經的翻譯，譯成《因明入正理論》、《百法明門論》等經文問世，被藏史學家列入翻譯大師之列。據說恭帝在西藏為僧時，一次元朝皇族趙王經過寺院，見他年老孤單，頗為同情，留下一回族女子與他作陪。延祐七年（一三二〇），回女生下一子，正巧元明宗經過，感覺此地有王氣降生，便找到宋恭帝的住所，便要了這剛生下的嬰兒作為養子，取名為妥懽貼睦爾，就是日後的元惠宗。另外的版本與此說主旨相近似，只有一些細節上的差別，有的更是說惠宗北歸後北元的皇位繼承者都是趙宋的後代。

《元史》上記載，妥懽貼睦爾是元明宗落魄的時候生的。元文宗得了帝位之後，把妥懽貼睦爾流放，而且宣布元明宗沒有當皇帝以前就一直否認妥懽貼睦爾是自己的親生兒子。元文宗放這種消息出來，當然是為了否定妥懽貼睦爾的皇位繼承權。

我們當然可以說漢人杜撰這些關於元惠宗的出生傳說，無非是一種狹隘的大漢族情緒，認為蒙古「異族稱王」是沒有正統性的。另外明成祖朱棣在觀看歷代帝王像時，見到元惠宗畫像時驚異地說：「他怎麼不像元朝列帝而像宋朝列帝？」其實諷刺的是這位從侄子那裡奪得不義皇位的明成祖也被人懷疑為元惠宗的遺腹子。這些說法雖不能盡信，但正所謂無風不起浪，況且正是自己身世確實有令人懷疑之處，才會引來後人的猜疑。元惠宗和明成祖這對傳說中的父子都是如此。若是妥懽貼睦爾真是宋恭帝之子，朱棣又真是元惠宗的遺腹子，則無非天下又姓了趙而已。歷史傳說也許不太令人信服，但有時這些傳說確實能給歷史帶

元惠宗妥懽貼睦爾

來無限回味。不管怎樣，元惠宗的出生仍是迷霧重重，但不論生於何處、是何人之子，這些並沒有阻礙他後來登上大元皇帝的寶座。

寧宗死後，燕帖木兒再次提出立文宗之子燕帖古思為帝的請求，然而皇太后卻再次予以反對，仍以燕帖古思年幼為名，而主張重立明宗長子、被謫放到廣西靜江的妥懽帖睦爾為帝。由於皇太后的堅持，燕帖木兒不得已派人前往廣西將妥懽帖睦爾接到大都。是時宮內、朝中為立帝之事爭論十分尖銳。主管天文曆法的太史之官又揚言，妥懽帖睦爾不可立為帝，「立則天下亂」。故而拖延達半年之久，直到燕帖木兒病死其事仍沒有定論。燕帖木兒死前得到允許將其女兒嫁給妥懽貼睦爾，在皇太后的主持下，才於至順四年六月，為妥懽帖睦爾舉行了即位儀式，是為元惠宗。並且再次效仿武宗、仁宗兄弟相授之法立下協定，惠宗死後皇位將傳於文宗之子燕帖古思。

一三三三年六月八日妥懽貼睦爾被帶到上都，立為元朝的第十位皇帝，是為惠宗。因其生於庚申年，時人呼為庚申帝，後因退避而去，被朱元璋加號「順帝」，故漢文史籍稱其為元順帝。筆者以為元順帝這種說法約定俗成，但其實有很濃的勝王敗寇以及大漢族情緒，故本文出於尊重傳主，文中仍通稱為惠宗，惠宗即位後，以伯顏為太師、中書右丞相，燕帖木兒弟撒敦為太傅、左丞相，燕帖木兒之子唐其勢為御史大夫，立燕帖木兒之女答納失里為皇后。十月，改至順四年為元統元年。

報仇・奪權・革新

他名義上統治的那片國土已經有很長時間處於緊張狀態，一部分原因是統治集團內部有複雜的特殊的矛盾，另一部分原因則是中國本身長期以來存在的問題。雖然尚沒有立即垮台的跡象，但具有一定諷刺意味的是，在所有元朝皇帝當中，他這個末代皇帝在中國統治的時間反而最長。惠宗一開始扮演的是臨時傀儡的角色。他是一個十三歲的孩子，又沒受過訓練，從法定意義上講還是非正統的，自然容易被取代。後來他曾說當皇帝的最初幾年總是處於「深居宮中，每事無所專」的畏懼狀態，這話在一定程度上是真實的。他的統治在不穩固的基礎上開始，卻維持了一個長時期的統治，即使這一統治或多或少是有點被動的。

自從惠宗登上皇位，就面臨著來自兩方面的威脅。一方面是宮中的勢力。文宗后卜答失里被尊為太皇太后，「仍稱制臨朝」。而其子燕帖古思，則被立為皇太子成為皇位的直接繼承人。另一方面是朝中的勢力。是時燕帖木兒雖然已死，但是他的家族仍掌握著帝國的大權。這兩股勢力影響之大足以左右政局，而不把這個年僅十三歲的小皇帝放在眼中。

惠宗雖然年幼，卻已是飽經磨難，心思縝密，準備一一除去這兩股威脅他的勢力。他首先對準的目標，就是驕橫跋扈的燕帖木兒家族。撒敦、唐其勢等人都曾參與了扶立文宗的軍事政變，並都立有汗馬功勞，故而對其驕橫跋扈的種種行為，文宗是可以容忍的。到惠宗即位後，情況已有很大不同。燕帖木兒一方面有毒殺明宗的嫌疑，另一方面，又在惠宗即位時加以阻攔，新仇舊恨集於一身，惠宗自然對這個家族毫無好感。

伯顏和燕帖木兒家族，本來就平分朝廷大權，只是伯顏較燕帖木兒稍遜一籌。但此時燕帖木兒已死，惠宗便有意打破原來伯顏略遜於燕帖木兒家族的狀態，重用伯顏，激化兩個家族的矛盾。當時代表蒙古貴族（蔑兒乞部）的伯顏家族對代表欽察貴族的燕帖木兒家族十分不滿。惠宗即位後，任命伯顏為中書省右丞相，以代替燕帖木兒的位置。這使唐其勢等人極為不滿，於是揚言：「天下本我家天下也，伯顏何人，而位居吾上！」並準備仿效其父燕帖木兒的方法再搞一次政變，將惠宗及伯顏除去。燕帖木兒之弟答里此時知嶺北行樞密院事，撫軍和林，掌握重兵。唐其勢欲藉助漠北的兵力，裡應外合發動政變，廢掉惠宗擁立燕帖古思。

元統三年（一三三五）六月底，唐其勢與答里等人聯繫之後，自率親兵衝入皇宮，準備發動政變。但是惠宗、伯顏等人早已得知他的陰謀，因此早有防備，唐其勢遂被捕獲，旋即誅殺。不久惠宗又將皇后答納失里驅逐出宮，伯顏遂在開平（今內蒙古正藍旗境內）民舍中將其毒死。參與政變的同謀宗王晃火帖木兒自殺，皇后被伯顏誅殺，答里等人起兵反抗，不久失敗，亦被捕殺。至此，唐其勢政變失敗，這宣告了曾經在文宗朝至惠宗初期顯赫一時的燕帖木兒家族覆滅。權臣燕帖木兒一系的勢力基本上被翦除了。

燕帖木兒家族覆滅後，惠宗仍處於文宗系皇太后卜答失里和伯顏相結合的宮廷勢力的重重包圍之中。不過隨著實力的增強和年歲的增長，他已不能坐視皇太后的稱制和伯顏的專權了。惠宗利用重臣伯顏的力量，除去了殺父仇人燕帖木兒一系的勢力。沒想到卻招致伯顏一系勢力的迅速擴張，為了獎賞伯顏的功勞，惠宗賜其世襲「答剌罕」之號，又詔命其為大丞相，獨專政柄。

伯顏有相當狹隘且強烈的唯蒙古貴族獨尊的意識，他獨相期間變亂舊章、倒行逆施，特別是要求在政治、軍事兩方面都嚴格實行民族區分，推行了兩項不得人心的政策：一是罷科舉。伯顏作為蒙古蔑兒乞部的貴族，在守舊貴族的支持下，極力反對採用「漢法」科舉取士。在伯顏的慫恿下，惠宗於一三三五年十一月詔罷科舉。廢科舉的同時，下令將各處原供應儒學學校的莊田田租改為禁衛軍的軍費。二是仇視漢人。惠宗即位以來，元朝各地起義時有發生。而伯顏當政，卻誤認此種現象為漢人、南人反抗蒙古統治之種族鬥爭，故重申舊令加強對漢人、南人之防範與壓迫，且變本加厲。

伯顏勢力之盛，上追當年之燕帖木兒，有過之而無不及。伯顏曾與宗王徹徹篤有怨，於是奏請惠宗將其賜死，當惠宗尚在猶豫時，就擅自傳聖旨將徹徹篤殺死。又曾奏請貶黜宗王帖木兒不花、寬徹普化等，也是還沒等惠宗同意就傳旨而行。對於權臣伯顏的跋扈行為，惠宗當然不能容忍。但是就連惠宗身邊的侍從也有許多是伯顏的親信，惠宗的一舉一動都在伯顏的監視之下，要想除去伯顏十分困難，況且朝中已經沒有其他大臣的勢力足以和伯顏相抗衡了。

正當惠宗一籌莫展時，時有伯顏之侄脫脫，自幼學習儒術，以忠君報國為己任。在與惠宗交談之間，多次表示願意忠君報國，雖大義滅親亦不足惜。於是惠宗命自己的親信世杰班、阿魯二人與其相結交，共謀除去伯顏之策。

一三四〇年二月，伯顏依照常例，請惠宗一行出巡柳林行宮打獵為樂。脫脫等認為這是除去伯顏的好機會，於是讓惠宗推託身體有病。伯顏又請皇太子燕帖古思同行，得到惠宗同意，遂率眾出城。脫脫等人立刻命令自己的親信衛士把守各個城門，然後連夜在皇宮中起草詔書宣布伯顏的罪狀，同詔表示只處罰伯顏一人，絕不牽連他人。將其貶黜到河南行省，又乘夜將皇太子接回城中。

第二天一早，惠宗派親信趕到柳林宣布詔書，伯顏聞訊，派人回城詢問被貶緣故，脫脫站在城上勸其衛兵皆散去。伯顏又請求在貶往河南之前，面見惠宗親自辭行，也被脫脫所拒絕。此時伯顏統率的各衛親軍聞訊後，紛紛回到本衛，不再聽從伯顏指揮。伯顏無奈只得上路，手下眾多親信、衛兵等全部一哄而散。這個不可一世的權臣就這樣被黜免了。未幾，惠宗又下令將伯顏流放到南恩州的陽春縣安置。伯顏羞憤交加，病死在流放途中的龍興路（今江西南昌）的驛舍之中。

此時年輕的惠宗利用朝中大臣之間的矛盾，連續除去燕帖木兒、伯顏兩大官僚集團的勢力之後，將中央政府的權力收歸己有。在罷免伯顏之後，下一個清算目標便輪到文宗系的勢力了。早在一三三六年初，惠宗下令「追尊帝生母邁來迪為貞裕徽聖皇后。」一三三七年春，又將死去的幼弟懿璘質班追謚為「沖聖嗣孝皇帝」，列入祭祀列祖列宗的太廟之中，廟號「寧宗」。這些做法，多少意味著一些對文宗一系迫害明宗一系的反抗。然而因其合於典制、禮法，又令文宗后卜答失里無懈可擊。

待到一三四〇年，惠宗除去權臣伯顏後勢力日益強大，於是開始對文宗一系的勢力加以翦除，以報當年的殺父之仇。同年六月底，惠宗下詔書清算了文宗系的罪惡，把以前文宗系強加給他的詔書統統推倒。詔書認為文宗謀害了明宗，又列舉了文宗后對自己的迫害，便下令將文宗之神位從太廟中除去。又下令將文宗皇后卜答失里貶置於東安州（今河北廊坊市），文宗皇后不久死去。而文宗之子、時已被立為皇太子的燕帖古思，則被流放到高麗（今朝鮮），以報當年自己被流放到高麗大青島之仇。然而，燕帖古思還沒有來得及到達高麗，就在流放途中被殺死。

惠宗在即位後的七年之間，逐步掌握了宮中、朝中的大權，先後除去了燕帖木兒、伯顏及文宗皇后等異己勢力，開始成為整個帝國的真正統治者。於是下令改元「至正」，準備做一番大事業。時掌有中書省大權的重臣脫脫也能盡力輔弼，並實行了一些利國利民的政策，頗有中興之望。

一、恢復科舉取士制。元代科舉自延祐開科以後，三年一科，從未間斷。自延祐至於元統，共開七科，取錄五百三十七人。元統年間，伯顏為相廢止科舉，引起了漢人社會和士大夫階層的普遍不滿。這時候蒙古人、其他外族人與南、北漢人上層之間文化、社會關係方面曾經十分單一的民族劃分早已變得模糊了，它已隨著複雜的民族融合而不復存在。為寬慰民心和籠絡漢族士大夫，脫脫採納吳直方的意見，從後至元六年（一三四〇年，為區隔元世祖忽必烈至元之年號，元惠宗之至元年號稱後至元）十二月，開始恢復科舉取士法。當年「依科舉例入會試，中者取一十八名」。終惠宗至正之世直至元末，共開九科，取士六百六十多人。

二、崇尚儒術，提倡文治。與伯顏勸惠宗「休教讀漢兒人書」形成鮮明對照，這時輔佐他的大臣多是對提倡儒學有濃厚興趣的人。脫脫幼年「就學」，及長師從儒士吳直方。任御史大夫時，就勸惠宗要仿效古代帝王「日與大臣宿儒講求治道」。這一階段在文治方面的重大建樹是，撰成了宋、遼、金三史。探修三史之議早在世祖朝就提出來了，仁、英、文朝曾討論過，但都因三方誰為

「正統」的問題無法解決以致遷延歲月未能開局。在惠宗親政，脫脫「更化」的政治形勢下，至正三年（一三四三），開始纂修宋、遼、金三史，脫脫任都總裁官，鐵木兒塔識任總裁官。由於脫脫果斷地確定了「三國各與正統，各系其年號」的原則，使三史修撰工作得以順利進行。

三、興利除弊。為減輕百姓負擔、緩和社會矛盾、爭取民心，脫脫又「開馬禁，減鹽額」。至正三年（一三四三），奏准減免明年田租之半。鑒於兩浙、福建因鹽額累增而課愈虧，又奏准江浙、福建歲減十三萬引。

《宋史》、《金史》、《遼史》

四、廣開財源治理黃河。脫脫認為增加土地、鹽業、商業等傳統稅收的稅率是不可行的，這些稅收大多都在不斷收縮。接著是一三五〇年底決定印行新紙鈔（**並沒有財源作為後盾**），至正十一年（一三五一）首批就印行了價值兩百萬錠的紙鈔，政府就靠這些紙鈔的流通來支付勞工與材料的費用。政府急迫地應付了經濟問題之後，於一三五一年四月宣布了治理黃河的計劃，決定重修黃河下游河道，使之再從山東半島以南入海。反對此計劃的意見不少，脫脫和他的同僚也很清楚還沒有人幹過這樣的工程，但在通過發行紙鈔而籌集的資金基礎上，一三五一年五月就開始了黃河河道工程，同年十二月順利完工。十七萬兵士與鄉民參加了修河。歐陽玄代表官方撰寫《至正河防記》，從技術上詳細描寫了水利工程所取得的重大成就，以示慶賀。

但是好景不長，此時與黃河工程有一段距離的淮河流域於一三五一年夏發生決口，再加上紙鈔政策的失敗，於是接二連三地爆發了民眾起義。這些起義迅速擴展，成為全國性的社會大爆炸。這時惠宗由於受到奸臣哈麻、宦官朴不花等人的迷惑，整日醉心於聲色之娛，無心理政。大元帝國面臨著全面的危機和嚴峻的挑戰。

人禍：天子的墮落

惠宗的腐化　惠宗在即位之初尚年幼，又無實權，故而當有明宗舊臣向他獻計說：「天下事重，宜委宰相決之，庶可責其成功。若躬自聽斷，則必負惡名。」惠宗乃聽信了他的話，朝中大事皆命眾臣掌管，而自己深居宮中無所事事，坐享其成。時有權臣伯顏等把持朝政，自然不用他費心。及除去伯顏和文宗皇后卜答失里等異己勢力後，朝中大事皆由丞相脫脫主持，大有中興之望。未幾，脫脫被讒言誣衊以及牽涉進宮廷鬥爭被擠出中央政府，於是朝權開始混亂。是時宮內的宦官勢力，由於受到宮廷政爭的影響也迅速增長，甚至有的大宦官竟然被賜封為三公之一的司徒。

元惠宗被傳統史書描寫為無道昏君。他的罪狀主要是不務正業、喜歡木匠活、好女色。史載：惠宗心靈手巧，極為喜愛手工藝製作。於是宦官們迎合其愛好，在皇宮內的太液池裡打造龍舟，請惠宗親手設計圖紙。所造龍舟，船身長四十公尺，寬七公尺左右。船上布置有五彩金妝，又有龍頭、龍爪、龍尾等。每當船在湖中行駛，「其龍首、眼、口、爪、尾皆動」，十分精巧。惠宗及宮內妃子、宮女、宦官等，乘船往來於太液池中，歲時嬉戲，以為樂趣。

惠宗又很精通機械傳動工藝技術，自製有七寶宮漏。此宮漏高約兩公尺左右，寬一公尺有餘。下部有木櫃，櫃中裝有大小水壺，注水其中，轉運以計算時間長短。櫃上設置有佛教仙地三聖殿，又有手捧時刻籌的玉女及持鐘、鉦的神人。每當到了時辰，玉女即從水中浮出以顯示其籌，而神人則自行擊鐘、鉦以報時。櫃兩側又有瑞獸及飛仙人，也都隨著時刻自動舞蹈。惠宗既醉心於高超的「魯班」之藝，自號「魯班天子」，自然無心過問國家大事，任由奸臣們肆意胡為。元惠宗之後，喜歡做木匠，不喜歡做皇帝的還有一位，就是明朝的天啟皇帝。

更有甚者，元朝諸帝皆篤信佛法，有的官員和宦官於是打著尊崇佛教的幌子，誘導惠宗大行淫樂。哈麻就私下向惠宗介紹印度佛教中的「運氣術」，又號「演楪兒法」，哈麻之妹婿禿魯帖木兒又進上藏僧所傳之「秘密法」。惠宗為其所惑，乃「廣取女婦，惟淫戲是樂。」由於惠宗醉心於聲色之娛，故而對哈麻等奸臣寵信無比，任其胡為，即使諫官屢加彈劾也百般包庇。惠宗為了肆行淫樂，又在宮中大興土木，拆毀清寧殿前的舊帳殿，改建為百花宮，令宮女三聖奴、妙樂奴、文殊奴等在其中演習「十六天魔舞」，又命宦官長安迭不花統領其事。

此後，皇太子愛猷識理達臘亦被其術所迷惑，曾在清寧殿中觀習其法，並聲稱：「李好文先生教我儒書多年，尚不省其義。今聽佛法，一夜即能曉焉。」父子、君臣同行淫樂，且上行下效，君臣無道，國運日衰。

政治狀況的腐敗　惠宗時的朝廷之中，眾大臣為了爭權奪利，相互之間有的結黨營私，為己謀利；有的激烈攻訐，排除異己，黨爭頻仍。別兒怯不花則與太平等結為私黨把持朝政，到至正九年（一三四九），脫脫被惠宗召回，復入中書省為右丞相，乃貶謫太平於陝西，別兒怯不花出居般陽。時又因哈麻亦仇視別兒怯不花等人，脫脫遂與其相結交。不久二人又結怨，哈麻反被脫脫逐出中書省，任宣政院使。及脫脫率大軍南下鎮壓農民起義軍時，哈麻乘機復入中書省任職，並在皇后奇氏（**元惠宗第三任皇后，蒙古名完者忽都**）面前屢出讒言詆毀脫脫。惠宗不明真相，於是將脫脫罷官，未幾流放於雲南大理，家產被籍沒，哈麻又遣使將脫脫毒死在雲南。

此後，太平復被召入重任中書省左丞相，主持朝政。及皇后奇氏與皇太子愛猷識理達臘預謀逼迫惠宗禪位，找太平商議，希望得到他的支持。但太平態度曖昧，皇太子由此而生忌恨，乃欲除去太平，太平被迫稱病辭職。朝中大權遂落入皇太子之黨羽搠思監手中，其後帝黨、后黨為爭權而公開火拼，搠思監被孛羅帖木兒等所殺。朝政大亂，直至亡國。

在惠宗一朝，中央政府大官僚們為爭權奪利而打得不可開交，同時地方政府中的中下層官僚們則在為搜括百姓錢財而「努力拼搏」。上級官吏搜括下級官吏的錢財稱為「拜見錢」，官吏轉任搜括屬下吏民的迎送之錢稱為「人情錢」，逢年過節搜括百姓的錢財稱為「追節錢」，日常辦事而搜括百姓之錢財其名目更是五花八門，無奇不有。

另外由於受到中央政府黨爭激烈的影響，地方官吏的委任已不是用政績的優劣來作為衡量標準，而是根據年齡的大小，年老過六十五歲者優先委任。這些老官上任之後自然要盡力搜括，力求搭上斂財的末班車，以免年老退休而無權再斂民財。

中央各部之官因爭權激烈，而無暇顧及地方官的委任，使各地之地方官吏多有缺額，部分地區政府的各種職能之間癱瘓。如當時在山東任職的官吏蘇天爵就曾上書論及山東闕員的嚴重情況，僅山東一省即缺宣慰司之宣慰使兩員，各總管府之總管五員，各知州三員。這嚴重地削弱了元朝的統治力量，特別是對中央對地方的控制力量漸漸減弱，這是元末農民起義得以蔓延至全國的重要原因之一。

而發行紙鈔政策的失敗致使政府所印鈔幣迅速貶值，貶值最後帶來的損失直接轉嫁到廣大百姓的頭上。如惠宗在至元四年（一三三八）曾下令「印造鈔本百二十萬錠」。到了至正十二年（一三四八），印鈔之數已多達兩百萬錠。到至正十六年，再猛增到六百萬錠。這些元朝政府發行的紙幣，已經是一錢不值。當時百姓對於元朝政府的腐敗，作有《醉太平》小令一首給予深刻的揭露。詞曰：「堂堂大元，奸佞專權。官法濫，刑法重，黎民怨。人吃人，鈔買鈔，何曾見。賊作官，官作賊，混賢愚，哀哉可憐！」

政府的腐敗已經讓元帝國的行政能力大大降低，若不改革隨時就有崩塌的危險。正所謂禍不單行，長年的自然災害更讓元朝政府顧此失彼，難以招架。

天災：全國性的自然災害

在惠宗一朝，由於統治者的腐化墮落，地方官吏的貪婪無能，故而無法組織有效的農業生產。百姓在沉重的賦稅剝削下已是難於維持生計，再遇上較大的自然災害，只得流離失所、典妻賣兒，甚至出現「人相食」的慘狀。而惠宗在位的三十六年中，自然災害又頻繁發生，更加重了廣大百姓的痛苦。

當時為害最深的自然災異主要是水澇、旱災和地震等。如後至元元年（一三三五），江西大水災，百姓饑荒，元朝政府出米七萬七千石以賑災。一三三六年三月，陝西又大旱，颱暴風，麥糧受損。五月，南陽、鄧州等地又大霖雨，湍河、白河氾濫，大水為災。同年，江浙各地大旱，自春至秋而無雨，饑民多達四十萬戶。政府用於賑饑的糧食達十餘萬石、鈔四十萬錠。一三三七年，北方地區，包括大都、河北、河南諸處，又因大霖雨而發生嚴重水災。

不久，大都又發生了強烈地震，連續六天不止，「所損人民甚眾」。面對連年的自然災害，惠宗並無具體的抗災措施。只是在後至元六年，以地道失寧（指大地震）、蝗旱相仍為名，下了一道「罪己詔」，這對於自然災害毫無限制作用，對於人民的饑餓亦毫無補救作用，此後自然災害仍頻頻肆虐。

至正三年（一三四三年）夏秋之間，河南大霖雨，百姓受災，政府被迫出糧十萬石以賑之。翌年夏，黃河氾濫，「平地水二丈」，山東曹、濟、兗諸州皆受其害，「民饑相食」。不久，江南部分地區又颳起暴風，發生地震，海水溢上岸，造成大災難。到至正八年（一三四八），全國又多處出現大災害。大都下暴雨，連城牆都被沖垮。廣西山崩，水災，灕江氾濫，特別是黃河、漢水等大的河流，一旦氾濫就給百姓帶來巨大的災難。至正九年，各地皆發大水。黃河北潰，又南潰，逐漸釀成大面積的水災。接著長江、漢水、蜀江也都氾濫。元朝政府調集大批勞力，對黃河進行整修，築堤護民。至正六年，立河南山東都水監，專掌治河之事。到至正十一年，元朝政府調動十幾萬民工、軍卒，完成治理黃河工役，惠宗命立《河平碑》以昭其功，但自然災害帶來的破壞卻是無法彌補的。由於各地的自然災害頻繁所帶來的嚴重惡果，導致了農民的大量破產，被迫為「寇」、為「盜」。當時的官吏就多次上言：「各處水旱，田禾不收，湖廣、雲南盜賊蜂起」、「連年水旱，民多失業」等等。惠宗雖然連下詔令，減免受災處的田租等稅收，並由政府出面發糧賑濟部分重災區的饑民。這些權宜之計，都是治標不治本的，它救得了一時之饑荒，卻根本解決不了眾多百姓的生計，大規模的農民起義即將爆發。但是孰勝孰敗本來是難以意料的，但元朝內部各種政治勢力的紛爭無疑將勝利的天平倒向了起義軍一方。

黃河之水

內憂：皇太子的奪權之爭

指定繼承人 早在成吉思汗四處征討時，就規定凡被其征服之民族或國家，多遣美女、公主貢上，任其收入後宮。蒙古統治者乃將這些進貢或是掠奪來的女子分別供養，形成許多各自獨立的斡耳朵。但是得以被立為正宮皇后的，則多半是自古即與之通婚的蒙古弘吉剌部的婦女。作為蒙古立國之初既已臣服的高麗，曾被迫多次向蒙古統治者進貢女子、內侍等以充後宮之用，但是卻一直受到歧視。在世祖忽必烈時，曾明令高麗女子出身低賤，不准立她們為后妃。這個傳統大概一直被以後的元朝皇帝所尊奉。

到惠宗即位後，這種情況已發生了變化。是時，政局主要被文宗后卜答失里和權臣燕帖木兒族系所把持，故而選定燕帖木兒之女答納失里為皇后。這一舉措完全是出於特定條件下的政治需要，不久由於燕帖木兒家族政變失敗，答納失里亦被殺。

不久，惠宗又冊立新皇后，所選之伯顏忽都乃弘吉剌氏，為武宗之侄孫女。雖出身於名門，卻毫無驕橫之態，極守婦道。惠宗之冊立伯顏忽都為皇后，乃是遵奉祖上之慣例。但是不久卻又冊立高麗女子完者忽都為第二皇后，這一舉動直接違背元世祖忽必烈的訓典。

惠宗之所以有此「逆舉」，主要是出於三個方面的原因。其一，是宦官勢力的強大。蒙古立國之初，大概尚不知「宦官」為何物。及忽必烈入主中原，做了一統天下的皇帝也就承襲了中原王朝歷來沿行的這一制度。時皇宮之中所用宦官，僅數人而已。由於政府職能、內廷事務的增多，至惠宗即位時，宦官已猛增至上千人。有元一代後宮皇后多掌有實權，其行使權力多通過宦官，遂使宦官勢力大增。而是時，任徽政院使的大宦官禿滿迭兒又正好是高麗人，他自然要憑藉自己的勢力和便利條件，扶持本族人在宮中的發展。

其二，是完者忽都（又稱奇氏）確實「長得十分迷人」。她本出身低賤，被送進皇宮後也只是一般的侍女，主要負責惠宗的飲茶之事。因其年輕美貌又極聰明，再說惠宗曾經在高麗流放過，故而得到惠宗的寵愛，關係越來越親密。惠宗對奇氏之寵愛，在就想續立奇氏為皇后，乃因權臣伯顏的極力反對而暫時告罷。

其三，是出於「皇儲」的關係。惠宗立伯顏忽都為后，生子名真金，兩歲而夭亡。而奇氏生子為愛猷識理達臘。又因三皇后木納失里未生子，惠宗若想要立皇儲，只有奇氏之子一人，別無選擇。自古「母以子貴」，惠宗既然只能立愛猷識理達臘，也就必然要冊立其母奇氏為皇后，而甘冒違背祖訓的「罪名」。

至正八年，監察御史李泌雖然抬出世祖忽必烈的誓言來反對冊立奇氏為皇后的做法，但沒有被採納。惠宗反而在此後下令，命翰林國史院、太常禮儀院等官員，擬定奇氏祖上三代之謚號、王爵以此來抬高奇氏的地位。與此同時，愛猷識理達臘被立為皇儲之事也逐步成為事實。

元代名畫《山居圖》局部

惠宗命愛猷識理達臘學習畏兀兒文字、漢字，並請名儒李好文、歸暘等出任太子諭德、太子贊善等職，加以輔弼。惠宗又為愛猷識理達臘建立了詹事院，至少有八十三名官員與辦事人員。此外，愛猷識理達臘的獨立辦事機構掌管著一個禮儀衛隊以及兩個衛軍機構，並擁有二百五十名怯薛歹。他們得到兩萬七千五百萬錠的補助，而奇氏則得到十萬錠以上。愛猷識理達臘還有特權任命自己的官員，一三五四年年底愛猷識理達臘被授權審理所有上報他父皇的官方奏摺。總之，妥懽貼睦爾以他指定的繼承人為首，在皇宮內創造了一個又新、又大、又昂貴、又具有影響力的政治中心。

到至正十三年，惠宗正式冊立愛猷識理達臘為皇太子，出任中書令、樞密使，並詔告天下，而以重臣脫脫為太子詹事之官。母寵子立，母以子貴，再加上宦官勢力的大力扶持，不久皇太子的勢力迅速發展，開始向惠宗發起挑戰，從而引發了又一次激烈的宮廷政爭。

帝黨、后黨之間的「文鬥」 皇太子愛猷識理達臘隨著年齡不斷的增長，對權力的欲望也在日漸增長，急切地希望惠宗能將皇位「禪讓」於他。至正中已經主持國家大政，皇太子的心腹搠思監與大宦官朴不花相勾結控制了中央政府，他們倚仗著皇后奇氏及皇太子的庇護，於是結黨營私、胡作非為，「四方警報，將臣功狀，皆抑而不聞，內外解體。」以此來隔絕惠宗與政局之間的聯繫將其架空，為「禪讓」做準備。時朝中大臣又多畏懼后黨勢力，由此而依附於搠思監、朴不花的官員十居其九。

對此事有所警覺的惠宗乃任命其母舅老的沙任御史大夫作為「帝黨」的首領，掌握中央的監察大權，以此來和「后黨」勢力相抗衡。

至正二十三年（一三六三），老的沙為了打擊「后黨」的勢力，首先將目標對準了皇后奇氏的老同鄉大宦官朴不花，命其屬下監察御史也先帖木兒等人上奏章，彈劾朴不花等人的「奸邪之罪」並請將他們的官職予以罷黜。但是由於皇后、皇太子的包庇，不僅沒有將朴不花等人治罪，反而將也先帖木兒等降職。老的沙並不善罷甘休，又命其手下治書侍御史陳祖仁、侍御吏李國鳳等再次上書予以彈劾。御史台大小眾官，為表示堅決反對朴不花而集體辭職。皇太子見事態已經鬧大，恐怕收不了場，於是一面命朴不花暫時辭去官位以避開眾人之鋒芒，另一方面則準備攻擊「帝黨」的首領老的沙。在皇太子及皇后奇氏的一再反對下，老的沙去職，其被封為雍王，老的沙被迫離開都城，前往封國。在此回合的交鋒「后黨」取得了勝利。

不久，在皇后奇氏的扶持下，朴不花官復原職，而皇太子又誣告老的沙圖謀不軌，連同收留他的大將孛羅帖木兒一同削去官職，仍遣老的沙西返封國，而命孛羅帖木兒交出軍權，發配四川。但是同時，惠宗卻已有密詔傳給孛羅帖木兒，令其保護老的沙。孛羅帖木兒因有惠宗撐腰，拒不交出手中的軍權。

時又有蒙古宗王不顏帖木兒、禿堅帖木兒等出面為孛羅帖木兒、老的沙等人鳴不平，以辯其誣。惠宗又乘勢下詔，命孛羅帖木兒等官復原職，並將「后黨」的搠思監流放於嶺北的大漠之地，朴不花流放於甘肅，以快眾憤，但是二人在皇后奇氏及皇太子的庇護之下，仍然留在京城。「帝黨」、「后黨」兩大勢力集團之間的爭鬥，已經從京城擴展到外地，並且已由掌權之文臣間的「文鬥」，擴展到掌握軍權的武將之間的「武鬥」。兩派之間的爭鬥，只有付諸刀兵相向的激戰才能夠最後分出勝負，這也是蒙古統治集團內部在面臨滅亡前的最後一次爭權大激戰。

干戈相見：武鬥　帝黨、后黨在朝中爭權不已的同時，又都勾結駐外武將為其強援。當時帝黨老的沙與駐軍於大同的孛羅帖木兒相交甚密，在惠宗的支持下投到孛羅帖木兒軍中以求庇護。而后黨則以駐軍於太原的擴廓帖木兒為外援，與帝黨相對抗。

至正二十四年（一三六四）四月九日，孛羅帖木兒首先發難，命禿堅帖木兒率軍進犯大都，攻入居庸關，號稱要「清君側之惡」。皇太子命京中部隊迎擊，大將也速見寡不敵眾，半路退兵。皇太子被迫率貼身侍衛逃出京城，從古北口直奔東北方的興州、松州一帶。禿堅帖木兒率軍列陣於京城北郊，惠宗派人前往勸解，禿堅帖木兒聲稱必須得到搠思監、朴不花二奸臣才肯退兵。於是惠宗乃將二人交出。

禿堅帖木兒隨即率軍入城，受到惠宗的優待。然後斬殺搠思監、朴不花，回師大同。禿堅帖木兒退軍後，皇太子回到京城，見朴不花二人被被殺，於是命令擴廓帖木兒向孛羅帖木兒進攻。擴廓帖木兒乃兵分三路，向孛羅帖木兒進攻。並派大將白鎖住率軍萬人，協助皇太子保衛京城。孛羅帖木兒見狀乃率大軍傾巢而出，與老的沙、禿堅帖木兒等一同殺向大都。七月中旬，孛羅帖木兒軍再次攻入居庸關，與皇太子所率白鎖住之軍相遇，皇太子之軍「皆無鬥志」，兩軍交鋒後大敗而逃。皇太子直奔擴廓帖木兒軍中，以求得庇護。

七月底，孛羅帖木兒、禿堅帖木兒及老的沙等率軍進入京城，惠宗在宣文閣設宴加以款待，以慶祝帝黨所取得的重大勝利。不久惠宗下詔命孛羅帖木兒為中書省左丞相、老的沙為中書平章政事、禿堅帖木兒為御史大夫，中央政府大權乃盡入帝黨手中。然而由於后黨的主要首領皇太子出逃在外，帝黨並沒有取得完全勝利。同年十月，惠宗下詔，命躲在擴廓帖木兒軍中的皇太子回京，皇太子不僅拒不從命，而且還積極籌措反攻事宜。

這時，擴廓帖木兒卻乘孛羅帖木兒等人進佔大都、根據地空虛的機會，一舉攻佔重鎮大同，然後乘勝東來，對大都城進行圍攻。而孛羅帖木兒正分遣禿堅帖木兒率軍前往上都消滅異己勢力，一時未能回軍，故而實力不足，被迫應戰。孛羅帖木兒遣大將也速率軍出戰，但是也速在出京之後卻背叛了孛羅帖木兒，投向擴廓帖木兒。

孛羅帖木兒又遣手下驍將姚伯顏不花率軍出擊，卻在通州遭到也速軍的偷襲，兵敗被殺。惠宗見孛羅帖木兒屢敗，度其大勢已去，於是在宮中將孛羅帖木兒斬殺。老的沙也被砍傷，逃出宮中直奔上都，與禿堅帖木兒相會合。孛羅帖木兒被除去後，后黨的勢力再度恢復，不久皇太子在擴廓帖木兒的重兵扈擁之下回到大都。帝、后兩黨之爭，后黨取得了最終勝利。不久老的沙、禿堅帖木兒等亦被擒殺，帝黨全軍覆沒。

皇太子在兩度出逃、重返大都後，仍念念不忘逼惠宗「禪讓」之事。原想藉助擴廓帖木兒的大軍脅迫惠宗讓位，但是擴廓帖木兒率軍至京，離城三十里即駐營不前以示無意相助。不久皇太子將擴廓帖木兒被排擠出京，命往江淮鎮壓農民起義。皇太子雖奪位不成，卻也重掌朝中軍、政大權。然而天下已經大亂，農民起義軍風起雲湧，遍及全國。而各地之軍閥勢力也自成一系，為保存實力拒絕元廷之調遣，並相互為搶佔地盤而爭鬥不息。

外患：元末人民大起義

北方紅巾軍　黃河自金章宗明昌五年（一一九四）決口奪淮之後氾濫成災，僅元代決口就多達兩百餘次，給人民帶來了極大的痛苦，同時給政府的財政收入也造成了沉重的負擔，因此治理黃河始終是元朝政府的一大問題。惠宗時的治水官賈魯一三四八年提出兩個方案：第一個方案是加固北面的堤壩，以達到防止決口的目的，這個方案用工較少。第二個方案是一邊加固河堤一邊疏通河道，以達到將黃河引回故道的目的。第二個方案被當時的丞相脫脫採納。

一三五一年，元惠宗派人強徵十五萬農民修治黃河。河工們負擔繁重的勞役，口糧經常被克扣，還要遭到無理的鞭打和刑罰，怨恨情緒增長，北方白蓮教的領袖韓山童和劉福通決定利用這個機會發動反元起義。他們暗地裡鑿了一個獨眼石人，刻上「莫道石人一隻眼，此物一出天下反」的字樣，預先埋在將要開挖的河道裡。河工們挖出了獨眼石人非常驚訝，以為天下真要反了。韓山童、劉福通見時機已經成熟，便在河北永年縣白鹿莊聚眾三千人，殺白馬黑牛宣誓，準備起義。韓山童被推為明王。他們一律以紅巾包頭，稱為「紅巾軍」。

由於消息走漏，韓山童被俘遇害，劉福通逃回潁州（今安徽阜陽）。五月，劉福通率眾起義。爾後率部西進河南相繼攻克項城（今河南項城南）、羅山（今河南羅山）、真陽（今河南正陽）等地，隊伍迅速發展至十餘萬人。在劉福通起義的影響下，大江南北許多地方相繼爆發了人民的反元鬥爭，其中主要的有：徐州的李二（芝麻李）、趙均用，濠州的郭子興、孫德崖，湘漢流域的布王三、孟海馬，湖北蘄、黃的彭瑩玉、徐壽輝等，均屬紅巾軍系統。諸多起義軍中以北方劉福通，南方徐壽輝兩支為最強。這兩支起義軍的發展，將元統治區切成兩段使南北隔絕，有力的打擊了元朝的統治。除此之外，還有淮東張士誠起義軍。

劉福通所部起義軍在河南取勝的同時，徐壽輝將所部兵分兩路，一路逆江而上，攻克武昌、江陵等地；一路則順江而下，攻取長江中下游一些州縣後，進軍福建和浙西。一三五二年七月，攻克江南重鎮杭州路。與此同時，李二所部義軍佔領了徐州及周圍一些州縣，將元朝賴以南北聯繫的主動脈切斷。起義軍節節勝利，使元廷為之震動，急遣丞相脫脫率大軍南下，擊敗李二部，復佔徐州，打開了南北通道，並乘勢集江南數省元軍再克杭州路，爾後對起義軍展開全面反攻。在元軍的強大攻勢下，起義軍節節敗退，徐壽輝部被迫退出長江中、下游，活動於湖泊和山區。劉福通雖仍立足於河南，但限於極小地區之內。起義鬥爭轉入低潮。

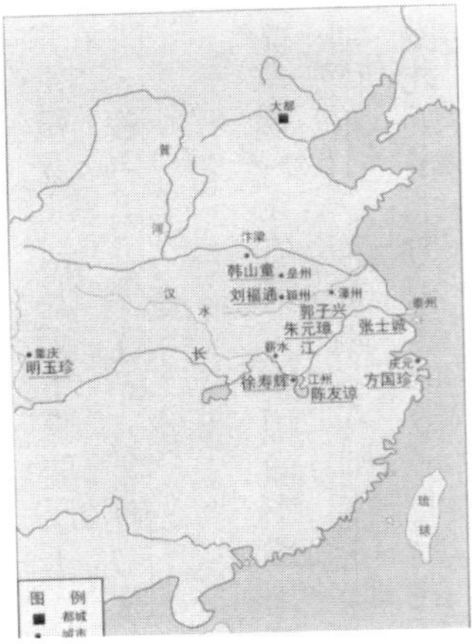

元末農民起義示意圖

為徹底消滅起義軍，元廷又於一三五四年派脫脫統兵四十萬，向淮東張士誠部發動進攻。張士誠僅率數千人堅守江蘇高郵一個多月，脫脫率四十萬大軍駐兵城下。高郵正危在旦夕時，脫脫受到中書平章哈林等彈劾被免職流放，元廷另以河南行省左丞相太不花等代領其兵。由於臨陣易將，指揮失當，官軍潰散。高郵之戰使元軍元氣大傷，為張士誠所乘，奪取整個淮東地區後，南渡長江，進佔浙西大部。

其他各地起義軍亦乘機造勢，主動出擊，徐壽輝部重新佔領了湖廣、江西大部。郭子興部將朱元璋率一部南渡長江，攻佔江蘇南京等地，並佔領了江東和浙東大部。經三年激戰，元軍主力受重創，喪失了軍事優勢。一三五五年二月，劉福通迎立韓山童之子韓林兒為帝，號小明王，國號宋，奠都亳州，改元龍鳳。爾後劉福通率部相繼攻佔鄧、許等州，勢力益增，眾至三十餘萬。一三五七年六月，劉福通以河南為基地，分兵三路北上伐元。西路軍由白不信、大刀敖、李喜喜等率領下進軍關中，直逼長安。受阻後兵分兩路，一路轉入四川，一路西進攻取靈武；中路軍由關先生、破頭潘等率領下轉戰於河北、山東等地，並一度攻保定，威脅大都。後由大同轉戰塞外，於一三五八年底攻克元上都開平，旋即轉戰遼東，攻克遼陽，東入高麗；東路軍由毛貴率領下由山東北上，直逼大都，威震京師，後恐孤軍深入，退回山東。

此次北伐雖由於戰略不明確，各部協調不夠，未能推翻元封建王朝的統治，但劉福通攻佔了汴梁（今河南開封），控制了中原及北方諸多地區，從根本上動搖了元朝的統治基礎。

如上節所述，此時的元中央朝廷正在進行激烈的武鬥，統治集團的內部傾軋更趨嚴重，軍閥混戰的局面時有發生。在鎮壓農民軍的過程中，元朝宿衛軍、鎮戍軍幾乎消耗殆盡，元朝此時更注重對民間民兵的使用，尤其是對鎮壓起義軍有功的軍隊將領和民兵首領進行迅速提拔。靠募兵起家的察罕帖木兒、答失八都魯、李思齊、張良弼等逐漸崛起，形成了新的軍閥集團，基本上成為元軍主力。元廷這一新的軍事措施，使北方起義軍陷入被動局面。在新的形勢下，劉福通未能及時調整戰略部署，依然分兵出擊導至兵分勢寡，加之起義軍將領之間互相殘殺，削弱了自己的力量，給元軍有可乘之機。孛羅帖木兒圍剿山西北部及塞外起義軍，一三五九年，察罕帖木兒攻陷宋政權都城汴梁，劉福通、韓林兒頑強抗擊後突圍南走安豐（今安徽壽縣）。一三六二年，察罕帖木兒遇刺死後，擴廓帖木兒繼為統帥，率軍繼續鎮壓山東境內的起義軍，未幾，山東境內起義軍即被鎮壓下去，河南全境和山東大部又陷入元軍手中，黃河以北的起義鬥爭再次轉入低潮。元統治集團雖然在軍事上取得了一些勝利，但內部矛盾加深，新興的將領擁兵自重，互相吞併，從而更加激化了元朝內部的矛盾，北方出現了軍閥連年混戰的局面。

南方朱元璋　在北方軍閥連年混戰的同時，南方各起義軍得到了迅速發展，逐漸形成了各政權割據的局面。此時朱元璋佔據集慶後改集慶為應天府，但四面受敵，東有元將定定扼守鎮江，東南有張士誠佔有平江（今江蘇蘇州）、常州（今江蘇常州）和浙西地區，東北有青衣軍張明鑒佔據揚州（今屬江蘇），南面有元將八思爾不花駐屯徽州，西面有徐壽輝佔有池州。

為解決來自諸多方面的威脅，朱元璋先後派兵攻佔了鎮江、江陰，使勢力範圍得到了擴展與鞏固。爾後集中力量打擊孤立無援的浙東元軍。為鞏固佔領區和繼續發展壯大勢力，朱元璋採納朱升「高築牆、廣積糧、緩稱王」的建策，經四、五年的努力和準備便開始進行統一江南的作戰。朱元璋根據當時形勢和自己處於陳友諒和張士誠兩大勢力之間的處境，制定了先西後東，先強後弱的戰略方針。

一三六〇年閏五月，陳友諒殺徐壽輝自立為帝，國號漢，改元大義。是月，陳友諒率十餘萬大軍順江而下攻應天，朱元璋採取誘敵深入之策，以伏兵擊敗陳友諒。一三六三年二月，張士誠派呂珍圍攻安豐，安豐糧盡援絕，劉福通戰死，朱元璋聞訊率部往援。三月，朱元璋渡江，三戰三捷，解安豐之圍。四月，陳友諒乘朱元璋率主力往救安豐，江南空虛之機，以號稱六十萬的大軍於十一日圍攻洪都（今江西南昌）。朱元璋得訊後，於七月親率舟師號稱二十萬往救洪都。兩軍會戰於鄱陽湖上，朱元璋軍採用火攻，陳友諒兵敗身亡，主力傷亡殆盡。一三六四年二月，朱元璋攻克武昌，陳理投降，陳友諒的大漢政權滅亡。

元軍使用的銅火銃

朱元璋攻取武昌後，旋又攻佔襄陽等漢水流域和要點，全部控制了長江中游。為穩定江漢局勢，又與四川明玉珍通好。然後轉兵東向攻張士誠。朱元璋根據張士誠佔領區南北狹長，中隔長江，南北兵力應援不便等弱點，制定了「先取通泰諸郡縣，剪士誠肘翼，然後專取浙西」的戰略方針。一三六五年十月，徐達、常遇春率水步騎軍，水陸並進進攻淮東。朱軍進展順利，迅速佔領泰州、高郵、徐州等地，從而佔領全部淮東，完成其攻取淮東剪其羽翼的作戰步驟。一三六六年八月後，朱元璋又先後攻克湖州、杭州等重鎮，對平江形成北、西、南三面合圍之勢。

此時，元惠宗封擴廓帖木兒為河南王，代替太子親征，管轄或統領關陝、晉冀、山東等處一應軍馬，諸王各應總兵、統兵、領兵等官，凡軍民一切機務、錢糧、名爵、黜陟、予奪悉聽便宜行事。擴廓帖木兒的權力之大使他幾乎成立了一個獨立的小朝廷。

一三六六年二月，擴廓帖木兒回到河南，他設立分省機構以調度各處軍馬，並準備南下進攻朱元璋。由於他資深位尊，引起李思齊、張良弼等人的嫉妒，張首先不聽從他的調遣。三月，擴廓帖木兒派關保、虎林赤率兵進攻張良弼。李思齊、脫烈伯、孔興等聯合出兵援救張良弼。七月，擴廓帖木兒又派竹貞等率兵與關保部等合攻張良弼。張良弼、李思齊等聯合抵抗，對關保形勢十分不利。由於李思齊等也沒有做好準備，於是他主動請求惠宗下詔雙方和解。

一三六七年正月，李思齊、張良弼、脫烈伯等會盟，推李為盟主，共同抵抗擴廓帖木兒。五月，兩軍對峙於華陰一帶。八月，元萬宗詔令皇太子總領天下軍馬；擴廓帖木兒守潼關以東，進攻江淮；李思齊守鳳翔以西，進攻川蜀；張良弼進攻襄樊。元廷專設大撫軍院，用來主持討伐擴廓帖木兒。惠宗下詔罷免擴廓帖木兒太傅、中書左丞相等職位，只保留河南王封爵。並要他將軍隊交給別的將領，擴廓帖木兒對此仍然置之不理。一三六八年正月，下詔剝奪擴廓帖木兒封爵采邑，命李思齊等率軍討伐擴廓帖木兒。不久，擴廓帖木兒軍自澤州退守晉寧。

正當元朝統治者內部爭鬥越演越烈時，朱元璋於一三六七年九月，攻破平江城，張士誠被俘。在這種形勢下，浙東方國珍被迫向朱元璋請降，朱元璋基本上統一了江南，決定南征北伐同時並進，以北方為進攻重點，開始了北上伐元的戰爭。

朱元璋北上滅元　一三六八年正月，朱元璋稱帝，國號明，年號洪武。三月，徐達揮師由山東向河南進軍，攻佔汴梁。四月初八，徐達軍自虎牢關（今河南滎陽西北）西進，在塔兒灣（在今河南偃師縣境）一舉擊潰托音特穆爾率領的元軍五萬，迫元梁王阿魯溫於洛陽投降。接著，徐達、常遇春分兵攻佔嵩（今河南嵩縣）、許（今河南許昌）、陳（今河南淮陽）、汝（今河南臨汝）諸州。朱元璋主力徐達兵團已先抵淮安，攻佔了山東全境。

朱元璋北伐軍抵達河南時，李思齊、張良弼致書擴廓帖木兒希望和解，然後退回陝西。五月，朱元璋抵汴梁督戰，並與諸將商討下一步作戰計劃。徐達根據元廷外援已絕的軍事形勢，建議乘勢直取元都，朱元璋表示同意。七月，北伐大軍會集德州，步騎舟師繼續沿元修新運河北上，連戰皆捷，下長蘆、克清州、至直沽，大都震驚。鑒於形勢，惠宗和太子撤消大撫軍院，將討伐擴廓帖木兒之事推到知大撫軍院事伯顏帖木兒等人身上。同時恢復擴廓帖木兒的一切官爵和權力，希望他率部抵抗明軍，但晚矣，此時的元軍陣腳大亂，已無力抵抗北伐明軍。七月二十六日，擴廓帖木兒自晉寧退守冀寧。二十八日，當明軍擊敗元軍萬餘人，佔領通州後，元惠宗認為氣數已盡，否定了有些大臣死守大都以等援軍的建議，帶著后妃和太子等一應人馬在夜幕中退出大都，逃往上都開平。八月，徐達率北伐明軍進入大都。

元廷北遷至上都開平不久，元惠宗妥懽貼睦爾即命擴廓帖木兒率兵出雁門關，由保安州經居庸關進攻大都。明將徐達趁擴廓帖木兒出兵大都之機，率軍突襲太原。擴廓帖木兒至保安州得到這一情報，馬上還兵救太原，前鋒上萬騎兵與明軍

元大都遺址

激戰，不分勝負。擴廓帖木兒在城西安營紮寨欲與明軍決戰，擴廓帖木兒部下卻暗投明軍作內應，明軍夜襲擴廓帖木兒軍營，大敗其軍。擴廓帖木兒僅率十八騎北走大同。就這樣，蒙古統治者退出中原，元朝在全中國範圍內的統治到此結束。自成吉思汗於一二〇六年統一蒙古至此，共十五帝、一百六十三年；自世祖忽必烈定國號為大元起（一二七一～一三六八），共十一帝、九十八年。元潼關守將李思齊、張思道聞風棄關西逃，徐達等派兵進駐潼關，又西進佔領華州。

妥懽貼睦爾小檔案

姓名：孛兒只斤・妥懽貼睦爾

出生：一三二〇年

卒年：一三七〇年

享年：五十一歲

在位時間：一三三三～一三七〇年

年號：元統（一三三三～一三三五年）

至元（一三三五～一三四〇年）

至正（一三四一～一三七〇年）

諡號：順皇帝（明）

廟號：惠宗

父親：和世球

母親：邁來迪

最自豪：被人稱為「魯班天子」

最遺憾：身世有疑點

最鬱悶：最愛的人背叛自己

最擅長：木匠活

帝國餘暉

1368年，享國運不足百年的元朝被朱元璋領導的起義推翻了，末代皇帝元惠宗（順帝）妥懽貼睦爾既沒有戰死，也沒有自殺，而是率領著王族和所剩的軍隊撤退到了自己祖先曾經興起的故地——蒙古高原，在漠北繼續當他的北元皇帝，在中國完成了一次外來政權全身而退的事蹟。

元朝滅亡之後的蒙古帝國

一三六八年，國祚不足百年的元朝被朱元璋領導的起義推翻了，末代皇帝元惠宗妥懽貼睦爾既沒有戰死，也沒有自殺，而是率領著王族和所剩的軍隊撤退到了自己祖先曾經興起的故地——蒙古高原，在漠北繼續當他的北元皇帝，在中國完成了一次外來政權全身而退的事蹟。這得歸功於從成吉思汗開始近似於瘋狂的擴張，使得蒙古帝國幅員遼闊，汗國、部落林立，而元朝的版圖只算蒙古帝國的一部分，元朝的皇帝又是蒙古帝國的大汗，對於蒙古各大汗國和部落享有宗主權。元朝的滅亡只是使蒙古帝國失去了中國的領土，而名義上的蒙古帝國依然存在。

北元初期，蒙古貴族依靠的力量主要有三支：元河南王擴廓帖木兒（漢名王保保）率領十餘萬軍隊佔據山西、甘肅；北元丞相納哈出擁二十餘萬眾據守遼東；元梁王管轄之下的雲南還有十餘萬軍隊，策應北元皇帝的軍事行動。此外，北元與東面的高麗、西面的畏兀兒地區仍舊保持著政治經濟的聯繫。

一三六八年冬，惠宗命擴廓帖木兒從山西出兵奪回大都，軍行途中明將徐達乘虛襲擊他的後方——太原。擴廓帖木兒回師救援，正中計謀，被明軍襲破大營，折兵四萬，僅率十八騎逃入甘肅，山西被明朝佔據。一三六九年春夏，北元丞相也速幾次進攻通州也都被明軍擊退，明軍乘勢北進。惠宗從上都退往應昌，宗王慶生、平章鼎住被明軍追及擒殺，一萬將士被俘，上都陷落。

一三七〇年四月，駐守在沈兒峪口的擴廓帖木兒與徐達率領的明軍激戰。擴廓帖木兒大敗，僅與妻子和少數隨從北渡黃河，跑到漠北和林，陝西、甘肅也被明朝佔據。

當昔日的農民軍領袖，現在的明太祖朱元璋遣使招降元惠宗時，元惠宗作了一首七律《答明主》：「金陵使者渡江來，漠漠風煙一道開。王氣有時還自息，皇恩何處不昭回。信知海內歸明主，亦喜江南有才俊。歸去誠心煩為說，春風先到鳳凰台。」

惠宗讓使者把詩帶給朱元璋。這首詩寫得不卑不亢，明明是亡國北走，卻說自己是禪讓王位於俊才。既然海內已經有了明主俊才治理，自己心悅誠服，棄土北走。這種態度在歷代帝王中恐怕是第一人。

即使有此種胸懷，但大都陷落倉皇北歸的打擊對於他來說是極大的，雖然依然還是蒙古各部的大汗，但也不能排解他「去國懷鄉」的憂愁，尤其是明朝軍隊又紛紛向蒙古高原進發，對於他的打擊又接連不斷，更使他惶惶不可終日。終於，一三七〇年五月二十三日，他懷著悲憤和鬱悶在蒙古高原去世。

元惠宗的兒子愛猷識理達臘獲悉父親去世的消息後，便在哈拉和林繼位，稱必里克圖汗，年號宣光（一三七一～一三七九），是為昭宗。他將北元政權又維持了八年，並厲兵秣馬盼望著有朝一日重登中國皇位。然而他非但沒有機會實現這一願望，還面臨著深入到蒙古地區的明朝軍隊的攻擊。一三七二年，明朝大將徐達率軍攻向哈拉和林，這是蒙古黃金家族的大本營，是權力和榮耀的象徵，一旦被明軍攻破，蒙古帝國將徹底在世界上消失，因此蒙古人的抵抗十分激烈。明軍由於戰線過長，後援不繼，受阻於土拉河畔。總的看來，這一次明朝對北元的戰爭以失利告終，明朝在短時期內再不敢深入北方草原作戰。北元則爭取了喘息時間，雙方在邊境地區不斷發生拉鋸式的衝突，其中以北元方面的失敗居多。一三七五年，北元皇帝倚為股肱的擴廓帖木兒死於漠北，使北元軍隊失去了一位能征善戰的驍將。

一三七八年，愛猷識理達臘懷著滿腔遺憾去世，其子脫古思帖木兒繼位，這位第三任北元皇帝所能控制的領土已經縮小到蒙古帝國最初興起時的規模，恢復祖上的榮光更顯得毫無可能了。明朝在不惜勞師費財屢征北元的同時，對主動投降和戰爭中被俘的大批北元貴族、官吏和軍民都給予優厚的待遇並予安置，明朝希望藉此招引更多的北元人馬。明初幾十年間，確實有大量的蒙古人和漢人從北方跑到中原成為明朝的臣民。當然，明朝的最終目的是招降北元皇帝，可明朝皇帝從來沒有得到北元皇帝的回音。

一三八八年，明朝大將藍玉率領十萬大軍在合勒卡河和克魯倫河之間、貝爾湖南岸大敗脫古思的軍隊，北元諸王、平章以下官員三千多人及軍士七萬餘人被俘，脫古思帖木兒逃走後被其部將縊殺。

這次的失敗使忽必烈家族的北元政權喪失了在蒙古人心中至高無上的地位，以至於大多數蒙古部落宣布脫離它而自立。一四〇二年，分布在葉尼塞河上游沿岸的乞兒吉斯部首領鬼力赤，否認了最後一任北元皇帝坤帖木兒的宗主權，於一四〇二年將其打敗並殺死，取得了統治各部的霸權。至此竭力支撐了三十四年的北元政權滅亡了，合法的蒙古帝國大汗不復存在了，蒙古各部又回到了爭奪蒙古帝國大汗寶座的紛爭當中。

北元的滅亡，使明朝已經沒有了政治上的敵人，蒙古已經成為了「邊患」，而不再是前一王朝的殘餘勢力。因此，從侄子手中奪取皇位的永樂皇帝對於消滅北元的鬼力赤表示了極大的友好，承認了他對於蒙古各部的宗主權。但是由於部落間的紛爭，鬼力赤並沒有維持汗位多久，便在一四〇八年被阿蘇特部首領阿魯台和瓦剌部首領馬哈木的聯軍打敗。阿蘇特部是蒙古化的伊朗人，起源於高加索，因蒙古西征而進入中國，元朝軍隊中有一支由他們組成的軍團。而瓦剌部是森林蒙古人中的一個強大的部落，也就是前面講過的被成吉思汗征服過的「林中百姓」。

阿魯台和馬哈木都不想成為蒙古帝國的大汗，他們希望的還是自己的部族獨立於蒙古人之外而獲得承認。因此在打敗鬼力赤後便向明朝效忠，表示自己不同於其他爭奪蒙古帝國汗位的部族，這樣的臣服是明朝求之不得的，給了他們極大的支持。依靠這種支持，瓦剌部將其霸權擴張到從貝加爾湖西岸到額爾齊斯河上游的整個西蒙古地區，這也塑造了他們部落的輝煌。

然而，鬼力赤之子額色庫重新崛起，要與阿魯台和馬哈木爭奪大汗寶座，雙方進行了十幾年的戰爭，直到額色庫於一四二四年病死。在額色庫不停的與阿魯台和馬哈木爭奪最高宗主權的同時，在一四〇八年，北元皇帝額勒伯克之子本雅失里復辟了自己的汗位，宣布自己為蒙古帝國的大汗。作為黃金家族的後代，本雅失里無疑要比阿蘇特部和瓦剌部具有號召力，不久包括阿魯台在內的各蒙古部落聚集在這位正統代表者一邊。永樂皇帝下旨要本雅失里做出臣屬的明確表態，但本雅失里企圖重現祖上功業，他想要做的正是挑戰明王朝，重現大元江山。於是永樂皇帝親自率軍進入蒙古，於一四一〇～一四一二年在成吉思汗故地擊潰了本雅失里和阿魯台的軍隊。這次失敗對本雅失里來說是致命的，因為這使他喪失了作為大汗的權威。一四一二年，瓦剌部首領馬哈木乘機將他擊敗，奪取了汗位。

已經真正成為蒙古帝國大汗的馬哈木毫不猶豫地與明朝皇帝斷交，這導致永樂皇帝再次親征蒙古。雖然馬哈木的抵抗使明朝軍隊遭到嚴重損失，但為了保存實力，他率軍撤退到土拉河以西休養生息。馬哈木逃走後，大汗寶座又懸空了下來，這時居住在興安嶺以東、滿洲邊境的嫩江附近的科爾沁部首領阿台（阿岱）在一四二五年率部眾佔領了蒙古中東部地區。阿蘇特部首領阿魯台支持阿台殺死了本雅失里，擁立阿台為蒙古帝國大汗。科爾沁人是成吉思汗弟弟合撒兒的後裔，也屬於黃金家族。

為了打倒黃金家族而扶持瓦剌部勢力是永樂皇帝所貫徹的政策，在他死後才發生了效力。在一四三四至一四三八年間，瓦剌首領、馬哈木之子脫歡率軍攻進蒙古東部，殺死了帝國大汗阿台和他的重要輔臣阿魯台，奪得了大汗寶座。在此時被擁護正統的首領們宣布為大汗的脫脫不花，他雖然是忽必烈家族的王子，但在事實上蒙古帝國已經從黃金家族——忽必烈家族轉到了瓦剌人手中。

對於明朝皇帝來說，成吉思汗的黃金家族已經完結了，草原的這些新君主是一支沒有顯赫歷史的民族，他們在蒙古帝國的歷史上既不顯赫也不重要，他們不可能如黃金家族那樣具有無上的威望和號召力，蒙古人對於中原的威脅應該就自此結束了。

但是，瓦剌人雖然在表面上，他們把自己和其他蒙古人尤其是黃金家族的距離拉得很遠，但他們無時無刻不想著恢復蒙古帝國原來的疆域。當然，在明帝國還很強大的時候，瓦剌人是不會輕易進攻大明王朝的，他們還記得祖上馬哈木的教訓。因此恢復帝國的第一站是他們進攻東南地區的察合台汗國。脫歡的兒子也先擊敗了察合台汗國的歪思汗，強娶了他的妹妹哈尼木公主，因為歪思汗是黃金家族，所以這一聯姻使得瓦剌人有了足以號召所有蒙古人的血統。

也先繼承其父脫歡的霸權時，蒙古帝國的疆域從巴爾喀什湖延伸到貝加爾湖，又從貝加爾湖延伸到長城附近地區，象徵正統的都城哈拉和林也是帝國的領土之一。一四四九年，他向中國公主求婚遭到拒絕，於是也先侵擾了山西北部、大同附近的中國邊境。明朝英宗皇帝及太監王振前往迎戰，在土木堡展開戰鬥。也先給明軍災難性的打擊，殲滅明軍十餘萬，俘英宗皇帝。然而因不善圍攻戰，他無法攻陷該地的設防城市大同和宣化，於是帶著俘虜英宗皇帝返回蒙古。這就是歷史上有名的土木堡之變。

三個月以後，也先捲土重來進軍北京，但他遇到明朝名將于謙的抵抗，發動的各次進攻都被打退，不久明朝的各路援軍趕來。由於受到優勢兵力的威脅，他退回到大漠。由於力量對比的變遷，一四五〇年，也先決定釋放英宗皇帝，於一四五三年與中國議和，並宣布自己是中國的屬臣，這一行動表明他拋棄了蒙古帝國的宗主權，把自己看成是一個獨立的可汗。不久，原本已經臣服於他的各部落和汗國又重新自立，也先於一四五五年被暗殺。也先之子阿馬桑赤繼其父汗位，在一四五六入侵察合台汗國，在伊犂河附近打敗了察合台汗國的主力軍。而在這時，皇后哈尼木（察合台汗國的公主）在後方製造混亂，她的兒子亦不剌忻和也里牙思兩兄弟對阿馬桑赤發動叛亂卻沒有成功。但經過這次內亂，瓦剌的實力嚴重的被削弱了。

在瓦剌人實力削弱的時候，一四七八年，成吉思汗的第三十一代繼承人滿都古勒汗（滿都魯）

在討伐他的侄孫和繼承人博勒呼濟農（巴彥蒙克）的一次戰爭中去世。而博勒呼濟農在他能夠稱汗之前的一四七九年也被暗殺。一度人丁興旺的忽必烈家族中，現在僅剩下一個五歲的男孩、博勒呼濟農之子達延汗（巴圖蒙克）。

達延汗的命運極其不幸，家族的長輩都在內訌中死去，小小的孩子孤苦無依，連他的母親都拋下他改嫁了，這簡直比成吉思汗年幼時的遭遇還要悲涼。所幸滿都古勒汗的年輕遺孀滿都海可敦把他置於自己的保護之下，滿都海不但撫養了達延汗，還在一四八〇年宣布他為大汗。最為難得的是，滿都海作為女人率領軍隊打敗了瓦剌人，將他們徹底趕出了蒙古中東部地區，為達延汗日後的統治奠定了基礎。

達延汗是蒙古帝國統治時間最長的大汗，從一四八〇年到一五一七年整整三十七年。在一四八七年親政之後，達延汗鎮壓了右翼土默特人、兀良哈人的叛亂。並從一四九七年到一五〇五年間，對從遼東到甘肅的明朝邊境地區進行了一系列卓有成效的攻擊，使得明朝無法與瓦剌人聯繫。

一五一七年達延汗去世之後，他的孫子博迪（阿剌克汗）繼承了汗位。雖然廣大的領土被達延汗的眾多子孫瓜分，但從一五四四年到一六三四年蒙古帝國的汗位一直穩固的在達延汗的後裔察哈爾部中傳承，歷經阿拉克汗（一五四四～一五四七）、庫登汗（一五四八～一五五七）、札薩克圖汗（一五五八～一五九二）、撒辰汗（一五九三～一六〇三）和林丹汗（一六〇四～一六三四）。

雖然達延汗的長期統治穩定了蒙古帝國汗位傳承，但並沒有克服蒙古民族的最大弱點——實行瓜分家族遺產的習慣法。當帝國的創建者死後，帝國便成了一種類似聯邦式的家族國家，國內的各級首領都是兄弟或堂兄弟，他們雖然承認察哈爾部的最高權力，但處於相當的獨立狀態。察哈爾部的汗位繼承者們逐漸失去了足以統治整個蒙古的力量，西方的瓦剌人和東方興起的通古斯人（滿人）都是他們可怕的敵人。但這個時候，瓦剌人正在對付哈薩克汗國、沙皇俄國以及內部的綽羅斯家族與和碩特家族的權力爭奪，因此結束蒙古帝國歷史的只能是通古斯人建立的後金帝國了。

一六〇四年，林丹汗繼承汗位，他並不是一個昏庸無能的可汗，他早已看出後金帝國對於蒙古的野心，因此從繼位開始，便重新統一各部，自稱「統領四十萬眾蒙古國巴圖爾成吉思汗」。一六二七年派兵收服右翼鄂爾多斯、喀喇沁、土默特等部，與喀爾喀部卻圖汗結為聯盟，聲威大振，所轄地域東起遼東，西至甘肅。但是一六二八年，朵顏兀良哈的蘇布台聯合四方部落組成十萬大軍，在土默特的召城一戰中，消耗了林丹汗精銳兵力四萬餘人，這使得林丹汗的實力大為削弱。

努爾哈赤時，科爾沁部、札魯特部便在聯姻之下歸附了後金。曾參加過聯軍的土默特、喀喇沁、兀良哈等部為了避免林丹汗的打擊報復，也投奔了後金。一六二五年，林丹汗出兵嫩江，攻打科爾沁部。後金出兵援助科爾沁，林丹汗退走。皇太極即位後，把林丹汗當作主要的敵人。一六二八年，派遣貝勒阿濟格與老哈河上游受林丹汗統治的喀喇沁部會盟，共擊林丹汗。九月，皇太極親率大兵至綽洛郭勒，宴會察哈爾部控制下的敖漢、奈曼、喀爾喀、札魯特和喀喇沁等部領兵前來的諸首領。林丹汗空有大汗之名，但已經陷入了孤立，被迫退出西拉木倫河流域，至歸化城（今呼和浩特）固守。

一六三二年四月，皇太極再率大軍西進，在西拉木倫河畔會集蒙古諸部兵，共擊林丹汗。面對勢力遠勝自己的敵軍，林丹汗無奈自歸化城驅人畜十萬渡黃河西逃。但面對已經大勢已去的大汗，部眾十之七八在途中散去，林丹汗逃奔青海，兩年後在青海大草灘病死。

一六三五年，皇太極派多爾袞、岳托、薩哈璘、豪格等領兵萬人渡河，遠征察哈爾餘部。林丹汗子額哲與母親歸降，交出可汗印信，整個漠南蒙古完全納入了後金帝國的版圖，蒙古帝國的汗位至此斷絕，而蒙古帝國也永遠的消失了。

相關參考書目

（波斯）志費尼著，何高濟譯：《世界征服者史》，內蒙古人民出版社，一九八一年
（波斯）拉施特著，翁獨健譯：《史集》，商務印書館，一九八三年
韓儒林主編：《元朝史》（上、下），人民出版社，一九八六年
（法）格魯塞著，黎荔等譯：《草原帝國》，國際文化出版公司，二〇〇三
（德）傅海波等編，史衛民等譯《康橋中國遼西夏金元史》，中國社會科學出版社，一九九八年
（義大利）馬可波羅著，馮承均譯：《馬可波羅行記》，上海世紀出版集團，二〇〇一年
周良霄、顧菊英：《元代史》，上海人民出版社，一九九三年
鄭統編著：《成吉思汗傳》，內蒙古人民出版社，二〇〇四年
梁越著：《大汗的輓歌：尋找成吉思汗陵墓》，中國民族攝影藝術出版社，二〇〇四年
韓儒林：《成吉思汗》，江蘇人民出版社，一九八三年
高文德：《蒙古奴隸制度研究》，內蒙古人民出版社，一九八一年
胡昭曦主編：《宋蒙（元）關係史》，四川大學出版社，一九九二年
李治安：《元代分封制度研究》，天津古籍出版社，一九九二年
韓儒林：《穹廬集》，上海人民出版社，一九八二年

楊志玖：《元史三論》，人民出版社，一九八五年
蕭啟慶：《蒙元史新探》，（臺灣）允晨文化實業股份有限公司，一九九四年
蒙思明：《元代社會階級制度》，中華書局，一九八一年
周良霄：《忽必烈》，吉林教育出版社，一九八七年
張帆：《元代宰相制度研究》，北京大學出版社，一九九六年
陳高華：《元大都》，北京出版社，一九八二年
史衛民：《元代社會生活史》，中國社會科學出版社，一九九六年
吳晗：《朱元璋傳》，三聯書店，一九六五年
黎東方：《細說元朝》，上海人民出版社，一九九七年
陳世松：《中國封建王朝興亡史（元朝卷）》，廣西人民出版社，一九九六年
倪健中主編：《風暴帝國（上、下）：解讀世界歷史上版圖最大的蒙古王朝》，中國國際廣播出版社，一九九七年
史仲文，胡曉林主編：《中國全史》，人民出版社，一九九四年
蒙古社科院歷史所編：《蒙古族通史》，民族出版社，二〇〇一年

大地叢書介紹

作者：劉學銚
定價：300 元

歷史是什麼？廣義是過去發生的事，狹義是經過後人篩選過濾的事。現代人要了解歷史必須透過先人留下來的各種史書，歷史是人寫的，寫歷史的史官總會有既定的政治立場，很多主流的歷史說法也不一定是歷史真正的原貌。還原歷史真相，從不同的角度看歷史，也許會發現，我們曾經以為很熟悉的歷史會是如此的陌生。

本書包含以下十個主題：

一、北魏後宮多高句麗女子。二、花木蘭其人、其詩、其事。三、 掀開五胡十六國序幕的匈奴劉淵。四、北魏洛陽的靈異事件與西域胡僧。五、幾個末代皇帝事蹟。六、成吉思汗的霸業、容貌與陵寢。七、隋、唐先世多胡化。八、五世達賴喇嘛、噶爾丹與中俄尼布楚條約。九、匈牙利是匈奴的後裔？十、稗官野史中的武則天。

作者根據史料旁徵博引、交叉比對，加上本身專業的經驗與研究的修為，引領大家進入塵封已久的歷史禁地，窺探古代那些不為人知的傳奇軼事，帶給你聞所未聞的閱讀享受，看得過癮、讀得暢快—歷史原來是這樣。

正說元朝十五帝 / 章愷著. -- 二版.-- 臺北市：大
地, 2018.01
面：　公分. --（History：99）

ISBN 978-986-402-278-6（平裝）

1.元代　2.帝王

625.7　106023690

正說元朝十五帝

HISTORY 099

作　者	章愷
發行人	吳錫清
主　編	陳玟玟
出版者	大地出版社
社　址	114台北市內湖區瑞光路358巷38弄36號4樓之2
劃撥帳號	50031946（戶名：大地出版社有限公司）
電　話	02-26277749
傳　眞	02-26270895
E-mail	vastplai@ms45.hinet.net
網　址	www.vastplain.com.tw
美術設計	普林特斯資訊股份有限公司
印刷者	普林特斯資訊股份有限公司
二版一刷	2018年1月

大地

定　價：280元